Werner Dommershausen

1 Makkabäer
2 Makkabäer

Werner Dommershausen

1 Makkabäer
2 Makkabäer

Echter Verlag

CIP-Kurztitelaufnahme der Deutschen Bibliothek

Die *Neue Echter Bibel.* – Würzburg : Echter-Verlag
Kommentar zum Alten Testament mit der Einheitsübersetzung / hrsg. von:
Josef G. Plöger ; Josef Schreiner. Unter Mitarb. von: Georg Braulik...
Lfg. 12. Dommershausen, Werner: 1 [Eins] und 2 Makkabäer. – 1985
NE: Plöger, Josef G. [Hrsg.]; Braulik, Georg [Mitverf.]; Abt.

Dommershausen, Werner:
1 [Eins] und 2 Makkabäer / Werner Dommershausen. –
Würzburg : Echter-Verlag, 1985.
(Die Neue Echter Bibel : Kommentar zum Alten Testament
mit der Einheitsübersetzung ; Lfg. 12)
ISBN 3-429-00955-3

Gesamtherstellung: Echter Würzburg,
Fränkische Gesellschaftsdruckerei und Verlag GmbH
ISBN 3-429-00955-3

EINLEITUNG

1 und 2 Makk gehören nicht zum hebräischen Alten Testament, sondern zusammen mit Tob, Jdt, Bar, Weish, Sir, Teilen aus Dan und Teilen aus Est zu den sogenannten deuterokanonischen, nur griechisch überlieferten Büchern. Im Judentum gab es neben dem genau umschriebenen hebräisch-jüdischen Kanon, der auch der palästinensische genannt wird, noch eine umfangreichere Sammlung heiliger Bücher, von der vor allem die Hss der alten griechischen Bibelübersetzung (Septuaginta) zeugen. Dieser umfangreichere Kanon heißt auch der alexandrinische, weil er in Alexandrien in Ägypten, einem Mittelpunkt des hellenistischen Judentums, im letzten Jahrhundert v. Chr. üblich war. Die junge christliche Kirche hat diesen Kanon zu dem ihrigen gemacht. Freilich umfassen nicht alle uns erhaltenen griechischen Hss dieselbe Anzahl von Büchern, doch hat sich seit dem Ende des 4. Jahrhunderts in amtlichen und kirchlichen Verzeichnissen eine gewisse Konstanz herausgebildet, die bis heute in den Ostkirchen und in der katholischen Kirche erhalten blieb. Der *Name* der Makkabäerbücher ist erst seit dem 2. Jahrhundert n. Chr. überliefert. Sie heißen meist τὰ Μακκαβαϊκά (die makkabäischen Taten), τὸ τῶν Μακκαβαϊκῶν (das Buch der Makkabäer) oder Μακκαβαίων α', Μακκαβαίων β'(1 und 2 Makk). Die Bücher verdanken ihren Titel dem Beinamen des Judas, des Hauptheiden dieser Geschichten. Die Bedeutung des Namens ist umstritten. Viele leiten ihn von hebr. *maqqæbæt*=Hammer ab. 1 und 2 Makk bieten nicht eine fortlaufende Geschichte wie etwa Sam, Kön oder Chr, sondern beschreiben zum Teil dieselbe Periode, 1 Makk die Zeit von 175–134 und 2 Makk die von 175–161 v. Chr. Sie benutzen beide die gleiche Zeitrechnung, indem sie nach der Ära der Seleuziden datieren (312/11 v. Chr. =Jahr 1). Beide Bücher berichten vor allem über die Kämpfe der Juden gegen die Seleuziden im 2. Jahrhundert v. Chr. Die Juden unter Führung der Makkabäer versuchten mit Erfolg, ihre religiöse Unabhängigkeit zu verteidigen und ihre politische Freiheit wiederzuerlangen.

In *1 Makk* werden einleitend das Zunehmen der Gottlosigkeit und das Erwachen des Widerstandes gegenübergestellt, personifiziert in König Antiochus IV. Epiphanes (175–164) und Mattatias, dem Ahnherrn der hasmonäischen Dynastie. Mattatias gibt durch die Ermordung eines zum heidnischen Opfer bereiten Juden und des ihn dazu auffordernden Beamten das Signal zum Aufstand, und sein Testament ist ein flammender Aufruf an seine Söhne, für Volk und Gesetz bis zum Tod zu kämpfen (1–2). Sein Sohn *Judas* ist ein Held der offenen Schlachten, der seine Leute begeistern kann mit religiösem Mahnruf oder Gebet. Er kann die Syrer zwar nicht endgültig aus Jerusalem verdrängen, aber er kann den Tempel wieder neu einweihen und das Hanukkafest für ewige Zeiten einsetzen. Er überlebt den elenden Tod des Religionsverfolgers Antiochus IV. und kämpft weiter gegen Antiochus V. Eupator und Demetrius I. und deren Feldherrn. Sein Sieg über Nikanor, der den Tempel verhöhnte, bewirkt eine zweite Festfeier. Judas versucht noch, mit Rom ein Schutzbündnis zu schließen, doch vor der Ratifizierung der entsprechenden Urkunden kommt es zu einem letzten Gefecht. 22000 Syrern stehen 3000 Juden gegenüber, und Judas fällt in dieser Schlacht im Jahre 161 v. Chr. (3^{1}–9^{22}).

Sein Bruder *Jonatan* setzt – mehr als ein Held wendiger Politik – den Kampf gegen die Seleuziden fort. Immer wieder kann er deren Pläne durchkreuzen und die Thronstreitigkeiten zwischen Demetrius I. und Alexander Balas geschickt ausnutzen. Im Jahre 152 wird ihm von Alexander Balas das Hohepriestertum verliehen, später der Purpurmantel und das Diadem. Jonatan kann weiter die Konkurrenz zwischen Demetrius II. und Antiochus VI., den Söhnen von Demetrius I. und Alexander Balas, ausspielen und erhält von beiden Seiten Landteile, so daß sein Gebiet schließlich sogar nichtjudäische Gegenden und befestigte Orte umfaßt. Als schlauer Diplomat festigt er sogar die Beziehungen zu Sparta. Im Jahre 143 wird er von dem seleuzidischen Feldherrn Tryphon, der Jonatans wachsende Macht fürchtet, gefangengenommen und später hingerichtet (9^{23}–12).

Nachfolger wird sein Bruder *Simeon*. Ihm gelingt es im Jahre 142, von Demetrius II. Steuerfreiheit zu erlangen und Jerusalem von der syrischen Besatzung in der Akra zu befreien. Durch Volksbeschluß wird er als »Hoherpriester, Befehlshaber und Führer der Juden« (13^{42}) bestätigt. Im übrigen wird Simeon als ein Regent geschildert, der um das Wohl des Volkes bemüht ist und »die Städte in jener Gegend besuchte, um dort nach dem Rechten zu sehen« (16^{14}). Bei einem Besuch in Jericho wird er von seinem Schwiegersohn Ptolemäus, der nach seiner Herrschaft strebt, mitsamt seinen zwei Söhnen Judas und Mattatias ermordet. Daraufhin läßt sich Johanan, ein anderer Sohn des Simeon, vom Volk in die Ämter seines Vaters einsetzen (13–16).

Der Schluß des Buches ahmt die Formel nach, die in Kön jede Regierungszeit abschließt. Das setzt voraus, daß der Verfasser nach dem Tod des Johanan (=Johannes Hyrkanus † 104) geschrieben hat. Man darf also annehmen, daß 1 Makk *um 100 v. Chr.* verfaßt wurde und zwar in aramäischer oder *hebräischer Sprache*. Das Buch ist nur noch in griechisch erhalten, aber Origenes († 254) und Hieronymus († 420) kannten noch das semitische Original. Origenes hat uns sogar dessen ursprünglichen Titel in einer Transkription überliefert σαρβηθ σα(ρ)βαναιελ, was manche Forscher als *sar bēt šaeb^{e}nē ḥajil* (=Fürst des Hauses der Tapferen) deuten möchten. Auch der sprachwissenschaftliche Befund erweist den heutigen griechischen Text als eine Übersetzung: Hebraismen, Aramaismen, biblische Phraseologie und

fehlerhafte Übersetzungen zeugen dafür. Diese griechische Übersetzung der Septuaginta bildet die Quelle sämtlicher heute vorhandener Übersetzungen. In der altlateinischen Übersetzung sind zum Teil gute Lesarten erhalten geblieben, mit deren Hilfe sich die Lesarten der griechischen Hss verbessern lassen. Der Name des *Verfassers* ist nicht überliefert. Er war sicher ein gebildeter Jude aus Judäa, der die Geographie Palästinas gut kannte, mit der biblischen Geschichtsschreibung und der Profanhistorie vertraut war und zudem eine dichterische Ader besaß.
Der Verfasser hat die von ihm geschilderten Ereignisse nicht miterlebt, seine Darstellung muß auf *Quellen* beruhen. Im einzelnen können diese nicht mehr nachgewiesen werden. Aber es ist eine große Zahl von Dokumenten und Briefen aufgenommen, die man zwar nicht als Originalurkunden bezeichnen kann, die aber in Übereinstimmung stehen mit dem damaligen diplomatischen Verkehr und mit den neueren Untersuchungen der Zeitgeschichte. Der Verfasser könnte auch aus einer seleuzidischen Königschronik, aus einem »Leben des Judas« und aus den Annalen der Hohenpriester Jonatan und Simeon geschöpft haben.
Gattungsmäßig kann man 1 Makk wohl am besten als »Geschichtserzählung« bezeichnen. Der Autor ist ein Geschichtsschreiber, der erzählen will. Seine Haltung ist dementsprechend nicht streng objektiv, sondern eher propagandistisch. Er steht ganz auf der Seite der Makkabäer und ihrer Bestrebungen, und insofern ist sein Urteil natürlich einseitig. Die Gegenpartei wird immer als gesetzlos und verderblich abgelehnt. Seine Erzählungen sind nüchtern und doch von Begeisterung durchglüht. Er schließt sich in Sprache und Formulierung der alten Geschichtsliteratur Israels an und gibt seiner inneren Ergriffenheit Ausdruck in Gebeten und Dankesliedern, in den Reden der Heerführer und im Lobpreis der Helden; alle diese Texte sind der biblischen Poesie verwandt. Auch die hyperbolischen Ausdrücke und die hohen Zahlen sind nichts anderes als die wohlzuverstehende Sprechweise eines von den Ereignissen begeisterten Zeugnisses. Obwohl es sich nicht um eigentliche Geschichtsschreibung im modernen Sinn handelt, darf doch kein Zweifel bestehen an der grundsätzlichen Richtigkeit der Darstellung der Ereignisse und der topographischen und chronologischen Angaben. Daß diese »Geschichte« im wesentlichen Kriegsgeschichte ist, die durch die sich immer wiederholende Schilderung von Kämpfen und Siegen etwas langweilig und ermüdend wirkt, liegt in der Natur der Sache. 1 Makk ist insofern noch von besonderem historischem Wert, als in der hebräischen Bibel keine Geschichtsdarstellung bewahrt ist, die über die Geschicke der jahwegläubigen Gemeinde nach Esra und Nehemia Aufschluß gibt.
Die *Theologie* des Buches läßt sich etwa so zusammenfassen: Das Frühjudentum hatte eine skrupulöse Ehrfurcht vor dem Namen Gottes, den auch der Verfasser deshalb vermeidet. Er gebraucht an des-

sen Stelle lieber das Wort »Himmel« oder einfach das Personalpronomen »Er«. Er ist allerdings tief durchdrungen von der Wahrheit, daß Jahwe das Schicksal seines Volkes in Händen hält. Er nennt ihn den Retter Israels. Er belebt seine Geschichtserzählung freilich nicht durch auffällige Wunderlegenden, und auch sonst vermißt man den engen Kontakt zwischen Gott und Mensch, wie er etwa für die Patriarchenerzählungen oder die Prophetenbücher charakteristisch ist. Aber es fehlen nicht die Gebete als notwendige Voraussetzung für Gottes Hilfe und die Ermunterungen zu einem unbedingten Gottvertrauen. Das Walten der göttlichen Vorsehung erblickt der Verfasser besonders im eigentlichen Ablauf der Geschehnisse. Der kostbarste Besitz ist das mosaische »Gesetz«, für das man notfalls mit der Waffe in der Hand kämpfen muß. Die treue Befolgung dieses Gesetzes führt zu Wohlfahrt und Glück. Abschließend läßt sich sagen: Ohne den Glauben an ihren göttlichen Auftrag hätten die Makkabäer nicht die Kraft gefunden, die geschichtlichen Ereignisse richtig zu deuten und zu gestalten.
2 Makk beginnt mit zwei Briefen, in denen die Juden von Jerusalem ihre in Ägypten lebenden Brüder auffordern, das Tempelweihfest mit ihnen zu feiern. Darauf folgt ein kurzes Vorwort, in dem der Verfasser seine Absichten und seine Methode darlegt. Sein eigentliches Werk besteht aus zwei Teilen, die beide mit dem Tod eines Judenverfolgers und der Einsetzung eines Festes enden und in denen immer wieder der Tempel im Mittelpunkt steht. Der erste Teil 3^{1}–10^{8} bringt zunächst eine Erzählung von der Unantastbarkeit des Tempels, die der syrische Kanzler Heliodor an seinem eigenen Leib erfahren muß. Dann werden die Intrigen der hellenisierenden Hohenpriester Jason und Menelaus geschildert, die schließlich auf die Plünderung und Profanierung des Tempels durch Antiochus IV. Epiphanes hinauslaufen. Die Martyrien des Eleasar und der sieben Brüder mit ihrer Mutter sind eine Sühne, die Gottes Zorn besänftigt. Antiochus muß sterbend anerkennen, daß Gottes Hand ihn geschlagen hat, und Judas kann den entweihten Tempel reinigen und das Tempelweihfest feiern. Der zweite Teil 10^{9}–15 berichtet von Kämpfen des Judas gegen die Nachbarvölker, von seinen Siegen über Lysias und andere Feldherrn des Antiochus V. Eupator. Judas erringt die Anerkennung der Freiheit des Kultes, und der König läßt sogar im Jerusalemer Tempel Opfer darbringen. Eingebaut sind Erzählungen über Judenpogrome in Jafo und Jamnia, über die bestrafte Untreue einiger Juden und über das Sühneopfer für die Toten. Unter Demetrius I. lästert Nikanor, der Befehlshaber der königlichen Truppen, gegen den Tempel. Er wird von Judas geschlagen und getötet, und ein Fest (Nikanortag) soll die Erinnerung an diesen Sieg wachhalten. Es folgt noch ein kurzes Schlußwort des Verfassers.
Der namentlich unbekannte *Verfasser* ist vermutlich ein Jude aus Alexandrien. Er hat sein Werk in griechischer Sprache herausgegeben

und erklärt, er wolle einen Auszug aus dem fünfteiligen Werk des Jason von Zyrene bieten. Wir wissen sonst über diesen Jason und sein Werk nichts. Viele Forscher halten es für wahrscheinlich, daß er ein Zeitgenosse des Makkabäers Judas war und sein Buch kurz nach Judas' Tod geschrieben hat. Der Verfasser spricht zwar in seinem Vorwort ganz bescheiden nur von einem Auszug aus Jasons größerem Werk, aber es ist sehr wohl möglich, daß er auch aus anderen Quellen oder von sich aus einiges hinzugefügt hat. Über den Umfang dieser »späteren« Teile lassen sich freilich nur Vermutungen aufstellen. Auch gehen die Meinungen über die *Datierung* von 2 Makk 2^{19}–15^{39} noch stark auseinander. Man schwankt zwischen 120 v. Chr. und 70 n. Chr. Sprachliche Eigentümlichkeiten wie der Gebrauch jüngerer Wörter und Formen, die lexikographischen Kontakte mit Philo von Alexandrien (13 v. –45/50 n. Chr.) und die Verbindung des jüdischen Kultes mit den Dionysien weisen eher in das spätere erste Jahrhundert v. Chr. 2 Makk wird auf jeden Fall später als 1 Makk entstanden sein, etwa um 30 v. Chr. Ausgenommen sind freilich die beiden vorangestellten Briefe. Hier ist folgende Meinung vorherrschend: Der erste Brief ist ein echtes Schreiben, das – wie die Datierung am Ende bezeugt – im Jahre 124 geschrieben ist. Der zweite Brief ist nicht ein echtes Schreiben aus dem Jahre 164, das durch eine lange Interpolation entstellt ist, sondern ein fingierter Brief, der um 65 v. Chr. entstanden ist. Beide Briefe sind aus einem hebräischen (oder aramäischen) Original ins Griechische übersetzt worden.

2 Makk ist im *Stil* der mittelmäßigen hellenistischen Schriftsteller verfaßt. Es verbindet jüdisches Kolorit mit griechischer Art und Form. Der Stil ist manchmal überladen und schwülstig, oft von gekünstelter Beredsamkeit. Der Verfasser hebt die pathetischen Episoden hervor, wählt bezeichnende Epitheta und treffende Bemerkungen. In den langen Sätzen fallen die Partizipialkonstruktionen, die poetischen Ausdrücke und die zahlreichen Hapaxlegomena besonders auf. Die Menschen werden – oft übertrieben – negativ und positiv qualifiziert, je nach ihrem Verhalten gegenüber dem Judentum. Der Verfasser benutzt alle Mittel, um das Gefühl und die Phantasie seiner Leser anzusprechen. Er will unterhalten und erbauen. Die Hilfe des Himmels wird in diesem Genre zu Epiphanien und Engelserscheinungen. Man wird von der Gattung der *pathetischen Geschichtsschreibung* sprechen dürfen, bei der die historische Genauigkeit um der rednerischen Darstellung willen zurücktritt. Dennoch muß man dem Buch einen historischen Wert zuerkennen, besonders was die Kenntnis der gemeingriechisch-seleuzidischen Institutionen angeht. Es ist von 1 Makk unabhängig, geht in der Anordnung des Stoffes manchmal eigene Wege und ergänzt doch gelegentlich 1 Makk.

Das Buch macht zunächst wichtige Aussagen über *Gott*. Die Vermeidung des Gottesnamens beschränkt sich auf die Bücher der Spätzeit, die ursprünglich in Hebräisch verfaßt sind. 2 Makk kennt viele göttliche Namen und Titel, die auch im übrigen AT bezeugt sind. Gott ist Herr, Herrscher und Allmächtiger; er ist gut und ewig, stark, barmherzig und allein gerecht. Wohl als Reaktion auf den Namen des Königs Antiochus »Epiphanes« wird er ἐπιφανὴς κύριος (offenbarer Herr) genannt. Als größter und höchster Gott sieht er alles, was geschieht. Er ist der Gott Israels, aber auch der Gott der Welt, der Wunder tut. Er ist immer nah und bereit, das Gebet seiner Getreuen zu hören, und seine Hilfe ist unentbehrlich; er ist aber auch derjenige, der Welt und Menschengeschlecht aus dem Nichts erschaffen hat. Gott zugehörig ist auch der *Tempel*, und darum darf er als »heilig« bezeichnet werden; er ist zugleich Symbol dafür, daß Gott das Volk Israel und die Stadt Jerusalem in besonderer Weise erwählt und bevorzugt hat. Heilige Stätte, heilige Stadt und heiliges Volk korrespondieren einander. Alle wichtigen Ereignisse werden um Jerusalems Tempel gruppiert, selbst die Kriege des Judas werden letztlich zur Befreiung des Heiligtums und wegen der Fortsetzung des Tempelkultes geführt. Heilig ist schließlich auch das mosaische *Gesetz*; die Bindung an das Gesetz und vor allem die Sabbatheiligung sind charakteristische Züge der Frömmigkeit dieser Zeit. Was das Volk unter Antiochus IV. erdulden muß, ist Strafe für Gesetzesübertretungen. Gott straft nach dem strengen Gesetz der Vergeltung, aber er straft, um zu bessern und um zu bekehren. Die freiwillige Übernahme der Leiden durch die Märtyrer ist eine Sühne, die als solche Gottes Zorn besänftigt. Und wenn das Volk in »Sack und Asche« Buße tut, wird es von Gott gesegnet mit einem Segen, der durch anonyme himmlische Reiter illustriert wird und durchaus handgreiflich sein kann: militärische Überlegenheit, politische Freiheit, Prestige vor den anderen Völkern. Aber alle diese Güter sollen nur den Raum schaffen für eine Gemeinde, die von kultischem Lobpreis und Opfer erfüllt ist. Das »Neue« dieser Frömmigkeit kommt in ihrem Glauben an die *Auferstehung* ausgiebig zu Wort. »Auferstehung« ist das Leitmotiv der Märtyrergeschichten. Sie bezieht sich aber auf alle verstorbenen Gerechten und besagt: Diese werden mit ihrem ganzen Sein, mit Leib und Seele, zu einem immerwährenden, ewigen Leben wiederaufleben. Gott selbst wird ihnen Geist und Leben zurückgeben. Für Antiochus und seine Dynastie gibt es freilich keine Auferstehung zu ewigem Leben. Sie werden, wie alle Bösen, in diesem Leben von Gott bestraft. Der Autor von 2 Makk kennt nicht die jenseitige Bestrafung. Wohl aber heißt er das Gebet der Lebenden für die Verstorbenen gut, um sie von Sünde zu reinigen. Ebenso empfiehlt er das Sühnopfer für die Sünde zum Besten der Dahingeschiedenen. Offensichtlich denkt er dabei an einen Zwischenzustand für deren Seelen, aus dem es eine Befreiung, eine endgültige Auferstehung zum Leben gibt. Wenn 2 Makk den Propheten Jeremia als himmlische Figur zeichnet und den erst kürzlich verstorbenen Hohenpriester Onias dazunimmt, dann will es damit wahrscheinlich andeuten, daß das ewige Leben für diese beiden und ebenso für andere gestorbene Gerechte bereits begonnen hat. Sie bleiben aber insofern in Verbindung mit den Irdischen, als sie ihrerseits für das Volk Israel und alle anderen Lebenden auf Erden bei Gott Fürsprache einlegen können. Hier ist also die Lehre von der Fürbitte der Heiligen grundlegend und deutlich ausgesprochen. Abschließend darf man feststellen: Gebet, rituelles Opfer und Hingabe des Lebens haben eine Tragweite, die sich nicht auf das gegenwärtige und diesseitige Geschlecht beschränkt.

AUSGEWÄHLTE LITERATUR

Textausgaben und Kommentare: F. M. Abel – J. Starcky, Les livres des Maccabées, Paris [3]1961. J. R. Bartlett, The First and Second Book of the Maccabees, Cambridge 1973. H. Bévenot, Die beiden Makkabäerbücher, Bonn 1931. H. Bückers, Die Makkabäerbücher, Freiburg 1939. J. C. Dancy, A Commentary on I Maccabees, Oxford 1954. J. A. Goldstein, I Maccabees (Anc B 41), New York 1976. H. Grandclaudon, Les livres des Macchabées, Paris 1951. F. Gryglewicz, Ksiegi Machabejskie, Poznán 1961. C. Gutberlet, Das erste Buch der Machabäer, Münster 1920. Ders., Das zweite Buch der Machabäer, Münster 1927. Ch. Habicht, 2. Makkabäerbuch (JSHRZ I, 3), Gütersloh 1976. R. Hanhart, Maccabæorum liber II, Septuaginta IX, 2, Göttingen [2]1976. W. Kappler, Maccabæorum liber I, Septuaginta IX, 1, Göttingen [2]1967. F. Marín, Libros de los Macabeos (BAC 287, 251–424), Madrid 1969. N. J. McEleney, The First Book of Maccabees. The Second Book of Maccabees (PBiS/OT 22/23), New York 1973. J. T. Nelis, I Makkabeeën uit de grondtekst vertaald en uitgelegd, Roermond 1972. Ders., II Makkabeeën uit de ..., Bussum 1975. A. Penna, Libri dei Maccabei (Bibbia di Garofalo), Torino 1953. A. Rahlfs, Septuaginta I, Stuttgart [3]1949. M. Schoenberg, Libros primero y secundo de los Macabeos (Conoce la Biblia AT 13), Santander 1970. D. Schötz, Erstes und zweites Buch der Makkabäer (EB II, 601 ff), Würzburg [4]1970. K.-D. Schunk, 1. Makkabäerbuch (JSHRZ I, 4), Gütersloh 1980. A. Sisti, I Maccabei. Libro primo, Roma 1968. S. Tedesche – S. Zeitlin, The First Book of Maccabees, New York 1950. S. Zeitlin – S. Tedesche, The Second Book of Maccabees, New York 1954.

Andere Veröffentlichungen: F. M. Abel, Les lettres préliminaires du 2nd livre des Maccabées: RB 53 (1946) 513–533. M. Adinolfi, Eloquenza e patetismo nel secondo libro dei Maccabei: RBI 10 (1962) 18–31. D. Arenhoevel, Die Eschatologie der Makkabäerbücher: TThZ 72 (1963) 257–269. Ders., Die Theokratie nach dem 1. und 2. Makkabäerbuch, Mainz 1967. H. Bardtke, Der Mardochäustag (2 Makk 15,36): Festschr. K. Kuhn, Göttingen 1971, 97–116. J. G. Bunge, Untersuchungen zum zweiten Makkabäerbuch. Quellenkritische, literarische, chronologische und historische Untersuchungen zum 2 Makk als Quelle syrisch-palästinensischer Geschichte im 2. Jahrhundert v. Chr., Bonn 1971. B. Cardanus, Juden und Spartaner (1 Makk 12):

Hermes 95 (1967) 317–324. H. Clementz (Hrsg.), Des Flavius Josephus Jüdische Altertümer, Berlin 1923. P. Davies, A Note on 1 Macc 3,46: JThS 23 (1972) 117–121. W. Dommershausen, Hanukka: ThWAT 3 (20–22) Stuttgart 1977. T. Fischer, Seleukiden und Ptolemäer, Bochum 1980. Ch. Habicht, Hellenismus und Judentum in der Zeit des Judas Makkabäus: Jahrb. Heidelberger Akad. Wiss. 1974, 97–110. M. Hengel, Judentum und Hellenismus, Tübingen ^{2}1973. U. Kellermann, Auferstanden in den Himmel. 2 Makk und die Auferstehung der Märtyrer, Stuttgart 1979. Ders., Zum traditionsgeschichtlichen Problem des stellvertretenden Sühnetodes in 2 Makk 7,37f: BiNo 13 (1980) 63–83. J. C. H. Lebram, Zur Chronologie in den Makkabäerbüchern: Inst. Jud. Tübingen 1971, 63–70. P. G. Maxwell-Stuart, 1 Maccabees VI 34 again: VT 25 (1975) 230–233. A. Momigliano, The Second Book of Maccabees: CP 70 (1975) 81–88. G. O. Neuhaus, Quellen in 1 Makk?: JSJ 5 (1974) 162–175. Ders., Studien zu den poetischen Stücken im 1 Makk (FzB 12), Würzburg 1974. O. Plöger, Die Feldzüge der Seleukiden gegen den Makkabäer Judas: ZDPV 74 (1958) 158–188. B. Renaud, La loi et les lois dans les livres des Maccabées: RB 68 (1961) 39–67. W. Richnow, Untersuchungen zu Sprache und Stil des 2 Makk. Ein Beitrag zur hellenistischen Historiographie, Göttingen 1967/68. G. Schmuttermayr, »Schöpfung aus dem Nichts« in 2 Makk 7,28? Zum Verhältnis von Position und Bedeutung: BZ NF 17 (1973) 203–228. K. D. Schunck, Die Quellen des 1 und 2 Makk, Halle 1954. J. D. Seger, The Search for the Maccabean Gezer: BA 39 (1976) 142–144. W. A. Shotwell, The Problem of the Syrian Akra: BASOR 1964, 10–19. N. Stokholm, Zur Überlieferung von Heliodor, Kuturnaḫḫunte und anderen mißglückten Tempelräubern: StTh 22 (1968) 1–28. D. Timpe, Der römische Vertrag mit den Juden von 161 v. Chr.: Chiron-München 4 (1974) 133–152. K. Toki, The Dates of the First and Second Book of Maccabees: AJBI 3 (1977) 69–83. S. Wibbing, Zur Topographie einzelner Schlachten des Judas Makkabäus: ZDPV 78 (1962) 159–170.

DIE VERFOLGUNG DES VOLKES ISRAEL: 1[1–64]

Der Beginn der griechischen Herrschaft: 1[1–10]

1[1] Der Mazedonier Alexander, Sohn des Philippus, zog damals vom
Land der Kittäer aus. Er besiegte Darius, den König der Perser und
Meder, und wurde als erster König von Griechenland sein Nachfol-
ger.
[2] Er führte viele Kriege, eroberte zahlreiche Festungen und ließ die
Könige der Erde erschlagen; [3] er kam bis an das Ende der Welt, plün-
derte viele Völker aus, und die ganze Erde lag ihm wehrlos zu Füßen.

1[1] Der Anfang ist hebraisierend konstruiert und lautet wörtlich: »Und es geschah, daß Alexander ... kämpfte, und er besiegte Darius ... und wurde sein Nachfolger früher über Griechenland (πρότερον ἐπὶ τὴν Ἑλλάδα).« Die letzte Wendung ist analog zu 6[2] (πρῶτος ἐν τοῖς Ἕλλησι = als erster unter den Griechen) zu verstehen.

1[1–10] In einem etwa 160 Jahre umfassenden Geschichtsüberblick verknüpft der Verfasser den Gründer des hellenistischen Großreiches mit dem Verfolger der jüdischen Religion: 336 war Alexander ausgezogen, 175 kam Antiochus IV. Epiphanes an die Regierung. Die einzelnen Notizen sind von einer düsteren Grundstimmung beherrscht. Was an Antiochus leidvoll erfahren wurde, ist in Alexander bereits vorgezeichnet: die Überheblichkeit der heidnischen Macht und die eigene Geschichtslosigkeit und Kleinheit.

[1] Alexander d. Gr. (356–323 v. Chr.) wurde im September 336 nach der Ermordung seines Vaters Philippus König von Mazedonien. Er brachte zunächst Griechenland unter seine Herrschaft. Die Kittäer (Χεττιιμ, hebr. *kittīm / kittijjīm*) sind ursprünglich die Bewohner der zyprischen Stadt Kition (= Larnaka?) bzw. alle Zyprioten Gen 10[4] Jes 23[1.12] 1 Chr 1[7]. Jer 2[10] Ez 27[6] verstehen darunter die Bewohner der griechischen Inseln. Hier und 8[5] ist Mazedonien/Griechenland gemeint, in Dan 11[30] sind es die Römer. In Q-texten steht es für Römer oder Seleuziden. Darius III. Kodomannus (336–330 v. Chr.), der letzte persische Großkönig aus der Dynastie der Achämeniden, unterlag Alexander in verschiedenen Schlachten und wurde von dem Empörer-Satrapen Bessus ermordet. Zum Titel »König der Perser und Meder« vgl. Est 1[3.14] und achämenidische Inschriften. Die Meder wohnten in den Gebirgsgegenden südlich des Kaspischen Meeres. In Est 10[2] Dan 5[28] 6[9.13.16] 8[20] werden die Meder zuerst genannt.

[2–4] Verallgemeinernd und rhetorisch übertrieben zeichnet der Verfasser die Kriegszüge Alexanders, die ihn über Kleinasien, Syrien, Phönizien, Ägypten, Mesopotamien bis nach Indien (= »Ende der Welt«) führten. Seine Hab- und Herrschsucht werden ebenso beschrieben. Der griechische Schriftsteller Strabo (63 v. Chr. bis 20 n. Chr.) berichtet z. B., daß die in Susa und Persis angehäufte Kriegsbeute 50 000 und die in Ekbatana 180 000 Talente betrug (Geographica 15,3.9). Plutarch (etwa 46 bis 120 n. Chr.) spricht von 120 000 Fußsoldaten und 15 000 Reitern

Da wurde sein Herz stolz und überheblich. 4 Er stellte ein sehr großes
Heer auf, herrschte über Länder, Völker und Fürsten und machte sie
sich tributpflichtig. 5 Doch dann sank er aufs Krankenlager und
fühlte seinen Tod nahen. 6 Er rief seine höchsten Offiziere zusam-
men, die mit ihm aufgewachsen waren, und verteilte sein Reich unter
sie, solange er noch lebte. 7 Zwölf Jahre hatte Alexander regiert, als
er starb.
8 Seine Offiziere übernahmen die Regierung, jeder in seinem Bereich.
9 Nach seinem Tod setzten sich alle die Königskrone auf; ebenso hiel-
ten es ihre Nachkommen lange Zeit hindurch. Sie brachten großes
Unglück über die Erde.

1^{3} »Da wurde sein Herz stolz und überheblich« wird von einigen Hss ans Ende von ^{4} gesetzt.

(Alexander 64). Als die eigentliche Sünde des Herrschers tadelt der Autor den Stolz, der in dieser Machtentfaltung zum Ausdruck kommt. Vielleicht denkt er auch an die den Juden besonders anstößige Vergöttlichung Alexanders, dem man in Megapolis (Ägypten) sogar einen Tempel errichtet hatte. Der Herrscherstolz ist in der Völkergeschichte ein Hauptgrund göttlicher Bestrafung Jes 10^{5-18} 14^{12-15}.

$^{5-7}$ Alexander erkrankte am 3. Juni 323 in Babylon und starb 10 Tage später, noch nicht 33 Jahre alt. Arrian (etwa 96–180 n. Chr.) weiß in seiner Anabasis Alexandri 27 von Gerüchten um eine Vergiftung, nach Diodor (1. Jahrhundert v. Chr.) wurde er das Opfer seines unmäßigen Trinkens (Bibliotheca 17,12). Wahrscheinliche Todesursache aber war ein Fieber (Malaria). – Die Teilung des Alexander-Reiches erfolgte erst später 1^{9}. Hier ist wohl die Einsetzung von befähigten Offizieren in den einzelnen Provinzen gemeint, da der Thronerbe Alexander IV. von Mazedonien beim Tod Alexanders noch nicht geboren war. Auch nach Dan 11^{4} fällt Alexanders Reich nicht seinen Nachkommen zu. Arrian und Diodor erzählen: Alexander habe auf die Frage seiner Offiziere, wem er das Reich hinterlassen werde, geantwortet: »dem Besten«. M. Junianus Justinus (Historiae Philippicae 12,14) berichtet, Alexander habe, als er schon nicht mehr sprechen konnte, seinen Fingerring an den Finger Perdikkas, des Führers seiner Leibwächter, gesteckt und ihn so als Nachfolger bezeichnet. Die »zwölf Jahre« erklären sich daraus, daß Regierungsantritt (336) und Tod (323) in verschiedene Monate fallen.

^{9} Kassander, der Befehlshaber von Mazedonien, ließ 310 die Witwe Alexanders und ihren Sohn Alexander IV. töten. Antigonos I. Monophthalmos, ohne Zweifel Alexanders tüchtigster General und jetzt Herr des asiatischen Reichsteils, betrachtete sich nach seinem Sieg über Ptolemäus I. Soter, den Verwalter Ägyptens, als Erbe des Alexander-Reiches und nahm 306 als erster den Königstitel an. Seinem Beispiel folgten Kassander, Lysimachus, der Statthalter von Thrazien, Seleukus I. Nikator von Babylonien und zuletzt (304) Ptolemäus. Die imperialistische Politik des Antigonos ließ die übrigen Diadochen zu den Waffen greifen. Sie besiegten ihn in der Schlacht von Ipsos (301), und sein

10 Aus ihnen ging ein besonders gottloser Sproß hervor, Antiochus Dan $7^{24f.}$
Epiphanes, der Sohn des Königs Antiochus. Er war als Geisel in Rom Dan 8^{23-25}
gewesen und trat im Jahr 137 der griechischen Herrschaft die Regie- Dan 11^{21-45}
rung an. 2 Makk 4^{7}

Das Aufkommen der Verräter: 1^{11-15}
2 Makk 4^{9-17}

11 Zu dieser Zeit traten Verräter am Gesetz in Israel auf, die viele (zum Abfall) überredeten. Sie sagten: Wir wollen einen Bund mit den fremden Völkern schließen, die rings um uns herum leben; denn seit

Reich wurde unter Lysimachus und Seleukus aufgeteilt. Palästina war wohl Seleukus zugewiesen, aber die Ptolemäer eigneten es sich an. Mit dem »großen Unglück« sind die Kriege gemeint, die zwischen den Seleuziden und Ptolemäern geführt wurden.

10 Nach mehreren vergeblichen Ansätzen gelang es dem Seleuziden Antiochus III. (223–187) im Jahre 198 bei Paneas, im Gebiet der Jordanquellen, den Ptolemäer (Ptolemäus V.) entscheidend zu schlagen und Palästina dem Seleuzidenreich einzuverleiben. Er zeigte sich der Jerusalemer Gemeinde gegenüber wohlwollend. 190 wurde er von den Römern bei Magnesia besiegt, und in Erfüllung einer der Friedensbedingungen von Apamea mußte er zwanzig Geiseln ausliefern, darunter seinen jüngeren Sohn Antiochus. Unter seinem älteren Sohn und Nachfolger Seleukus IV. Philopator (187–175) begann gegenüber den Juden eine härtere Politik. Als dieser 175 von seinem Minister Heliodor ermordet wurde (vgl. 2 Makk 4^{7}), bemächtigte sich sein Bruder Antiochus, der gerade aus Rom zurückgekehrt war, der Herrschaft. Wörtlich wird er »sündige Wurzel« genannt. »Wurzel« wird mehrmals im AT im übertragenen Sinn für das, was aus der Wurzel aufschießt, gebraucht Jes 11^{10} 53^{2}; als »sündig« oder »gottlos« wird er wohl wegen seiner späteren Religionsverfolgungen bezeichnet. Epiphanes bedeutet »offenbar« (Gottheit in offenbarer Gestalt?), diesen Titel nahm er nach der Eroberung Ägyptens an; vorher hatte sich Ptolemäus V. (205–180) diesen Beinamen gegeben. Die seleuzidische (griechische) Zeitrechnung wurde 312 nach dem Sieg des Dynastiebegründers Seleukus I. über Demetrius, den Sohn des Antigonos, bei Gaza eingeführt, wobei der genaue Beginn unsicher ist (Frühjahr oder Herbst 312 bzw. Frühjahr 311). Antiochus IV. hat wahrscheinlich im Herbst 175 seine Herrschaft angetreten.

1^{11-15} Mit 11 beginnt eine Kurzerzählung über die hellenistischen Reformjuden, die durch ihre moderne Lebensweise mit der Tora und dem Jahwebund in Konflikt geraten. Der Verfasser tadelt diesen Abfall vom Glauben und von der jüdischen Sitte.

11 Nach 2 Makk 4^{7} ist Jason, der Bruder des Hohenpriesters Onias III., der Anführer dieser Gruppe, welche die biblische Anschauung über das Verhältnis zu den umwohnenden Völkern geradezu umkehrt: dort kein Bündnis, sonst Unheil Ex $34^{12.15}$ vgl. Jes 30^{1-5} Jer 2^{18f} Hos 12^{2f}, hier Bündnis, sonst Unheil. Worin das »Schlechtgehen« besteht, bleibt unbestimmt; wahrscheinlich meint der Autor den wegen der feh-

wir uns von ihnen abgesondert haben, geht es uns schlecht. 12 Dieser
Vorschlag gefiel ihnen, 13 und einige aus dem Volk fanden sich bereit,
zum König zu gehen. Der König gab ihnen die Erlaubnis, nach den
Gesetzen der fremden Völker zu leben. 14 Sie errichteten in Jerusalem
eine Sportschule, wie es bei den fremden Völkern Brauch ist, 15 und
ließen bei sich die Beschneidung rückgängig machen. So fielen sie
vom heiligen Bund ab, vermischten sich mit den fremden Völkern
und gaben sich dazu her, Böses zu tun.

Der Angriff der Heiden auf den Tempel: 1 16–28
2 Makk 5 1–21

Dan 11 25–28
16 Als Antiochus sah, daß sich seine Herrschaft gefestigt hatte, faßte
er den Plan, auch König von Ägypten zu werden und so über zwei
Reiche zu herrschen. 17 Er drang mit vielen Soldaten in Ägypten ein,
mit Streitwagen und Kriegselefanten, mit Reitern und einer großen
Flotte, 18 und führte Krieg gegen Ptolemäus, den König von Ägypten.

1 17 ἐν ὄχλῳ βαρεῖ heißt wörtlich: »in schwerer Menge«, vgl. auch 20.29.
1 18 Wörtlich: »Ptolemäus wandte sich von ihm.«

lenden Handelsbeziehungen niedrigeren Lebensstandard, vgl. Jer 44 16–19.
13–15 Antiochus III. hatte den Juden erlaubt, »nach den Gesetzen ihrer Väter zu leben« (JA 12,3,3). Antiochus IV. mußte gebeten werden, die nichtjüdische, hellenistische Lebensweise zu gestatten, zumal diese wegen der Errichtung einer Sportschule mit erheblichen Unkosten verbunden war, vgl. 2 Makk 4 9. Die Sportschule (γυμνάσιον) als Zentrum des sportlichen und intellektuellen Lebens ist eine weitläufige Anlage mit Palästra, Rennbahn, Sälen, Galerien und Bädern. Da die Leibesübungen nackt ausgeführt und die jüdische Beschneidung von den Hellenisten als Verstümmelung betrachtet wurde, ließen die Juden diese durch den chirurgischen Eingriff des Epispasmus unkenntlich machen, vgl. 1 Kor 7 18. Dem »Bund« mit den fremden Völkern 11 wird hier der heilige »Bund« gegenübergestellt, dessen Zeichen die Beschneidung ist Gen 17 10–14. In den Augen der Frommen sind auch die Mischehen und die nichtjüdischen Sitten etwas Böses, Abfall vom Bund.
1 16–28 Dieses Textstück umfaßt drei Teile: zwei nüchterne Tatsachenberichte über Feldzüge des Königs Antiochus IV. nach Ägypten und Jerusalem und eine Art Volksklage über die Plünderung des Jerusalemer Tempels und die Tötung der Bewohner dieser Stadt. Die Berichte wollen den Machtdünkel, die Vermessenheit und Habgier des Königs illustrieren, und der Leser wird so auf noch Schlimmeres vorbereitet.
16–19 Erbe des Reiches war eigentlich Demetrius, der Sohn des Seleukus. Antiochus war ein Usurpator; er hatte aber mittlerweile die Anerkennung des römischen Senats erlangt. Neben seiner Herrschsucht gab es auch politische Gründe für einen Ägyptenfeldzug. Der junge Ptolemäus VI. Philometor, ein Neffe An-

Ptolemäus wurde von ihm geschlagen und mußte fliehen, nachdem
viele seiner Leute im Kampf gefallen waren. 19 Die befestigten Städte
Ägyptens wurden erobert und das Land geplündert.
20 Antiochus wandte sich nach seinem Sieg über Ägypten im Jahr 143
gegen Israel und rückte mit zahlreichen Truppen hinauf vor Jerusa-
lem. 21 In seiner Vermessenheit betrat er sogar das Heiligtum; er
raubte den goldenen Rauchopferaltar, den Leuchter samt seinem Zu-
behör, 22 den Tisch für die Schaubrote, die Opfer- und Trinkschalen,
die goldenen Rauchfässer, den Vorhang, die Kronen und den golde-
nen Schmuck von der Vorderseite des Tempels. Von allem ließ er das
Gold abschlagen. 23 Dann nahm er das Silber, das Gold, die kostba-
ren Geräte, und was er von den versteckten Schätzen finden konnte,
24 und ließ alles in sein Land schleppen. Er richtete ein Blutbad an und
führte ganz vermessene Reden.

25 Da kam große Trauer über das ganze Land Israel.
26 Die Vornehmen und Alten stöhnten;
die Mädchen und jungen Männer verloren ihre Kraft,
und die Schönheit der Frauen verfiel.

1^{25} Wörtlich: »Da kam große Trauer über Israel an jedem seiner Orte.«

tiochus IV., machte die alten Ansprüche der Ptolemäer auf Zölesyrien, jenes Gebiet zwischen Libanon und Antilibanon, geltend und wandte sich in dieser Angelegenheit nach Rom. Daraufhin zog Antiochus IV. nach Ägypten und besiegte das ägyptische Heer im Frühjahr 169 v. Chr. bei Pelusium, an der Mündung des östlichen Nilarms. Er nahm Ptolemäus VI. auf der Flucht fest und gestattete ihm, unter seiner Oberherrschaft zu regieren. Er selbst hatte sich in Memphis zum König von Ägypten gekrönt.

20–24 Antiochus IV. zog wahrscheinlich im Herbst 169 gegen Jerusalem, weil er glaubte, »Judäa wolle von ihm abfallen« 2 Makk 5^{12}. Er ließ sich durch den von ihm im Jahre 172 eingesetzten Hohenpriester Menelaus in das Heilige des Tempels führen. Das Betreten des Heiligtums durch einen Heiden war in den Augen der gläubigen Juden ein großer Frevel. Der »goldene« Rauchopferaltar war nur mit Goldplatten überzogen. Als Zubehör des siebenarmigen Leuchters werden Ex 25^{38} 37^{22} Dochtscheren, die in Pfannen lagen, genannt. Der Tempel besaß zwei wertvolle Vorhänge, einen kleineren, der das Heilige vom Allerheiligsten trennte Ex 40^{21}, und einen größeren in der Vorhalle als Abschluß des Heiligen Ex 27^{16} 35^{17} 38^{18}, vgl. Aristeasbrief 86. Mit »Kronen« sind vermutlich Verzierungen der Tempelfassade gemeint, weniger Weihegeschenke. 23 deutet an, daß der Tempel auch als Geldaufbewahrungsort diente, vgl. 2 Makk 3. 24b ist ein späterer Zusatz, der die Ereignisse mit 2 Makk 5^{12-17} in Einklang bringen möchte.

25–28 Die Klage ist dreiteilig gegliedert in Themazeile 25 (vgl. Est 4^{3}), Ausführung 26–27 (vgl. dazu Klgl 2^{10} Am 8^{13} Dan 7^{28} Joël 2^{16}) und Zusammenfassung 28. Durch das Verhalten

27 Jeder Bräutigam stimmte die Totenklage an,
die Braut saß trauernd in ihrem Gemach.
28 Das Land zitterte um seine Bewohner.
Das ganze Haus Jakob war mit Schande bedeckt.

Die Verwüstung der Stadt Jerusalem: 1^{29-40}

$^{29-30}$: 2 Makk 5^{24-26}

29 Zwei Jahre später schickte der König einen Beamten in die Städte
von Judäa mit dem Auftrag, die Steuern einzutreiben. Er kam mit
zahlreichen Truppen nach Jerusalem.
30 Hinterlistig bot er den Ein-
wohnern zunächst Frieden an. Als man ihm Glauben schenkte, fiel er
plötzlich über die Stadt her, richtete großen Schaden in ihr an und
brachte viele Israeliten um.
31 Er ließ die Stadt plündern und in Brand
stecken und die Häuser und Stadtmauern ringsum niederreißen.
32 Frauen und Kinder schleppte man in die Sklaverei, und ihren Besitz
nahm man als Beute mit.
33 Um die Davidstadt bauten sie eine hohe
und feste Mauer mit mächtigen Türmen, damit sie ihnen als Burg die-
nen konnte.
34 Sie legten eine heidnische Besatzung hinein, Männer,

der unterschiedlichen Bevölkerungsteile wird die Totalität der Klage hervorgehoben: Dem ganzen wahren Israel (= Haus Jakob) geschah Schande.

1^{29-40} Verwüstung der Stadt Jerusalem und Bau der syrischen Festung sind die Inhalte des Berichtes $^{29-35}$. Dadurch ist »großer Schaden« angerichtet und eine »große Gefahr« für die Gesetzestreuen heraufbeschworen. $^{36-40}$ halten in einem Klagelied, das durch seine Übersteigerungen und Vorgriffe auf kommende Ereignisse auffällt, die Stimmung der Niederlage und des beginnenden Religionskonfliktes fest.

29 Der Vorstoß gegen Jerusalem im Jahre 167 hing irgendwie mit der politischen Entwicklung in Ägypten zusammen. Antiochus war zum zweiten Mal nach Ägypten gezogen, um es endgültig seinem Reich einzuverleiben. Doch der römische Senat forderte ihn ultimativ auf, das Land zu verlassen, vgl. Dan 11^{29-30}. Es bestand die Gefahr, daß das unruhige Palästina diese Niederlage des Seleuziden ausnutzte. Deshalb sandte Antiochus ein Heer nach Judäa. Der Name des Heerführers wird nicht genannt. In 2 Makk 5^{24} wird er mit Apollonius, Anführer der Mysier, bezeichnet. Söldnertruppen aus Mysien in Kleinasien werden öfter bei den Feldzügen der Seleuziden erwähnt. Hier wird der Heerführer mit ἄρχοντα φορολογίας (= Obersteuereinnehmer) bezeichnet, was EÜ umschreibt mit »ein Beamter mit dem Auftrag, die Steuern einzutreiben«. »Obersteuereinnehmer« ist aber vermutlich Verlesung der hebräischen Vorlage *śar hammusîm* (= Anführer der Mysier) in *śar hammisím* (= Obersteuereinnehmer), wobei an den Plural von *mas* (= Fron, Steuer) gedacht wurde.

30 Nach 2 Makk 5^{25-26} geschah diese Bluttat an einem Sabbat.

33 »Davidstadt« ist ursprünglich das sich südlich an den Tempelbezirk anschließende älteste Stadtgebiet Jerusalems. Die »Akra der Syrer« lag

die sich nicht an das Gesetz hielten. Diese setzten sich dort fest,
35 versahen sich mit Waffen und Proviant und brachten auch die
Beute, die sie in Jerusalem gemacht hatten, dort unter. So wurden sie
zu einer großen Gefahr.

36 Aus dem Hinterhalt bedrohten sie das Heiligtum;
immer waren sie für Israel ein schlimmer Feind.
37 Rings um den Tempel vergossen sie unschuldiges Blut
und entweihten die heilige Stätte.
38 Jerusalems Einwohner flohen vor ihnen,
und Ausländer zogen in die Stadt ein.
Ihren eigenen Kindern wurde die Stadt fremd,
und ihre Söhne verließen sie.
39 Ihr Heiligtum wurde leer wie die Wüste,
ihre Feste verwandelten sich in Trauer.
Ihre Sabbate wurden verhöhnt;
statt geehrt zu sein, war sie verachtet.
40 So groß ihre Herrlichkeit gewesen war,
so groß war nun ihre Schande.
Von ihrer Höhe ist sie herabgestürzt,
jetzt liegt sie in Trauer.

Die Verfolgung der treuen Israeliten: 1^{41-64}

41 Damals schrieb der König seinem ganzen Reich vor, alle sollen zu 2 Makk 6f
einem einzigen Volk werden, 42 und jeder solle seine Eigenart aufge-

sehr wahrscheinlich im Nordteil des Westhügels, südlich der heutigen Zitadelle.
$^{36-40}$ In einem vierteiligen Klagelied werden die hinterhältige Akra und die Verwüstung des Heiligtums gegenübergestellt. Der Verfasser läßt sich dabei von biblischen Wendungen inspirieren, z.B. Ps $79^{1.3}$ Am 8^{10} Klgl 5^{15}. Er spielt in $^{36.38}$ auf die Errichtung der Akra, das in ihr liegende Militär und auf die Wegführung der Jerusalemer Bevölkerung an. $^{37.39}$ beziehen sich eher auf die nachfolgenden Berichte 1^{45-46}.
1^{41-64} Der Angriff auf das Volk ist auf zwei ziemlich gleichgroße Textstücke verteilt: $^{41-51}$ deckt durch verschiedene Dekrete die eigentliche Absicht des Königs auf, während in $^{52-64}$ die Ausführung dieser Anordnungen mitgeteilt wird. Ziel ist die Zerstörung des Gottesvolkes. Gegner ist nicht nur der Heide Antiochus IV., auch die abtrünnigen Juden verfolgen ihre Volksgenossen, die am Gottesgesetz festhalten. Während ein Teil dieser Getreuen im Martyrium endet, entsteht aus den Flüchtlingen jene mutige Kerntruppe, von der die religiöse und nationale Freiheitsbewegung ausgeht. Der biblische Verfasser wertet diese furchtbare Zeit als eine Prüfung und ein Gericht Gottes.
$^{41-43}$ Noch 198 hatte Antiochus III. den Juden zugestanden, nach dem mosaischen Gesetz leben zu dürfen. Von einem Gesetz Antiochus IV., das dieses frühere Zugeständnis auf-

ben. Alle Völker fügten sich dem Erlaß des Königs. [43] Auch vielen Männern aus Israel gefiel der Gottesdienst, den er angeordnet hatte; sie opferten den Götterbildern und entweihten den Sabbat. [44] Der König schickte Boten nach Jerusalem und in die Städte Judäas mit der schriftlichen Anordnung, man solle eine Lebensform übernehmen, die
Dan 9[27] 11[31] dem Land fremd war. [45] Brand-, Schlacht- und Trankopfer im Heiligtum seien einzustellen, Sabbate und Feste zu entweihen, [46] das Heiligtum und die Heiligen zu schänden. [47] Man solle statt dessen Altäre, Heiligtümer und Tempel für die fremden Götter errichten sowie Schweine und andere unreine Tiere opfern. [48] Ihre Söhne dürften sie nicht mehr beschneiden, vielmehr sollten sie sich mit jeder denkbaren Unreinheit und Schande beflecken. [49] So sollte das Gesetz in Vergessenheit geraten, und alle seine Vorschriften sollten hinfällig werden. [50] Wer aber des Königs Anordnung nicht befolge, müsse sterben. [51] Ähnliche Anweisungen erließ er für sein ganzes Reich.

Er setzte Beamte ein, die die Durchführung im ganzen Volk überwachen sollten; auch gab er den Befehl, der Reihe nach in allen Städten Judäas einen Opfergottesdienst zu halten.

[52] Viele aus dem Volk schlossen sich ihnen an; sie alle fielen vom Gesetz ab und trieben es schlimm im Land. [53] Die Israeliten mußten sich vor ihnen verstecken, wo immer sie Zuflucht fanden.

[54] Am fünfzehnten Kislew des Jahres 145 ließ der König auf dem
Dan 9[27] 11[31] Brandopferaltar den unheilvollen Greuel aufstellen; auch in den Städten Judäas ringsum baute man Altäre. [55] Vor den Haustüren und auf den Plätzen opferte man Weihrauch. [56] Alle Buchrollen des Gesetzes, die man fand, wurden zerrissen und verbrannt. [57] Wer im Besitz einer Bundesrolle angetroffen wurde oder zum Gesetz hielt, wurde aufgrund der königlichen Anordnung zum Tod verurteilt. [58] Sie ließen

1[47] Andere Hss lesen εἴδωλα oder ἴδωλα (Götzenbilder).

gehoben oder gar eine Einheitsreligion angeordnet hätte, weiß die Profanhistorie nichts. Gelegentlich wird erwähnt, daß der König eine besondere Vorliebe für den Kult des Zeus Olympius gehabt habe, vgl. Dan 11[38]. Der Erzählzug, daß der König für alle die Verehrung eines bestimmten Götterbildes vorschreibt, findet sich auch in Dan 3. Der biblische Verfasser wählt den düsteren Hintergrund von Verfolgung und Abfall, um später die Standhaftigkeit der Kämpfer und Märtyrer um so leuchtender hervortreten zu lassen.

[44–50] Die Ausführungsbestimmungen des allgemeinen Gesetzes spiegeln das Programm der hellenistischen Reformjuden wider [1–15]. Unter den »Heiligen« in [46] sind wohl die Priester und Leviten zu verstehen, die durch die erzwungene Teilnahme am heidnischen Kult entweiht werden.

[54] Der »unheilvolle Greuel« des Dezember 168 ist ein kleiner, dem Zeus Olympius geweihter Altar, der auf dem jüdischen Brandopferaltar im inneren Vorhof des Tempels errichtet wurde, vgl. [59] 2 Makk 6[2] Dan 9[27] 11[31] 12[11] JA 12,5,5.

Israel ihre Macht fühlen und gingen mit Gewalt gegen alle vor, die sie
Monat für Monat in den Städten aufspürten. 59 Am fünfundzwanzig-
sten des Monats (Kislew) brachten sie auf dem Altar, den sie über
dem Brandopferaltar errichtet hatten, ein Opfer dar. 60 Frauen, die 2 Makk 6^{10}
ihre Kinder hatten beschneiden lassen, wurden auf Befehl (des Kö-
nigs) hingerichtet; 61 dabei hängte man die Säuglinge an den Hals
ihrer Mütter. Auch ihre Familien brachte man um samt denen, die die
Beschneidung vorgenommen hatten. 62 Dennoch blieben viele aus Is-
rael fest und stark; sie aßen nichts, was unrein war. 63 Lieber wollten
sie sterben, als sich durch die Speisen unrein machen und den heiligen
Bund entweihen. So starben sie. 64 Ein gewaltiger Zorn lag auf Israel.

DER AUFSTAND GEGEN DIE VERFOLGER: 2^{1-70}

Mattatias und seine Söhne: 2^{1-14}

2 1 Damals trat ein Priester auf aus dem Geschlecht des Jojarib na-
mens Mattatias; sein Vater war Johanan, der Sohn Simeons. Er 1 Chr 24^{7}
stammte aus Jerusalem, hatte sich aber in Modeïn niedergelassen. 2 Er
hatte fünf Söhne: Johanan, den man auch Gaddi nannte, 3 Simeon
mit dem Beinamen Tassi, 4 Judas, der als der Makkabäer bekannt
wurde, 5 Eleasar, dem man den Namen Awaran gab, und Jonatan,
der auch Apphus hieß.
6 Als er das gotteslästerliche Treiben in Judäa und in Jerusalem sah,
sagte er:

7 Ach, warum bin ich geboren, daß ich erleben muß,
wie man mein Volk vernichtet
und die heilige Stadt zerstört?

58 Nach 2 Makk 6^{7} benutzte man als Kontrolltag ein monatlich wiederkehrendes Opferfest zu Ehren des Geburtstages des Königs.

60–61 Nach JA 12,5,4 wurden die beschnittenen Knaben am Halse ihrer gekreuzigten Eltern aufgehängt. Ausführliche Märtyrergeschichten bietet 2 Makk 6^{18}–7^{42}.

2^{1-14} Fast unabhängig von dem bisher Berichteten wird der Priester Mattatias aus Modeïn mit seinen Söhnen eingeführt. Er hat von den Verfolgungen in Jerusalem erfahren, und der Verfasser untermalt seine Stimmung mit einem eindrucksvollen Klagelied.

1–5 Mattatias stammt aus dem alten Priestergeschlecht des Jojarib Neh 12^{4} 1 Chr 24^{7}. Er wohnt in Modeïn, etwa 28 km nordwestlich von Jerusalem. Sein Name (hebr. Mattanjā) bedeutet »Gabe Jahwes«. Seine fünf priesterlichen Söhne tragen Bei- bzw. Spitznamen, deren Bedeutung nicht eindeutig ermittelt werden kann. Gaddi heißt »mein Glück« Num 13^{11} 2 Kön $15^{14.17}$. Bei Tassi könnte eine Verwechslung von M und S im hebr. Text vorliegen, so

Ohnmächtig mußte man zusehen,
wie sie in die Gewalt ihrer Feinde geriet,
wie die heilige Stätte Fremden in die Hände fiel.
8 Ihr Tempel wurde wie ein ehrloser Mann,
9 ihre Kostbarkeiten schleppte man als Beute fort.
Auf den Plätzen erschlug man ihre kleinen Kinder;
ihre jungen Männer fielen unter dem Schwert des Feindes.
10 Welches Volk hat nicht ein Stück des Reiches erhalten,
hat sich nicht seinen Anteil an der Beute errafft?
11 Ihren ganzen Schmuck nahm man ihr weg.
Die Freie wurde zur Sklavin.
12 Seht, unser Heiligtum,
unsere Zierde und unser Ruhm, liegt verödet;
fremde Völker haben es entweiht.
13 Wozu leben wir noch?
14 Und Mattatias und seine Söhne zerrissen ihre Gewänder, zogen
Bußkleider an und gaben sich tiefer Trauer hin.

Der Aufstand des Mattatias: 2^{15-28}

15 Da kamen die Beamten, die vom König den Auftrag hatten, die
Einwohner zum Abfall von Gott zu zwingen, in die Stadt Modeïn,
um die Opfer durchzuführen. 16 Viele Männer aus Israel kamen zu
ihnen; auch Mattatias und seine Söhne mußten erscheinen.
17 Da wandten sich die Leute des Königs an Mattatias und sagten: Du
Dan 11^{32} besitzt in dieser Stadt Macht, Ansehen und Einfluß und hast die Un-

2^7 Ohnmächtig mußte man zusehen, wörtlich: »Sie saßen dort« ἐκάθισαν oder καθίσαι ἐκεί.

2^{17} Die bessere Lesart lautet ἐστηριγμένος »unterstützt«.

daß *tammi* = »mein Vollkommener« zu lesen wäre. Der Name, nach dem später die ganze Familie als Makkabäer bezeichnet wurde, bedeutet »der Hämmerer« (hebr. wohl *maqqæbæt*, aram. *maqqābā*). Awaran könnte mit *hawran* = »der Blasse« zusammenhängen und Apphus von der Wurzel *ḥāpaṣ* = »der Begünstigte« abgeleitet sein.

$^{6-13}$ ist als Klagelied des Einzelnen gestaltet mit Anspielungen auf Jer 15^{10} Ez 7^{21} Gen 27^{46} u. a., inhaltlich erfüllt es die Funktion, Mattatias und seine Söhne mit dem Heiligtum von Jerusalem in Verbindung zu bringen. Es blickt auf $1^{30.34.54}$ zurück.

^{14} Als Trauerbräuche waren üblich: das Einreißen des Gewandes vom Hals bis zur Brust und das Tragen eines σάκκος, eines groben, aus dunklen Ziegenhaaren gewebten, mantelartigen Umhangs.

2^{15-28} In einer lebendigen, zu dramatischer Wirkung sich steigernden Erzählung schildert der Verfasser die »Eifertat« des Mattatias, aus der die makkabäische Freiheitsbewegung entstand. Im Mittelpunkt steht das Bekenntnis zum wahren Israel, zum

terstützung deiner Söhne und Verwandten. 18 Tritt also als erster vor,
und tu, was der König angeordnet hat. So haben es alle Völker getan,
auch die Männer in Judäa und alle, die in Jerusalem geblieben sind.
Dann wirst du mit deinen Söhnen zu den Freunden des Königs gehö-
ren; auch wird man dich und deine Söhne mit Silber, Gold und vielen
Geschenken überhäufen.
19 Mattatias aber antwortete mit lauter Stimme: Auch wenn alle Völ-
ker im Reich des Königs ihm gehorchen und jedes von der Religion
seiner Väter abfällt und sich für seine Anordnungen entscheidet –
20 ich, meine Söhne und meine Verwandten bleiben beim Bund unse-
rer Väter. 21 Der Himmel bewahre uns davor, das Gesetz und seine
Vorschriften zu verlassen. 22 Wir gehorchen den Befehlen des Königs
nicht, und wir weichen weder nach rechts noch nach links von unse-
rer Religion ab.
23 Kaum hatte er das gesagt, da trat vor aller Augen ein Jude vor und
wollte auf dem Altar von Modeïn opfern, wie es der König angeord-
net hatte. 24 Als Mattatias das sah, packte ihn leidenschaftlicher Eifer;
er bebte vor Erregung und ließ seinem gerechten Zorn freien Lauf: Er
sprang vor und erstach den Abtrünnigen über dem Altar. 25 Zusam-
men mit ihm erschlug er auch den königlichen Beamten, der sie zum
Opfer zwingen wollte, und riß den Altar nieder; 26 der leidenschaftli-
che Eifer für das Gesetz hatte ihn gepackt, und er tat, was einst Pin- Num 25^{6-15}
has mit Simri, dem Sohn des Salu, gemacht hatte. 27 Dann ging Mat-
tatias durch die Stadt und rief laut: Wer sich für das Gesetz ereifert
und zum Bund steht, der soll mir folgen. 28 Und er floh mit seinen
Söhnen in die Berge; ihren ganzen Besitz ließen sie in der Stadt zu-
rück.

2^{24} Er bebte vor Erregung, wörtlich: »und seine Nieren zitterten.«

2^{27} Die bessere Lesart verbindet die beiden Partizipien ζηλῶν und ἱστῶν durch καί.

Gesetz und zum Bund. Das gewaltsame Eintreten für diese Dreiheit ist Eifern für die ausschließliche Verehrung des einzigen Gottes.

18 »Freunde des Königs« ist unter den Seleuziden ein Orden oder Ehrentitel, bei dem man vier Grade unterscheidet. Seine Träger haben das Recht auf Purpurkleidung, auf bevorzugten Zugang zum König und auf hohe Beamtenstellen.

24 Mattatias fühlte sich zur Tötung des Juden berechtigt, denn Dtn 13^{7-12} 17^{1-7} fordern für den Abfall die Todesstrafe. Die Tötung des königlichen Beamten kann als Notwehr gegen den Heiden verstanden werden, der mit Waffengewalt gegen Mattatias vorging.

26 Während der Zeit der Wüstenwanderung hatte der Simeoniter Simri gegen Gottes Gebot eine Midianiterin ins Lager gebracht, um mit ihr Unzucht zu treiben. Der Priester Pinhas, ein Enkel Aarons, hatte beide durchbohrt Num 25^{6-15} Ps 106^{30} Sir 45^{23f}.

2^{29-41} Diese Einheit ist eine Märtyrererzählung. Die Bekenner des Glaubens ihrer Väter müssen fliehen,

Der Kampf am Sabbat: 2^{29-41}

2 Makk 6^{11} 29 Damals gingen viele, die Recht und Gerechtigkeit suchten, in die
Wüste hinunter, um dort zu leben. 30 Ihre Kinder und ihre Frauen
und auch ihr Vieh nahmen sie mit; denn ihre Lage zu Hause war un-
erträglich geworden. 31 Aber man meldete den Beauftragten des Kö-
nigs und der Besatzung, die in der Davidstadt von Jerusalem war: Die
Leute, die die Anordnung des Königs mißachtet haben, sind in die
Wüste zu den Höhlen hinabgezogen. 32 Da setzte ihnen eine starke
Truppe nach; als sie die Juden eingeholt hatte, stellte sie sich ihnen
gegenüber auf und machte sich zum Kampf bereit. An jenem Tag war
gerade Sabbat. 33 Die Soldaten riefen ihnen zu: Jetzt ist noch Zeit.
Kommt heraus und tut, was der König sagt; dann bleibt ihr am Le-
ben. 34 Die Juden antworteten: Wir gehen nicht hinaus und tun nicht,
was der König sagt; wir werden den Sabbat nicht entweihen. 35 Da
gingen die Soldaten sofort zum Angriff über. 36 Die Juden gaben
keine Antwort mehr; sie warfen nicht einmal Steine auf sie, noch ver-
sperrten sie die Eingänge der Höhlen. 37 Denn sie sagten: Wir wollen
lieber alle sterben, als schuldig werden. Himmel und Erde sind unsere
Zeugen, daß ihr uns gegen jedes Recht umbringt. 38 Am Sabbat be-
gannen die Soldaten den Kampf; so starben die Juden mit ihren
Frauen und Kindern, etwa tausend Menschen, und auch ihr Vieh
kam zusammen mit ihnen um.
39 Als Mattatias und seine Anhänger das erfuhren, hielten sie für die
Toten eine große Trauerfeier ab. 40 Sie sagten zueinander: Wenn wir
alle so handeln, wie unsere Brüder gehandelt haben, und nicht gegen
die fremden Völker für unser Leben und unsere Gesetze kämpfen,
dann vertilgen sie uns bald von der Erde. 41 Und sie beschlossen noch
am gleichen Tag: Wenn uns jemand am Sabbat angreift, werden wir
gegen ihn kämpfen, damit wir nicht alle umkommen wie unsere Brü-
der in den Höhlen.

2^{30} Wörtlich: »denn das Böse hatte sich bei ihnen verhärtet.«

werden aufgespürt und kommen um, weil sie sich am Sabbat nicht zur Wehr setzen. Die Geschichte möchte beweisen, daß ohne Kampf eine Erhaltung des Volkes nicht möglich ist und daß die Verteidigung des Lebens sogar am Sabbat erlaubt ist, denn »der Sabbat ist für die Menschen da« (Mk 2^{27}).

31 Der Ostteil der Wüste Juda mit seinen Höhlen war wohl das Zufluchtsgebiet der Verfolgten, vgl. 1 Sam 23–26.

35 Nach Flav. Josephus (JA 12,6,2) zündete man – wahrscheinlich am Eingang der Höhlen – ein Feuer an, so daß die Juden durch den Qualm erstickten, vgl. 2 Makk 6^{11}.

2^{42-48} Die Verse berichten von den ersten Erfolgen des Mattatias und der mit ihm Verbündeten. Diese Truppe kann vor allem den Einfluß

Erste Erfolge der Aufständischen: 2[42–48]

42 Damals schloß sich ihnen auch die Gemeinschaft der Hasidäer an;
das waren tapfere Männer aus Israel, die alle dem Gesetz treu erge-
ben waren.
43 Auch alle anderen, die vor dem Unheil flohen, kamen
zu ihnen und verstärkten ihre Reihen.
44 Sie stellten eine bewaffnete
Streitmacht auf,
 und sie erschlugen die Sünder in ihrem Zorn,
 die Frevler in ihrem Grimm.
Wer übrig blieb, mußte zu den Nachbarvölkern fliehen, um sein Le-
ben zu retten.
45 Mattatias und seine Anhänger zogen durch das
ganze Land und rissen die Altäre nieder.
46 Alle unbeschnittenen Kinder, die sie in dem Gebiet Israels fanden,
beschnitten sie gewaltsam.
47 Sie verfolgten die frechen Frevler;
 in allem, was sie taten, hatten sie Glück.
48 Sie entrissen das Gesetz der Gewalt fremder Völker und der
 Hand der Könige.
 Dem Sünder ließen sie keine Macht.

Vermächtnis und Tod des Mattatias: 2[49–70]

49 Schließlich kam für Mattatias die Zeit, daß er sterben mußte. Da
sagte er zu seinen Söhnen:

2[48] Wörtlich: »Dem Sünder gaben sie kein Horn (Macht).«

der Hellenisten auf dem Land brechen. Der Hagiograph ist so begeistert, daß er poetische Stücke mit Elementen eines Siegesliedes [44.47.48] in seinen Bericht einfließen läßt.

[42] Die Hasidäer (von hebr. *ḥasidīm* = Fromme) sind gesetzestreue Juden, die sich in hellenistischer Zeit, schon vor der makkabäischen Bewegung, zu einer besonderen Gemeinschaft zusammengeschlossen hatten. Trotz ihres Bündnisses mit den Makkabäern haben sie immer ihre Eigenständigkeit gewahrt 7[13]. Sie sind die Vorläufer der Essener samt der Qumrangemeinde und der Partei der Pharisäer.

2[49–70] Die biblischen Schriftsteller lieben es, scheidenden oder sterbenden Personen eine Art Abschiedsrede in den Mund zu legen: Gen 48.49 Dtn 33 Jos 23.24 1 Sam 12 2 Sam 23[1–7] 1 Kön 2[1–9] Tob 14[3–11]. Die hier eingesetzte Rede ist das längste poetische Stück in 1 Makk. Sie ist symmetrisch aufgebaut und kann insgesamt als Paränese bezeichnet werden. Mattatias ermahnt die Seinen, nach dem Vorbild ihrer berühmten Ahnen für das Gesetz – fünfmal steht νόμος – kämpfend einzutreten [49–60] und den König Antiochus Epiphanes, der auch nur ein Sterblicher ist, nicht zu fürchten [61–64]. Judas soll in diesem Kampf als Heerführer fungieren [65–68]. In [69–70] werden der Tod des Mattatias und die Trauer um ihn mitgeteilt.

[49] Mit vier Ausdrücken zeichnet der Verfasser den Ernst der Lage: Der

Nun sind über uns Hochmut und Strafe gekommen,
die Zeit des Zusammenbruchs und lodernder Zorn.
50 Jetzt ereifert euch für das Gesetz, meine Söhne,
setzt euer Leben ein für den Bund unserer Väter!
51 Denkt an die Taten,
die unsere Väter zu ihren Zeiten vollbrachten;
erwerbt euch großen Ruhm
und einen ewigen Namen!
Gen 22 52 Wurde Abraham nicht für treu befunden in der Erprobung,
Gen 15^{6} Gen 39^{7-15} und wurde ihm das nicht als Gerechtigkeit angerechnet?
Gen 41^{38-44} 53 Josef hielt das Gebot, als man ihn bedrängte,
Num 25^{6-13} und wurde Herr über Ägypten.
54 Pinhas, unser Ahnherr, ereiferte sich für Gottes Sache
und empfing den Bund ewigen Priestertums.
Ex 17^{9-13} 55 Weil Josua seinen Auftrag erfüllte,
Num 27^{15-23} wurde er Richter in Israel.
Num 13^{30} Num $14^{6f.24}$ 56 Kaleb sprach als Zeuge vor dem Volk die Wahrheit;
Jos 14^{6-14} darum bekam er ein Erbteil im Land.
1 Sam 24^{26} 57 David hielt die Treue;
2 Sam 7 1 Kön 18^{40} darum erhielt er den Königsthron als ewiges Erbe.
1 Kön 19^{10} 58 Elija kämpfte mit leidenschaftlichem Eifer für das Gesetz
2 Kön 2^{1-13} Dan 3 und wurde in den Himmel aufgenommen.
59 Hananja, Asarja und Mischaël hatten Vertrauen;
darum wurden sie aus den Flammen gerettet.
Dan 6 60 Weil Daniel unschuldig war,
wurde er dem Rachen der Löwen entrissen.
61 Überdenkt unsere ganze Vergangenheit:
Keiner, der ihm vertraut, kommt zu Fall.
62 Habt keine Angst vor den Worten eines bösen Menschen!
Seine Herrlichkeit verfällt der Fäulnis und den Würmern.
Ps 37^{35f} 146^{3f} 63 Heute noch reckt er sich hoch empor,
morgen schon ist er verschwunden;
denn er ist wieder zu Staub geworden,
und mit seinen Plänen ist's aus.
64 Meine Söhne, seid stark und mutig im Kampf für das Gesetz;
denn durch das Gesetz werdet ihr euch Ruhm erwerben.

Zusammenbruch ist da, der Sieger ist übermütig, die Frommen werden in erniedrigender Weise von den Bösen bestraft, über deren Bosheit auch Gott empört ist.

52–61 Trotz der biblischen Zitate Gen 15^{6} 45^{9} und der Anspielungen werden die Väter – im Gegensatz zu Sir 44–49 – aus ihrem geschichtlichen Kontext herausgelöst. Die einzelnen Distichen sind durch das weisheitliche Strukturelement »Tun – Ergehen« zusammengehalten. Gott wird niemals diejenigen im Stich lassen, die für seine Sache eintreten. Mit der Wendung »unser Ahnherr« (πατὴρ ἡμῶν) 54 wird Pinhas, der Enkel Aarons, als Stammvater aller

65 Da ist Simeon, euer Bruder. Ich weiß, daß er ein kluger Mann ist.
Hört immer auf ihn! Er soll euer Vater sein. 66 Judas, der Makkabäer,
ist seit seiner Jugend ein tapferer Krieger. Er soll an der Spitze eures
Heeres stehen und den Kampf für sein Volk führen. 67 Schart alle um
euch, die das Gesetz halten. Nehmt Rache für euer Volk! 68 Zahlt es
den fremden Völkern heim! Achtet auf das, was das Gesetz befiehlt.
69 Und nachdem er sie gesegnet hatte, wurde er mit seinen Vätern
vereint. 70 Er starb im Jahr 146. Man setzte ihn im Grab seiner Väter
in Modeïn bei, und ganz Israel hielt feierlich die Totenklage um ihn.

DIE TATEN DES JUDAS: 3^{1}–9^{22}

Das Loblied auf Judas: 3^{1-9}
2 Makk 8^{1-7}

3 1 An die Stelle des Mattatias trat sein Sohn Judas mit dem Beinamen
der Makkabäer. 2 Alle seine Brüder unterstützten ihn, wie auch alle,
die sich seinem Vater angeschlossen hatten. Freudig kämpften sie für
Israel.

3 Er machte sein Volk weithin berühmt.
Als Kriegsheld zog er seinen Panzer an,
legte seine Waffen um und führte Krieg;
sein Schwert war der Schutz seines Heeres.
4 Er glich im Kampf einem Löwen,
einem jungen Löwen, der sich brüllend auf die Beute stürzt.
5 Er verfolgte die Sünder und spürte sie auf;
er vertilgte alle, die sein Volk verwirrten.
6 Aus Furcht vor ihm verloren die Sünder den Mut,
alle Übeltäter vergingen vor Angst.
Seiner Hand gelang die Befreiung.

2^{66} EÜ hat sich nicht wie Kappler und Rahlfs für die Lesart πολεμήσει πόλεμον λαῶν (»er soll den Kampf gegen die Völker führen«) entschieden. Sie hat der Version πόλεμον λαοῦ αὐτοῦ den Vorzug gegeben.

nachfolgenden israelitisch-jüdischen Priester bezeichnet. Der Auftrag des Josua 55 betraf seine Führerrolle neben und nach Mose. Er kann als der erste Richter Israels betrachtet werden, obwohl das AT ihn nicht direkt so nennt.

70 Mattatias stand nur ein Jahr an der Spitze der makkabäischen Bewegung JA 12,6,3, er starb 166/65 v. Chr.

3^{1-9} Dieses Preisgedicht bietet ein Resümee über die Person und die Aktivität des Judas, es weist also auf den nachfolgenden prosaischen Kontext. Der Kriegsheld Judas hat die Gottlosen geschlagen und Gottes Zorn von Israel abgewendet.

7 Vielen Königen schaffte er großen Verdruß,
doch Jakob erfreute er mit seinen Taten.
Sein Andenken sei ewig gepriesen.
8 Er zog durch die Städte Judäas,
vernichtete die Frevler im Land
und wandte Gottes Zorn von Israel ab.
9 Man sprach von ihm bis ans Ende der Welt;
er sammelte wieder, was verloren war.

Abwehr heidnischer Angriffe: 3^{10-26}

10 Apollonius sammelte Truppen aus den fremden Völkern und dazu
ein großes Heer aus Samarien, um gegen Israel Krieg zu führen.
11 Als Judas davon erfuhr, zog er ihm entgegen und besiegte und er-
schlug ihn. Viele kamen in diesem Kampf um; die übrigen flohen.
12 Danach holte man sich die Beute. Judas nahm das Schwert des
Apollonius an sich; er gebrauchte es in jedem Kampf, solange er
lebte.
13 Seron, der Befehlshaber der Streitkräfte in Syrien, hörte, daß Judas

3^{8} Der Schluß lautet wörtlich: »und wandte Zorn von Israel ab.«

3^{9-10} Die abschließenden Worte καὶ συνήγαγεν ἀπολλυμένους »und er sammelte die Versprengten« sind wohl Dittographie zu καὶ συνήγαγεν Ἀπολλώνιος am Anfang von ^{10}.

3^{13} Wörtlich: »Seron ... hörte, daß Judas eine Versammlung versammelte, eine Gemeinschaft von Getreuen um ihn, die auch in den Kampf auszogen.« Die figura etymologica ἤθροισεν ἄθροισμα »versammelte eine Versammlung« wird aufgenommen durch καί, das einem hebr. Waw explicativum entspricht. Das zweite καί vor ἐκπορευομένων ist im Sinne von »auch« zu verstehen.

$^{7-9}$ Den Königen Antiochus IV. Epiphanes, Antiochus V. (noch unmündig) und Demetrius I. (162–150) brachte Judas manche Niederlage bei, weshalb Jakob (= das Volk Israel) ihm zujubelte. »Bis ans Ende der Welt« ist hyperbolische Ausdrucksweise, vgl. Jes 48^{20} 49^{6} 62^{11}. Mit ihr ist das Preisgedicht wohl ursprünglich ausgeklungen.

3^{10-26} Zweimal wird die Abwehr der heidnischen Angriffe mitgeteilt: das erste Mal $^{10-12}$ in einem Kampfbericht, der sich durch ruhige Sachlichkeit der Darstellung auszeichnet, das zweite Mal $^{13-26}$ im Stil einer Erzählung mit Frage, Ansprache und poetischem Schluß. Der weisheitliche Gedanke schimmert durch: Der Hochmütige und Selbstbewußte wird untergehen, während der Gottgläubige und Gottvertrauende am Leben bleibt. Die alte Überlieferung vom Heiligen Krieg wird in diesen Versen zu neuem Leben erweckt: Nicht die Menschen handeln in diesem Krieg, sondern Gott handelt durch die Menschen.

^{10} Apollonius wird ohne nähere Vorstellung in den Bericht eingeführt, vielleicht ist er mit dem in 1^{29} erwähnten Heerführer identisch, der eine Gemeinschaft von Getreuen um sich geschart hatte, die mit ihm in den Kampf auszogen. 14 Da dachte er: Ich will mir einen Namen machen und im Reich berühmt werden: Ich werde einen Feldzug unternehmen gegen Judas und seine Leute, die das Wort des Königs verachten. 15 Ein großes Heer ruchloser Männer schloß sich ihm an und zog zu seiner Unterstützung mit ihm hinauf, um an den Israeliten Rache zu nehmen. 16 Er kam bis zur Steige von Bet-Horon. Judas zog ihm mit ganz wenigen Männern entgegen. 17 Als diese das Heer sahen, das gegen sie ausgerückt war, sagten sie zu Judas: Wie können wir mit so wenigen Leuten gegen eine solche Übermacht kämpfen? Außerdem sind wir ganz erschöpft; denn wir haben heute noch nichts gegessen.

18 Judas antwortete: Es kann leicht sein, daß viele wenigen in die Hände fallen; für den Himmel macht es keinen Unterschied, ob er durch viele oder wenige Rettung bringt. 19 Denn der Sieg im Kampf liegt nicht an der Größe des Heeres, sondern an der Kraft, die vom Himmel kommt. 20 Diese Leute da ziehen voll Hochmut und Bosheit gegen uns in den Kampf, um uns mit unseren Frauen und Kindern auszurotten und unsere Habe zu plündern. 21 Wir aber kämpfen für unser Leben und für unsere Gesetze. 22 Der Himmel wird sie vor unseren Augen vernichtend schlagen. Darum habt keine Angst vor ihnen! 23 Kaum hatte er das gesagt, da stürzte er sich überraschend auf die Feinde, und Seron und sein Heer wurden vor seinen Augen aufgerieben. 24 Sie verfolgten ihn von der Steige von Bet-Horon bis in die

1 Sam 14[6]

3[15] καὶ προσέθετο καὶ ἀνέβη entspricht dem hebr. *wajjosæf wajja'al* »und er fuhr fort hinaufzusteigen«. Der Satz würde dann weiter lauten: »Mit ihm war ein großes Heer Gottloser, um ihm zu helfen, an den Israeliten die Rache zu vollziehen.«

3[19] EÜ hat die Lesart ἀλλ᾽ ἐκ τοῦ οὐρανοῦ ἡ ἰσχύς übernommen.

3[22] Wörtlich: »Er (αὐτός) wird sie ... schlagen.«

mittlerweile zum Befehlshaber der Eparchie Samaria, zu der auch Judäa gehörte, ernannt worden war.

13 Seron (der Name ist wohl semitischen Ursprungs) war nach Flav. Josephus Befehlshaber von Zölesyrien, dem nördlich an Samaria angrenzenden syrisch-phönizischen Gebiet (JA 12,7,1).

16 Bet-Horon, 17 km nordwestlich von Jerusalem, lag wie Modeïn an der Straße, die von der Küste ins judäische Bergland führte. Es hatte eine Unter- und Oberstadt (399 m und 617 m ü. N. N.), die durch einen etwa 1 km langen, engen und steinigen Weg verbunden waren (= Steige). Der Ort war in der israelitischen Geschichte oft umkämpft Jos 10[10] 1 Sam 13[18] u. ö. Salomo hatte ihn als Festung ausgebaut 1 Kön 9[17].

18–19 Der Verfasser umschreibt »Gott« mit »Himmel«. Es war seit der persischen Zeit auch beliebt, vom »Gott des Himmels« zu reden Esra 1[2] 7[12.21] Neh 1[4–5] Dan 2[19.37.44] u. ö.

Ebene hinab, und es fielen gegen achthundert Mann von ihnen; die
übrigen flohen ins Land der Philister.

25 Da begann man, sich vor Judas und seinen Brüdern zu fürchten,
Schrecken befiel die Völker ringsum.
26 Selbst der König hörte seinen Namen;
die ganze Welt erzählte von den Kämpfen des Judas.

Die Kriegsvorbereitungen des Antiochus Epiphanes: 3^{27-37}

27 Als König Antiochus von diesen Ereignissen hörte, wurde er sehr
zornig. Er schickte Boten aus und zog alle Streitkräfte seines Reiches
zusammen: ein gewaltig großes Heer. 28 Dann öffnete er seine
Schatzkammer, gab seinen Truppen Sold für ein Jahr und befahl ih-
nen, sich für jeden Fall bereitzuhalten. 29 Doch merkte er, daß das
Geld im Staatsschatz ausging. Auch kamen nur noch wenig Steuern
aus dem Land ein, weil er Streit und Unglück über das Land gebracht
hatte, als er die uralten Bräuche aufhob. 30 Er war also besorgt, daß
er, wie es schon einige Male vorgekommen war, nicht mehr so auf-
wendig wie früher leben und keine Geschenke mehr verteilen könnte.
Er war nämlich bisher besonders freigebig gewesen, mehr als die Kö-
nige vor ihm. 31 In seiner großen Verlegenheit beschloß er, nach Per-
sien zu ziehen, um in jenen Provinzen die Steuern einzutreiben und

3^{30} Einige Male, wörtlich: »einmal und zweimal«, vgl. Neh 13^{20}.

24 »Land der Philister« ist altertümliche Redeweise für das Küstengebiet am Mittelmeer. Der Name Palästina ist davon abgeleitet.

3^{27-37} Der Verfasser rückt in dieser Schilderung über die Kriegsvorbereitungen des Königs Antiochus Epiphanes seine eigene Gemeinde Israel stark in den Mittelpunkt. Der Leser bekommt den Eindruck, als ob die Politik des Königs allein von Jerusalem, Judäa und dem Makkabäer Judas beeinflußt sei. Deutlich wird die These: Falsche Religionspolitik schadet auch der politischen Sphäre. Der heidnische Plan zur Vernichtung Israels knüpft an Vorbilder der Tradition an: die Zerstörung Samarias und die Umsiedlung seiner Bewohner im Jahre 722 v. Chr. durch die Assyrer.

28 Antiochus läßt den Sold für ein Jahr bereitstellen, weil er einen längeren Kampf erwartet.

30–32 Von der Freigebigkeit des Königs berichtet z. B. auch der griechische Schriftsteller Polybios (201–120 v. Chr.). Im Jahre 169 habe der König Geschenke im Wert von 150 Talenten an griechische Städte und nach Rom gegeben, jeden Griechen der Kolonie Naucratis habe er mit einem Goldstück erfreut, und alle seine Vorgänger habe er übertroffen in den Opfergaben, die er den Göttern der verschiedensten Städte darbringen ließ (vgl. Historiae 26,1 28,20.22). – Die Freiheitsbewegungen der Parther und Armenier liegen nicht im Interessengebiet des Autors. Er erwähnt nicht einmal, daß Antiochus IV. sich – gleich seinem Vater

auf diese Weise viel Geld zusammenzubringen. 32 Als seinen Statthal-
ter über das Gebiet zwischen dem Eufrat und der Grenze Ägyptens
ließ er Lysias zurück, einen Mann, der sehr angesehen war und aus
königlicher Familie stammte. 33 Ihm übertrug er auch bis zu seiner
Rückkehr die Erziehung seines Sohnes Antiochus. 34 Ferner überließ
er ihm die Hälfte der Truppen und die Kriegselefanten und gab ihm
Anweisungen über alle anstehenden Maßnahmen, auch gegen die Be-
wohner von Judäa und Jerusalem. 35 Er sagte, er solle ein Heer gegen
Israel schicken, um seine Macht zu brechen, um alles zu vernichten,
was von Jerusalem noch übrig sei, und sogar die Erinnerung an die
Juden auslöschen. 36 Er solle Menschen aus fremden Völkern in ih-
rem ganzen Gebiet ansiedeln und das Land an sie verlosen. 37 Die an-
dere Hälfte der Truppen nahm der König mit sich; er brach im Jahr
147 von seiner Hauptstadt Antiochia auf, überquerte den Eufrat und
marschierte in die östlichen Provinzen.

Der Angriff des Gorgias und des Nikanor: 3^{38-45}
2 Makk 8^{8-15}

38 Lysias aber wählte Ptolemäus aus, den Sohn des Dorymenes, au- 2 Makk 4^{45}
ßerdem Nikanor und Gorgias, tapfere Männer, die zu den Freunden 1 Makk 7^{26}
des Königs gehörten, 39 und schickte sie mit vierzigtausend Mann und 2 Makk 10^{14}

3^{37} Wörtlich: » ... und marschierte in die oberen Gebiete.« Das sind die auf dem iranischen Hochland gelegenen Provinzen.

Antiochus III. – auf einen großangelegten Feldzug gegen die Parther begibt, um die östliche Reichshälfte seiner Herrschaft zu erhalten. Dieser Feldzug und die damit gegebene Abwesenheit des Königs sind auch der wahre Grund für die Bestellung des Mannes, mit dessen Namen die kommenden Ereignisse im Westen verknüpft sind.

37 Im Frühjahr 165 v. Chr. zog Antiochus von Antiochia am Orontes aus nach Persien.

3^{38-45} schildern den Aufmarsch des feindlichen Heeres und enthalten die Aufmunterung des Judas Makkabäus an seine Getreuen, eine Kampf- und Gebetsgemeinschaft zu sein. Man erwartet Hilfe nicht nur von den eigenen Waffen, sondern primär von Gott. Ein Klagelied über die »Wüste« Jerusalem – vgl. Jes 64^{9} – ist zwischen 44 und 46 eingeschaltet.

38 Lysias, der Oberbefehlshaber des Westens, beauftragte drei tüchtige Männer mit der Niederschlagung der Unruhen in Judäa. Ptolemäus war Befehlshaber von Zölesyrien und Phönizien 2 Makk 8^{8}, Gorgias leitete die militärischen Operationen und wurde später Befehlshaber von Idumäa 2 Makk 12^{32}; das ist jenes südjudäische Gebiet von Hebron bis Beerscheba, in dem sich seit dem 6. Jahrhundert v. Chr. die Edomiter niedergelassen hatten. Nikanor ist Gorgias beigegeben, während er nach 2 Makk 8 an der Spitze des Heeres steht, und Gorgias ihm zugeteilt ist.

siebentausend Reitern auf den Weg. Sie sollten in Judäa einmarschie-
ren und das Land verwüsten, wie es der König befohlen hatte. 40 Sie
brachen also mit ihrem ganzen Heer auf, zogen bis Emmaus und
schlugen dort in der Ebene ihr Lager auf. 41 Als die Händler in jener
Gegend von ihnen hörten, kamen sie mit viel Silber und Gold und mit
Fußfesseln zum Lager, um die Israeliten als Sklaven aufzukaufen.
Dem Heer schlossen sich auch noch Truppen aus Syrien und aus dem
Land der Philister an.
42 Als Judas und seine Brüder sahen, daß großes Unheil drohte und
die feindlichen Truppen schon auf ihrem Gebiet ihr Lager aufschlu-
gen, und als sie erfuhren, welche Befehle der König gegeben hatte,
um das Volk völlig zu vernichten, 43 sagten sie zueinander: Wir wol-
len die Trümmer unseres Volkes wiederaufbauen und für unser Volk
und das Heiligtum kämpfen. 44 Und sie kamen zusammen, um sich
zum Kampf zu rüsten, aber auch, um zu beten und Gnade und Mit-
leid zu erflehen.

45 Jerusalem war menschenleer wie eine Wüste,
von den Kindern der Stadt
ging keines mehr ein oder aus.
Die heilige Stätte war entweiht.
Ausländer hausten in der Burg,
sie war ein Gasthaus für fremde Völker.
Die Freude war aus Jakob verschwunden,
Flöte und Harfe waren verstummt.

3[41] προσετέθησαν verlangt den Plural δυνάμεις. ἀλλόφυλοι »Fremde« ist hier genau wie 4[22.30] 5[66.68] mit »Philister« übersetzt. Vgl. auch G 1 Sam 13[3] Ps 108[10] u. ö.

[39–41] Die Zahlenangaben sind hyperbolischer Ausdruck für die Überlegenheit des feindlichen Heeres, sie unterscheiden sich zudem von den in 2 Makk 8[9] genannten. Der Autor imitiert in [39] wahrscheinlich 1 Chr 19[18]. – Emmaus liegt 30 km westlich von Jerusalem am Eingang zum judäischen Gebirge. – Mit dem Hinweis auf die Sklavenhändler, die wahrscheinlich aus Phönizien kamen, um die Kriegsgefangenen aufzukaufen, will der Verfasser die aussichtslose Lage der Juden unterstreichen. Da sich die Streitmacht des Gorgias und Nikanor bereits aus Truppen Syriens zusammensetzte, denken manche Ausleger an Truppen aus Idumäa. Das hebräische ʼ*ᵃrām* = Syrien wäre dann Verlesung für ʼ*ᵆdom* = Idumäa.

3[46–60] schildern zunächst verschiedene Riten eines Bittgottesdienstes. Das eigentliche Gebet ist poetisch als Klage des Volkes gestaltet, Bitten fehlen in ihm ganz, dafür sind bewegte Fragen angehäuft [50b–53]. Einem Bericht über Einteilung und Verkleinerung des Heeres folgt eine Ansprache an die Soldaten. In Gebet und Ansprache ist Hauptmotiv die Entweihung des Heiligtums. Man will für den geschändeten Tempel kämpfen. Doch primär sind gefordert Soldatenwallfahrt, Buß- und Bettag, Hören auf Gott, der im Wort

Der Bittgottesdienst in Mizpa: 3[46–60]
2 Makk 8[16–23]

46 Sie versammelten sich also und gingen nach Mizpa. Das ist ein Ort, Ri 20[1–3]
der Jerusalem gegenüber liegt und an dem die Israeliten früher eine 1 Sam 7[5f]
Gebetsstätte hatten. 47 Sie fasteten an jenem Tag, zogen Bußkleider
an, streuten sich Staub auf das Haupt und zerrissen ihre Gewänder.
48 Sie breiteten die Gesetzesrolle aus, um eine Entscheidung zu erhal-
ten, so wie die fremden Völker ihre Götterbilder befragen. 49 Auch
brachten sie die priesterlichen Gewänder, die Erstlingsfrüchte und Dtn 26 Num 6
den Zehnten herbei, befahlen den Nasiräern, deren Zeit abgelaufen
war, sich zu versammeln, 50 und schrien laut zum Himmel: Was sol-
len wir mit diesen Dingen und diesen Menschen tun, wo sollen wir sie
hinbringen? 51 Man entweiht und schändet dein Heiligtum; deine
Priester leben in Trauer und Elend. 52 Sieh her: Man führt fremde
Völker zusammen, um uns auszurotten. Du weißt, was sie mit uns
vorhaben. 53 Wie können wir ihrem Angriff standhalten, wenn du uns
nicht hilfst? 54 Dabei ließen sie die Trompeten blasen und schrien laut.
55 Danach setzte Judas Heerführer ein, jeweils über tausend, hundert,
fünfzig und zehn. 56 Alle, die (kurz zuvor) ein Haus gebaut, eine Frau Dtn 20[5–9]
geheiratet oder Weinberge angelegt hatten oder die Angst hatten, ließ

3[47] »Streuten sich Staub auf das Haupt.« EÜ hat sich den Hss angeschlossen, die ἐπέϑεντο σπονδόν setzen.

der Bibel gegenwärtig ist, und das Sich-Ergeben in seinen Willen.

46 Mizpa, 13 km nördlich von Jerusalem gelegen, war schon in der Richterzeit Versammlungsort des Volkes und spielte als solcher auch in den Samueltraditionen eine Rolle. Nach der Zerstörung Jerusalems (587) hatte es Gedalja als Verwaltungssitz gedient 2 Kön 25[23] Jer 40[8]. Vermutlich besaß die Stadt ein besonderes Grenzheiligtum.

48 Eine divinatorische Befragung der Schrift kennt das AT sonst nicht. Die verkürzte Ausdrucksweise möchte wohl besagen: Die Lesung des Gesetzes ist ein wichtiger Teil des Gottesdienstes 2 Makk 8[23], ähnlich wie bei den Heiden die Befragung des Götterbildes oder wie ehedem in Israel der Prophetenspruch oder das Losorakel.

49 Die priesterlichen Gewänder durften nur im Tempel getragen werden, ebenso mußten die Erstlingsfrüchte und der Zehnte dorthin gebracht werden. Das Nasiräergelübde (kein Scheren des Haupthaares, keine alkoholischen Getränke, keine kultische Unreinheit) konnte gültigerweise nur im Tempel durch kostspielige Opfer abgeschlossen werden Num 6[13–21].

54 Das Blasen der langen metallenen Trompeten hat hier liturgischen Charakter; es begleitet das Gebet, macht es gleichsam stärker und inständiger 4[40] 5[33], vgl. Sir 50[16].

55 Judas inspiriert sich bei der Einteilung seiner Truppen an den richterlichen und militärischen Traditionen seines Volkes Ex 18[21] Num 31[48.52] 1 Sam 8[12], vgl. 1 QS III, 21–22; 1 QSa I, 29 – II, 1; CD XIII, 1–2.

er nach Hause zurückkehren, wie es das Gesetz vorschreibt. 57 Da-
nach brach das Heer auf und schlug südlich von Emmaus sein Lager
auf. 58 Judas sagte: Legt eure Waffen an, und seid tapfer! Macht euch
bereit, morgen früh mit diesen fremden Völkern zu kämpfen, die man
zusammengeführt hat, um uns und unser Heiligtum zu vernichten.
59 Denn wir wollen lieber im Kampf fallen als zusehen, wie Unglück
über unser Volk und über das Heiligtum kommt. 60 Doch wie der
Himmel will, so soll es geschehen.

Der Sieg über Gorgias: 4^{1-25}
2 Makk 8^{23-29}

4 1 Gorgias aber nahm eine Abteilung von fünftausend Mann und tau-
send ausgesuchten Reitern und brach mit ihnen in der Nacht auf. 2 Er
wollte nämlich das jüdische Heer überfallen und überraschend schla-
1^{33} gen; Leute aus der Burg zeigten ihm den Weg. 3 Doch Judas erfuhr
davon und brach selbst mit seinen Männern auf, um das Lager der
königlichen Streitkräfte vor Emmaus anzugreifen, 4 solange die ande-
ren Truppen vom Lager getrennt waren. 5 Gorgias erreichte noch in
der Nacht das Lager der Juden, fand aber niemand. Daher suchte er
sie in den Bergen, denn er dachte: Sie sind vor uns geflohen.
6 Bei Tagesanbruch erschien Judas mit dreitausend Mann in der
Ebene. Doch sie waren nicht so ausgerüstet und bewaffnet, wie sie es
wünschten. 7 Als sie das Kriegslager der fremden Völker sahen, das
stark, fest gebaut und ringsum von Reiterei umgeben war – lauter gut
ausgebildete Soldaten –, 8 da sagte Judas zu seinen Männern: Habt
keine Angst vor ihrer Übermacht, und fürchtet euch nicht vor ihrer

4^{6} Wörtlich: »Sie hatten nicht Rüstungen und Schwerter, wie ...«

^{56} Dtn 20^{5-8}.

4^{1-25} ist ein Kampf- und Siegesbericht, der die Tapferkeit der jüdischen Soldaten und die Klugheit und Autorität ihres Führers in helles Licht stellt. In direkter Rede fordert Judas vor der Schlacht seine Krieger auf, den Rettergott Israels anzuflehen und nach dem Sieg die Plünderung aufzuschieben. Wörtlich ist in ^{24} auch der erste Vers des Dankliedes angeführt.

$^{1-4}$ Judas liegt mit seinen Truppen südlich von Emmaus, und Gorgias plant – wohl mit Hilfe von ortskundigen jüdischen Überläufern aus der Burg von Jerusalem – einen nächtlichen Überfall. Judas hat davon erfahren und greift das durch die Abteilungen des Gorgias verminderte und unter der Führung des Nikanor stehende syrische Heer nördlich von Emmaus an.

^{7} Die hellenistischen Heere verdanken ihre Schlagkraft nicht zuletzt ihrer Reiterei, die meist die Flanken der Phalanx deckte. Der Hagiograph akzentuiert die Ausrüstung der Syrer, um später den mit Gottes Hilfe errungenen Sieg über sie um so größer erscheinen zu lassen.

$^{8-11}$ Nach Dtn 20^{1-4} soll der Priester

Kampfkraft! 9 Denkt daran, wie unsere Väter im Roten Meer gerettet
wurden, als der Pharao sie mit seinem Heer verfolgte. 10 Laßt uns den
Himmel anrufen, daß er uns gewogen ist und des Bundes mit unseren
Vätern gedenkt und daß er dieses Heer heute vor unseren Augen ver-
nichtend schlägt. 11 Dann werden alle Völker erkennen, daß es einen
gibt, der Israel loskauft und rettet.
12 Als die fremden Soldaten aufblickten, sahen sie die Juden heranrük-
ken. 13 Da kamen sie aus ihrem Lager heraus, um zu kämpfen; die
Männer des Judas aber bliesen die Widderhörner. 14 Die beiden
Heere stießen aufeinander, und die fremden Völker wurden vernich-
tend geschlagen und flohen in die Ebene. 15 Alle, die nicht schnell ge-
nug waren, fielen unter dem Schwert. Die Juden verfolgten sie bis
nach Geser und in die Ebene von Idumäa, Aschdod und Jamnia und
erschlugen ungefähr dreitausend von ihnen. 16 Dann hörte Judas mit
seinen Leuten auf, sie zu verfolgen, und kehrte um. 17 Er sagte zu sei-
nen Männern: Fallt noch nicht über die Beute her; denn uns steht
noch ein Kampf bevor. 18 Gorgias steht mit seinen Truppen dicht vor
uns in den Bergen. Stellt euch also zum Kampf gegen eure Feinde auf
und greift sie an; nachher könnt ihr in aller Ruhe eure Beute holen.
19 Während Judas noch sprach, sah man eine Abteilung der Feinde
hinter dem Berg auftauchen. 20 Als sie merkten, daß ihre Leute ge-
schlagen waren und die Juden das Lager angezündet hatten – der
weithin sichtbare Rauch zeigte an, was geschehen war –, 21 bekamen
sie bei diesem Anblick große Angst. Als sie außerdem sahen, daß das
Heer des Judas kampfbereit in der Ebene stand, 22 flohen sie alle ins
Land der Philister.
23 Jetzt erst machte sich Judas an die Plünderung des Lagers. Sie er-
beuteten viel Gold und Silber, violette und rote Purpurstoffe und an-

4,18 EÜ hat Γοργίας καὶ ἡ δύναμις αὐτοῦ übersetzt.
4,19 λαλοῦντος ist die bessere Lesart. πληροῦντος beruht auf Verwechslung von hebr. *m^e mall'ē* »füllend« mit *m^e mallēl* »redend«.

angesichts des überlegenen feindlichen Heeres den Kriegern Mut zusprechen. Judas appelliert hier an den Erlösergott von Ex 14 (vgl. 1 QM XI, 9) und an die Treue Jahwes, der sich am Sinai seinem Volk verpflichtet hat.

13 In Num 10,9 wird das Blasen der Widderhörner vor der Schlacht so gedeutet: Israel will sich bei Gott in »Erinnerung« bringen.

15 Die Entwicklung des Kampfes wird nicht weiter geschildert. Mit Geser (8 km westlich von Emmaus) und Jamnia an der Küstenstraße wird wohl der eine der Fluchtwege des feindlichen Heeres nach Westen gekennzeichnet, während der zweite mehr nach Südwesten führt durch die nördliche Spitze der idumäischen Ebene bis nach Aschdod, das ebenfalls an der Küstenstraße liegt, 14 km südlich von Jamnia.

23 »Purpur« bezeichnet im Altertum zunächst die wertvolle Farbe, die aus der Drüsenabsonderung von mari-

Ps 118^{1} dere reiche Schätze. [24] Auf dem Rückmarsch priesen und lobten sie
den Himmel: »Denn er ist gütig, denn seine Huld währt ewig«. [25] So
wurde Israel an jenem Tag wunderbar gerettet.

Der erste Angriff des königlichen Heeres unter Lysias: 4^{26-35} 2 Makk 11^{1-12}

[26] Die Philister, die sich hatten retten können, kamen zu Lysias und
meldeten ihm, was geschehen war. [27] Auf diese Nachricht hin war er
bestürzt und in großer Sorge. Denn der Feldzug gegen Israel war
nicht so verlaufen, wie er es gewollt hatte; der Auftrag des Königs
war nicht ausgeführt worden. [28] Darum warb er im nächsten Jahr
sechzigtausend Söldner an, ausgesuchte Männer, dazu fünftausend
Reiter, um wieder gegen die Juden zu Felde zu ziehen. [29] Sie zogen
nach Idumäa und schlugen in Bet-Zur ihr Lager auf. Judas aber kam
ihnen mit zehntausend Mann entgegen.
[30] Als Judas das gewaltige Heerlager der Feinde erblickte, sprach er
folgendes Gebet: Gepriesen seist du, Retter Israels. Du hast den wü-
1 Sam 17 14^{1-23} tenden Riesen durch deinen Knecht David erschlagen; du hast das
Kriegslager der Philister Jonatan, dem Sohn Sauls, und seinem Waf-

4^{24} Für καλόν als Prädikat zu τὸ ἔλεος liest man besser ἀγαθός »er ist gütig«.

nen Murexschnecken hergestellt wird, dann die damit gefärbten Stoffe. Der hellflüssige Drüsensaft wird im Sonnenlicht violett und läßt sich durch Mischverfahren rot färben. Das hier erwähnte Beutegut könnte z.T. den Kaufleuten (Sklavenhändlern) 3^{41} gehört haben.

[24] Vgl. Ps 106^{1} 107^{1} $118^{1-4.29}$ und die Danklitanei Ps 136.

4^{26-35} berichtet von einem Feldzug des königlichen Heeres, das vom Statthalter persönlich angeführt wird und zahlenmäßig alle bisherigen Heere der Unterfeldherrn übertrifft. Doch auch die Schlacht bei Bet-Zur endet mit der Niederlage und dem Abzug der syrischen Söldner. Denn Judas hatte sich an Gott gewandt in einem kollektiven Klagelied [30b–33] mit den Elementen: Anrufung des göttlichen Namens, Hinweis auf wunderbare Taten in der Vergangenheit und Gewißheit der Erhörung (= Versprechen, Gott zu loben).

[26] Zu Philister vgl. 3^{41}.

[28–29] Der Feldzug ist im Frühjahr 164 anzusetzen. Die Tendenz der antiken Schriftsteller, die Zahl der zu besiegenden Feinde übertrieben hoch zu schätzen, zeigt sich auch hier. Lysias versucht, vom Süden, von Idumäa aus, nach Jerusalem hinaufzuziehen. Bet-Zur, heute *Chirbet-et-tubeqa*, liegt 28 km südlich von Jerusalem und 6 km nördlich von Hebron, rechts der Straße Jerusalem–Hebron. Es war in hellenistischer Zeit Grenzfestung gegen Idumäa mit starken Verteidigungsanlagen.

[30] Das Gebet ist ganz aus biblischen Stoffen und Wendungen gestaltet. Goliat braucht nicht genannt zu werden, die Anspielung auf ihn ist eindeutig 1 Sam 17; auch in 1 QM 11,1–2 wird Goliat zitiert. David

fenträger in die Hand gegeben. [31] Gib dieses Heer deinem Volk Israel
preis! Sie sollen beschämt werden samt ihrem Fußvolk und ihrer Rei-
terei. [32] Jag ihnen einen Schrecken ein, und laß ihren kühnen Mut
schwinden! Ihr Untergang soll sie erschüttern. [33] Schlag sie nieder
durch das Schwert derer, die dich lieben. Dann werden alle, die dei-
nen Namen kennen, dein Lob singen.
[34] Als nun die Heere aufeinanderstießen, fielen etwa fünftausend von
den Soldaten des Lysias. [35] Als Lysias sah, welche Niederlage sein
Heer erlitten hatte, und wie kühn die Leute des Judas waren, bereit,
tapfer zu leben oder zu sterben, kehrte er nach Antiochia zurück.
Dort warb er Söldner an, um mit noch stärkerer Macht noch einmal
gegen Judäa zu ziehen.

Die Reinigung und Weihe des Tempels: 4[36–61]
2 Makk 10[1–8]

[36] Judas und seine Brüder aber sagten: Unsere Feinde sind nun ver-
nichtend geschlagen. Wir wollen nach Jerusalem hinaufziehen, den
Tempel reinigen und ihn neu weihen. [37] Das ganze Heer versammelte
sich also und zog zum Berg Zion hinauf. [38] Da sahen sie das Heilig- Ps 74[2–7]
tum verödet daliegen. Der Brandopferaltar war entweiht; die Tore
hatte man verbrannt. In den Vorhöfen wuchs Unkraut wie in einem

4[34] Die Hss haben noch den Zusatz: »und zwar fielen sie ihnen gegenüber.« Damit ist der Nahkampf gemeint.

oder Jonatan 1 Sam 14[1–23] besiegen die überlegenen Philister im Alleingang, weil sie einzig im Vertrauen auf Jahwe handeln. Auch in der Gegenwart wird Jahwe den Makkabäern aus der aussichtslos erscheinenden Lage helfen.

[35] Lysias gibt nach der ersten leichten Niederlage den Kampf auf; er kann seine Stellung als Statthalter der westlichen Reichshälfte durch eine militärische Katastrophe gegen jüdische Rebellen nicht aufs Spiel setzen. Er wird 163 zum zweiten Mal mit einem größeren Truppenkontingent gegen Judas antreten 6[30].

4[36–61] Die Verse berichten von der Säuberung und Wiedereinweihung des Tempels und dem Mauerbau um den Zionsberg. Die Wiederherstellung des Tempels beschließt den ersten großen Abschnitt im Kampf für die Freiheit des Volkes. Gesetz und Tempel sind ja die heiligen Güter, für die man sogar sein Leben einsetzt. Zur Hauptstadt Jerusalem gehört unbedingt auch das Nationalheiligtum. Daß es auf den Tag genau nach drei Jahren des Mißbrauchs wieder in den Dienst der Jahwebekenner genommen werden kann, grenzt an ein Wunder und zeigt deutlich, daß Gott seine Getreuen nicht verläßt.

[37] Mit »Zion« wird in der Makkabäerzeit der Tempelberg bezeichnet; etymologisch ist der Name nicht befriedigend erklärt.

[38] Der Vers ist Poesie aus dem Wortschatz der Klagelieder.

Wald oder auf einem Berg, und die Nebengebäude waren verfallen.
39 Da zerrissen sie ihre Gewänder, begannen laut zu klagen und streu-
ten sich Staub auf das Haupt. 40 Sie warfen sich nieder, mit dem Ge-
sicht zur Erde. Sie bliesen die Signaltrompeten und schrien zum Him-
mel. 41 Dann befahl Judas einer Schar seiner Männer, die Besatzung
der Burg zu belagern, bis das Heiligtum gereinigt sei. 42 Er wählte un-
tadelige und gesetzestreue Priester aus, 43 damit sie das Heiligtum rei-
nigten und die entweihten Steine an einen unreinen Ort trugen. 44 Sie
1^{54} berieten, was sie mit dem entweihten Brandopferaltar tun sollten.
45 Es kam ihnen der gute Gedanke, ihn niederzureißen; denn er hätte
ihnen Schande gebracht, da die fremden Völker ihn entweiht hatten.
So rissen sie den Altar nieder 46 und legten die Steine an einen passen-
14^{41} den Ort auf dem Tempelberg nieder, bis ein Prophet komme und ent-
Ex 20^{25} scheide, was damit geschehen solle. 47 Dann nahmen sie unbehauene
Steine, wie es das Gesetz vorschreibt, und errichteten einen neuen Al-
tar, der genauso aussah wie der alte. 48 Auch das Heiligtum und die
Innenräume des Tempels bauten sie wieder auf und reinigten die
Ex 37^{10-29} Vorhöfe. 49 Sie fertigten neue heilige Geräte an und stellten den
Leuchter, den Rauchopferaltar und den Tisch in den Tempel. 50 Dann
brachten sie auf dem Altar ein Rauchopfer dar, zündeten die Lichter
an dem Leuchter an, so daß der Tempel hell wurde, 51 legten Schau-
brote auf den Tisch und hängten den Vorhang auf. So beendeten sie
alle Arbeiten, die sie sich vorgenommen hatten.

4^{39} Einige Hss haben den Zusatz ἐπὶ τὴν κεφαλὴν αὐτῶν »auf ihr Haupt« gegenüber EÜ »auf das Haupt«.

40 Zu den Signaltrompeten vgl. 3^{54}.
41 Gegen Störungen, die von der syrischen Besatzung der Akra ausgehen könnten 1^{36}, trifft Judas geeignete Maßnahmen. Ein ähnlicher Zug findet sich beim Mauerbau des Nehemia Neh 4^{10-14}.
43 Als unreine Orte galten die Stätte des Tofet (Ge-Hinnom) Jer 19^{13} und das Kidrontal 2 Kön $23^{6.12}$; dorthin brachte man die »entweihten Steine« des auf dem Brandopferaltar errichteten heidnischen Altares 1^{54}.
46 Die Tora enthält keine Bestimmungen über den entweihten Opferaltar, und ebenso fehlt es an einer religiösen Autorität, die im Namen Gottes eine Entscheidung hätte fällen können. Die Erwartung eines wahren Propheten ist auch 14^{41} und Ps 74^{9} bezeugt, vgl. 1 QS IX, 11.
47 Uralte Altartraditionen Ex 20^{25} Dtn 27^{5-6} sollen erhalten bleiben.
50 Durch das Anzünden der Lichter soll auf das winterliche Lichterfest der Juden, das Hanukkafest, hingewiesen werden. Hanukka heißt wörtlich »Einweihung«. Noch heute zündet man in den jüdischen Häusern jeden Tag am achtarmigen Hanukkaleuchter ein neues Licht an und feiert acht Tage lang die Erinnerung an das Wiederaufleuchten des Altarfeuers und der Menora im neueingeweihten Tempel, vgl. $^{56.59}$. Der Talmud erzählt, man habe dabei ein Krüglein Öl gefunden, das für einen Tag als Beleuchtungsmittel aus-

[52] Am Fünfundzwanzigsten des neunten Monats – das ist der Monat
Kislew – im Jahr 148 standen sie früh am Morgen auf [53] und brachten
auf dem neuen Brandopferaltar, den sie errichtet hatten, Opfer dar,
so wie sie das Gesetz vorschreibt. [54] Zur gleichen Zeit und am selben
Tag, an dem ihn die fremden Völker entweiht hatten, wurde er neu
geweiht, unter Liedern, Zither- und Harfenspiel und dem Klang der
Zimbeln. [55] Das ganze Volk warf sich nieder auf das Gesicht, sie bete-
ten an und priesen den Himmel, der ihnen Erfolg geschenkt hatte.
[56] Acht Tage lang feierten sie die Altarweihe, brachten mit Freuden
Brandopfer dar und schlachteten Heils- und Dankopfer. [57] Sie
schmückten die Vorderseite des Tempels mit Kränzen und kleinen
Schilden aus Gold; sie erneuerten die Tore und auch die Nebenge-
bäude, die sie wieder mit Türen versahen. [58] Im Volk herrschte sehr
große Freude; denn die Schande, die ihnen die fremden Völker zuge-
fügt hatten, war beseitigt. [59] Judas faßte mit seinen Brüdern und mit
der ganzen Gemeinde Israels den Beschluß, Jahr für Jahr zur selben
Zeit mit festlichem Jubel die Tage der Altarweihe zu begehen, und
zwar acht Tage lang, vom fünfundzwanzigsten Kislew an.
[60] In jener Zeit errichteten sie rund um den Zionsberg auch hohe
Mauern mit festen Türmen, damit die fremden Völker nicht mehr in
dieses Gebiet eindringen und es entweihen konnten, wie sie es vorher
getan hatten. [61] Und Judas ordnete Truppen ab, um ihn zu bewachen.
Auch Bet-Zur ließ er befestigen und legte eine Besatzung hinein, um
das Volk gegen Idumäa abzusichern.

Die Feldzüge gegen die Idumäer und Ammoniter: 5[1–8]

5[1] Als aber die Völker ringsum hörten, daß die Juden den Altar neu 12[53]
errichtet und das Heiligtum wieder geweiht hatten, so daß alles war

4[61] Das zweite αὐτὸ τηρεῖν »um ihn zu bewachen« ist Dittographie zum gleichen, zwei Worte zuvor stehenden Passus.

reichte. Doch durch ein Wunder habe es während acht Tagen eine Lampe versorgt, und deshalb feiere man das Fest acht Tage lang.

[52] Vgl. 1[54.59]. Demnach hatte die opferlose Zeit drei Jahre gedauert, und im Dezember 165 begann man wieder mit dem in Ex 29[38–42] Num 28[3–7] vorgeschriebenen Morgenopfer. Auch die in Dan angegebenen mehr symbolischen Zahlen rechnen mit drei bis dreieinhalb Jahren Tempelverwüstung.

[54] nennt drei Musikinstrumente: Die Zither ist ein Saiteninstrument, der Klangkasten ist mit vier oder mehr Saiten von gleicher Länge bespannt. Die κινύρα muß eine Art Leier oder Harfe gewesen sein. Die Zimbel ist ein Schlaginstrument, bei dem zwei kleine Becken aufeinandergeschlagen werden.

[61] Zu Bet-Zur vgl. [29].

5[1–8] Überall im alten Reichsgebiet gab es gesetzestreue Juden, die jetzt wegen der Erfolge des Makkabäers

wie früher, gerieten sie in heftigen Zorn. 2 Sie beschlossen, alle aus
dem Stamm Jakobs, die bei ihnen wohnten, auszurotten, und begannen,
im Volk Tod und Verderben zu verbreiten.
3–8 3 Da griff Judas die Nachkommen Esaus an, die jenen Teil Idumäas
2 Makk 10^{15-23} bewohnten, der Akrabattene heißt; sie hatten nämlich die Grenze
nach Israel abgeriegelt. Er brachte ihnen eine schwere Niederlage bei,
ließ sie seine Macht fühlen und ihren Besitz plündern. 4 Auch dachte
er daran, welche Untaten die Beoniter begangen hatten; sie hatten
nämlich den Juden an den Wegen aufgelauert und waren für das
Volk wie ein Netz und eine Falle gewesen. 5 Daher schloß er sie jetzt
Jos 6^{17} in ihre Fliehtürme ein und belagerte sie; er weihte sie dem Untergang
und verbrannte die Türme mit allen, die darin waren. 6 Dann zog er
Dtn 2^{18f} hinüber gegen die Ammoniter. Er traf auf eine starke Streitmacht mit
vielen Kriegern; ihr Anführer war Timotheus. 7 Judas verwickelte sie
in zahlreiche Gefechte, und sie wurden von ihm vernichtend geschlagen
Num 21^{31f} und besiegt. 8 Er eroberte auch die Stadt Jaser und ihre Tochterstädte.
Dann kehrte er nach Judäa zurück.

Die Vorbereitungen zur Rettung der Juden in Galiläa und in Gilead: 5^{9-20}

9 Da rotteten sich die Völker des Landes Gilead gegen die Israeliten,
die in ihrem Gebiet lebten, zusammen, um sie zu töten. Doch diese

Pogromen ausgesetzt waren. Der Verfasser schildert zunächst – nicht ohne Hyperbolie – den »Zorn« der Völker aus dem Süden und Osten. Die Wiederaufrichtung des Zion ruft ähnliche Reaktionen hervor wie ehedem der Maueraufbau unter Nehemia Neh 3^{33} 4^{1-2}.

$^{2-3}$ Zu »Jakob« vgl. 3^{7}. Die »Nachkommen Esaus« sind die Edomiter Gen 36^{1}, die in der hellenistischen Ära Idumäer heißen. Idumäa umfaßt zu dieser Zeit die Gegenden südlich und südwestlich von Judäa. Akrabattene liegt im Negeb, etwa 30 km südwestlich des Südendes des Toten Meeres.

$^{4-5}$ Die Beoniter waren wohl Halbnomaden, über deren Wohnsitze wir keine Kenntnis haben. »Fliehtürme« gab es schon seit langer Zeit in Israel. König Usija (778–740) baute Türme nicht nur in Jerusalem, sondern auch in der Steppe; sie sollten primär Zufluchtstätten bei feindlichen Überfällen sein, vgl. 2 Chr 26^{10}.

$^{6-8}$ Die Ammoniter zählen zu Israels Erzfeinden 2 Sam 10^{6-14} Neh 2^{10}. Sie wohnten im Ostjordanland, am Oberlauf des Jabbok. Timotheus war Oberbefehlshaber der Truppen von Ammon und »Gilead« 9 und der dort stationierten seleuzidischen Soldaten. Jaser liegt 25 km westlich von Amman. Der Text von 8 erinnert stark an Num 21^{32}.

5^{9-20} Durch Briefe und Boten macht die jüdische Bevölkerung aus dem alten Gilead und aus Obergaliläa auf ihre bedrängte Lage aufmerksam, und Judas entschließt sich – aber nicht ohne die große Volksversammlung zu hören – zu einem Zweifrontenkrieg.

konnten sich in die Festung Datema flüchten. [10] Sie schrieben an Ju-
das und seine Brüder einen Brief mit folgendem Inhalt: Die Völker
ringsum haben sich gegen uns zusammengerottet, um uns zu vernich-
ten. [11] Sie stehen bereit, um zu kommen und die Festung zu erobern,
in die wir geflohen sind. Timotheus führt ihre Streitkräfte an.
[12] Darum komm her, und rette uns aus ihrer Gewalt, denn viele von
uns sind schon gefallen. [13] Auch unsere Brüder, die unter den Leuten
von Tubi lebten, hat man umgebracht, ihre Frauen gefangengenom-
men, ihre Kinder und ihren Besitz geraubt. Etwa tausend Männer
sind dort umgekommen.
[14] Judas und seine Brüder hatten den Brief noch nicht zu Ende gele-
sen, da kamen andere Boten aus Galiläa in zerrissenen Kleidern und
brachten ihnen die Nachricht: [15] Die Einwohner von Ptolemaïs, Ty-
rus und Sidon und dem ganzen oberen Galiläa, soweit es Fremdstäm-
mige bewohnen, haben sich zusammengetan, um uns auszurotten.
[16] Als Judas und das Volk das hörten, beriefen sie eine große Ver-
sammlung ein, um zu beraten, was sie für ihre bedrängten Brüder tun
sollten, die von den Feinden angegriffen wurden. [17] Judas sagte zu
seinem Bruder Simeon: Such dir geeignete Männer aus, mach dich
auf den Weg, und befrei deine Brüder in Galiläa; ich und mein Bru-
der Jonatan wollen nach Gilead ziehen. [18] Als Anführer des Volkes
ließ er Josef, den Sohn Secharjas, und Asarja mit dem Rest des Hee-
res zur Bewachung Judäas zurück.
[19] Er gab ihnen den Befehl: Übernehmt die Führung dieser Leute,
aber laßt euch in keinen Kampf mit fremden Völkern ein, bevor wir

5[18] Der von mehreren Hss bezeugte Plural ἡγουμένους ist die auch von der EÜ übernommene bessere Lesart, vgl. [56], wo Josef und Asarja als ἄρχοντες bezeichnet werden.

[9] Unter »Gilead« ist hier der gesamte mittlere Teil des Ostjordanlandes zu verstehen Ri 10[8]. Datema war in der Makkabäerzeit sicher nicht mehr bewohnt, so daß es mit seinen leerstehenden Häusern und Festungsmauern den jüdischen Flüchtlingen Schutz bieten konnte. Manche möchten es mit Charax 2 Makk 12[17] = *el-kerak*, 20 km nordwestlich von Bosora, gleichsetzen, was zu der Angabe in [29] passen könnte: ein Nachtmarsch von Bosora nach Datema. Andere lesen mit Sy I und II *rmt'*, was an *er-remte*, an der Straße von Amman nach Damaskus denken läßt.

[13] Tubi ist wahrscheinlich das alte Tob Ri 11[3.5], das heute mit *et-tajibe* an der Straße von Edrei nach Bosra gleichgesetzt werden darf.
[15] Die alte Hafenstadt Akko, am Nordende der Bucht von Haifa, wurde nach Ptolemäus II. in Ptolemaïs umbenannt. Für ihre antijüdische Haltung vgl. 12[48]. Die Küstenstadt Tyrus liegt etwa 55 km nördlich des Karmel und Sidon weitere 35 km nördlich von Tyrus. Mit dem oberen Galiläa ist das westjordanische Gebirge nördlich der Ebene von Jesreël gemeint, das nur noch einen geringen jüdischen Bevölkerungsanteil hatte.

zurückgekehrt sind. 20 Simeon erhielt dreitausend Mann zugeteilt,
mit denen er nach Galiläa ziehen sollte, Judas dagegen achttausend
Mann für Gilead.

Die Feldzüge nach Galiläa und Gilead: 5^{21-54}

21 Simeon zog also nach Galiläa. Dort lieferte er den fremden Völ-
kern zahlreiche Gefechte, und sie wurden vor seinen Augen vernich-
tend geschlagen. 22 Er verfolgte sie bis an die Tore von Ptolemaïs.
Von den fremden Völkern fielen ungefähr dreitausend Mann, und Si-
meon machte reiche Beute bei ihnen. 23 Dann führte er die Juden aus
Galiläa und Arbatta mit ihren Frauen und Kindern und ihrem ganzen
Besitz unter großem Jubel nach Judäa zurück.
24–54 24 Judas, der Makkabäer, und sein Bruder Jonatan hatten indessen
2 Makk 12^{10-31} den Jordan überschritten und waren drei Tagesmärsche durch die
Steppe gezogen. 25 Dort trafen sie auf die Nabatäer, die ihnen freund-
lich begegneten und ihnen alles erzählten, was ihren Brüdern in Gi-
lead zugestoßen war. 26 Viele von ihnen würden in Bosora, Bosor,
Alema, Kaspin, Maked und Karnajim festgehalten, lauter großen, be-
festigten Städten. 27 Auch in den übrigen Städten Gileads halte man
sie fest, und morgen wolle man sich anschicken, die Festungen zu be-
lagern und zu erstürmen. Alle sollten an einem einzigen Tag umge-
bracht werden.
28 Da kehrte Judas mit seinem Heer überraschend um. Er nahm den
Weg durch die Steppe von Bosora, eroberte die Stadt, erschlug mit

5^{21-54} Durch die Feldzüge der Makkabäer nach Galiläa und Gilead werden zahlreiche Juden gerettet und nach Judäa geführt, wo das neue Israel entstehen wird. Der Verfasser verwendet viele Motive aus der religiösen Geschichte seines Volkes: Durch Gottes Beistand sind die Juden unüberwindlich; sie kehren ohne eigene Verluste aus den Schlachten zurück; sie vollziehen an der besiegten Bevölkerung den Bann, d. h. sie rotten sie aus. Datema wird mit drei Abteilungen angegriffen wie einst Jabesch von Saul 1 Sam 11^{11}; der Durchzug durch Efron erinnert an Moses Zug durch das Land der Amoriter Num 21^{21-23}.

$^{22-23}$ Ptolemaïs wird als Endpunkt des Feldzuges genannt, es konnte selbst nicht erobert werden. Arbatta liegt zwischen Ptolemaïs und dem See Gennesaret. Schwerpunkt dieser Verse ist die Evakuierung der Juden.

^{25} Der Einfluß der Nabatäer mit der Hauptstadt Petra reichte zu dieser Zeit bis ins mittlere Ostjordanland. Sie beherrschen vor allem die Karawanenstraßen, die von Südarabien nach Mesopotamien und Kleinasien führen. Auch 9^{35} werden sie als makkabäerfreundlich geschildert. Später freilich wurden sie erbitterte Gegner des jüdischen Staates.

^{26} Bosora = Bosra, Stadt im Hauran, etwa 110 km südöstlich von Damaskus. Bosor = *busr el-hariri*, 45 km nordwestlich von Bosra. Alema = Alma, 14 km südwestlich von Bosor. Kaspin ist vielleicht das heu-

scharfem Schwert die gesamte männliche Bevölkerung, plünderte die
Stadt völlig aus und brannte sie nieder.
29 Noch in der gleichen Nacht brach er wieder auf, und sie zogen bis
vor die Festung Datema. 30 Als sie gegen Morgen Ausschau hielten,
da sahen sie ein unzählbar großes Heer; die Soldaten schleppten
Sturmleitern und Belagerungsmaschinen heran, um die Festung zu er-
stürmen und gingen schon zum Angriff gegen die Juden über. 31 Ju-
das sah, daß der Kampf bereits begonnen hatte: Der Lärm aus der
Stadt, Trompetengeschmetter und lautes Geschrei drangen bis zum
Himmel. 32 Da rief er den Männern in seinem Heer zu: Kämpft heute
für unsere Brüder! 33 Dann griff er die Feinde mit drei Abteilungen 1 Sam 11[11]
von hinten an; seine Leute bliesen die Trompeten und beteten laut.
34 Sobald das Heer des Timotheus merkte, daß es der Makkabäer
war, liefen sie vor ihm davon. Er brachte ihnen eine schwere Nieder-
lage bei; etwa achttausend Mann von ihnen fielen an diesem Tag.
35 Danach wandte sich Judas gegen Alema. Er griff die Stadt an und
eroberte sie, erschlug die gesamte männliche Bevölkerung, ließ die
Stadt plündern und brannte sie nieder. 36 Von dort brach er auf und
eroberte Kaspin, Maked, Bosor und die übrigen Städte Gileads.
37 Nach diesen Ereignissen sammelte Timotheus ein neues Heer und
schlug gegenüber von Rafon, jenseits der Schlucht, sein Lager auf.
38 Judas schickte Späher aus, die das Lager erkunden sollten. Sie mel-
deten ihm: Alle Völker, die rings um uns wohnen, sind zu ihm gesto-
ßen; es ist ein gewaltiges Heer. 39 Auch arabische Hilfstruppen hat er
angeworben. Sie haben auf der anderen Seite der Schlucht ihr Lager
bezogen und stehen bereit, gegen dich zum Kampf auszurücken. Da
zog Judas ihnen entgegen. 40 Als er sich mit seinem Heer dem Bach,
der durch die Schlucht führte, näherte, sagte Timotheus zu seinen 1 Sam 14[9f]
Heerführern: Wenn er zuerst über den Bach zu uns herüberkommt,
können wir ihm nicht standhalten; dann wird er uns sicherlich über-
wältigen. 41 Wenn er aber Angst hat und sein Lager jenseits des Ba-

5[29] EÜ hat »Datema« ergänzt aus [9].
5[35] Der Ortsname ist umstritten: Masfa, Mafa, Mella, Salema, Masala, Alema. Letztere Lesart ist die wahrscheinlichste, vgl. [26] ἐν Ἀλέμοις.

tige *khisfin*, 15 km östlich des Sees Gennesaret, vgl. aber 2 Makk 12[13]. Maked liegt wahrscheinlich 35 km nördlich von *khisfin*, Karnajim 22 km östlich von Kaspin.

[33] »Sie beteten laut« ist wohl Umschreibung für den Schlachtruf, mit dem in irgendeiner Form die Anrufung Gottes verknüpft war.

[36] Kasopin = Kaspin [26].

[37] Die Einleitung ist redaktionell und trennt die nun folgenden Ereignisse von den früheren. Rafon liegt weiter im Norden, in der Dekapolis, am *nahr el-ehreir*, einem Nebenfluß des Jarmuk. Timotheus hatte auf der Westseite des Wadi sein Lager aufgeschlagen.

ches aufschlägt, dann gehen wir zu ihm hinüber und werden ihn
überwältigen. 42 Als Judas sich dem Gebirgsbach genähert hatte, ließ
er Heeresschreiber in der Schlucht antreten und gab ihnen den Be-
fehl: Niemand darf hier haltmachen, sondern alle sollen zum Kampf
vorrücken. 43 Er selbst ging als erster über den Bach, den Feinden ent-
gegen, und alle seine Krieger folgten ihm. Und die fremden Völker
wurden von ihm vernichtend geschlagen; sie warfen ihre Waffen weg
und flüchteten sich in das Heiligtum von Karnajim. 44 Aber die Juden
eroberten die Stadt und verbrannten das Heiligtum mit allen, die
darin waren. So wurde Karnajim gedemütigt, und niemand konnte
Judas mehr Widerstand leisten.
Jer 31^{8} 45 Nun sammelte Judas alle Israeliten, die in Gilead lebten, jung und
alt, mit ihren Frauen und Kindern und ihrem Besitz, eine gewaltige
Menschenmenge, um mit ihnen nach Judäa zu ziehen. 46 Sie kamen
bis Efron. Diese große und stark befestigte Stadt lag auf ihrem Weg.
Man konnte sie weder links noch rechts umgehen, sondern mußte
mitten durch sie hindurchziehen. 47 Aber die Einwohner der Stadt
schlossen vor ihnen die Tore und versperrten sie außerdem mit Stei-
nen. 48 Da schickte Judas Unterhändler zu ihnen mit dem friedlichen
Num $20^{14.17f}$ Vorschlag: Wir wollen durch euer Land ziehen, um in unser Land zu
kommen. Keiner wird euch etwas Böses tun; wir wollen nur durch-
marschieren. Aber die Einwohner wollten ihnen die Tore nicht öff-
nen. 49 Nun ließ Judas im Heer den Befehl ausrufen, jeder solle dort
Stellung beziehen, wo er gerade sei. 50 Da stellten sich die Krieger
auf, und Judas ließ die Stadt den ganzen Tag und die ganze Nacht
hindurch angreifen, bis sie fiel.
Jos 6^{17} 51 Er erschlug ihre gesamte männliche Bevölkerung mit scharfem
Schwert, zerstörte die Stadt völlig und ließ sie plündern. Dann mar-
schierte er über die Leichen der Erschlagenen hinweg durch die
Stadt.

5^{48} Statt διὰ τῆς γῆς σου liest man sinngemäß mit einigen Hss und der EÜ διὰ τῆς γῆς ὑμῶν »durch euer Land«.

42 Die Heeresschreiber waren höhere Offiziere, vgl. Dtn 20^{5-9} 1 QM 7,1.

43–44 Vgl. ^{26}. Seit ältester Zeit wurde hier die Göttin Astarte mit den Hörnern *(qarnājīm)* besonders verehrt. Nach 2 Makk 12^{26} ist Karnajim das Heiligtum der syrischen Atargatis (mit dem Fischleib). Eine Verschmelzung der beiden Göttinnen ist nicht unmöglich. Der Kult der Atargatis (griech. Derketo) hat sich dann seit dem 3. Jahrhundert v. Chr. weit über die Grenzen des syrischen Reiches verbreitet. Der große Vorhof des Tempels wurde von den Soldaten des Timotheus zweifellos als Asylstätte betrachtet. Judas handelt ähnlich wie Abimelech einst am Tempel El-Berit Ri 9^{46-49}.

46 Efron ist wohl das heutige *et-taijibe*, 8 km östlich vom Jordan und 30 km von Bet-Schean (Skythopolis 2 Makk 12^{29}) entfernt.

52 Sie überquerten den Jordan in der großen Ebene gegenüber von
Bet-Schean. 53 Judas sorgte dafür, daß die Nachzügler zusammenblie-
ben, und auf dem ganzen Weg sprach er den Leuten Mut zu, bis sie
Judäa erreichten. 54 Dann zogen sie mit Jubel und Freude zum Berg Jer 31^{12}
Zion hinauf und brachten dort Brandopfer dar; denn keiner von ih-
nen war gefallen, alle waren wohlbehalten heimgekehrt.

Die wahren Führer Israels: 5^{55-68}

55 Zu der Zeit, als Judas und Jonatan in Gilead waren und als sein
Bruder Simeon in Galiläa vor Ptolemaïs lag, 56 hörten die Heerführer
Josef, der Sohn Secharjas, und Asarja von den kühnen Taten, die jene 5^{18f}
vollbracht hatten. 57 Da sagten sie: Auch wir wollen uns einen Namen
machen und einen Feldzug gegen die fremden Völker ringsum füh-
ren. 58 Sie gaben also den Soldaten, die sie bei sich hatten, den Befehl,
gegen Jamnia zu ziehen. 59 Aber Gorgias und seine Männer rückten
ihnen aus der Stadt zum Kampf entgegen. 60 Josef und Asarja wurden
geschlagen und bis an die Grenze von Judäa verfolgt. An jenem Tag
fielen fast zweitausend aus dem Volk Israel. 61 Das Volk hatte eine
schwere Niederlage erlitten, weil sie nicht auf Judas und seine Brüder
gehört hatten, sondern sich einbildeten, auch sie könnten große Ta-
ten vollbringen. 62 Doch sie waren nicht aus dem Geschlecht derer,
die mit der Rettung Israels beauftragt waren.
63 Der große Judas und seine Brüder dagegen erwarben sich hohen
Ruhm bei ganz Israel und bei allen Völkern, überall wo ihr Name be-
kannt wurde. 64 Die Leute kamen herbei, um sie zu beglückwünschen.
65 Judas und seine Brüder zogen auch zum Kampf gegen die Nach-

5^{63} Wörtlich: »der Mann Judas ...«

52 Von der großen Ebene von Esdrelon zwischen Galiläa und den Ausläufern des samarischen Gebirges waren es noch etwa 100 km bis Jerusalem.

5^{55-68} Die makkabäischen Brüder sind Gottes auserwähltes Werkzeug zur Rettung Israels. Deshalb muß man ihren Anordnungen Folge leisten. Die Führer Josef und Asarja sind ihnen ungehorsam, ihr auf eigene Initiative und aus Ehrsucht unternommener Feldzug mißlingt. Ebenso sollen die mit den eigentlichen priesterlichen Funktionen Beauftragten sich vom Kampf fernhalten. Judas und seine Brüder können durch weitere siegreiche Feldzüge die Niederlage der Volksführer kompensieren.

58–59 Vgl. 4^{15}. Gorgias ist wohl nach seiner Niederlage, die Judas ihm zugefügt hatte 4^{1-25}, Befehlshaber von Idumäa geworden 2 Makk 12^{32}. Möglicherweise gehörte Jamnia zu Idumäa.

63 Der Verfasser ist begeistert von dem »Mann« Judas. Er will sagen: In ihm sind alle typischen männlichen Eigenschaften wie Mut, Entschlossenheit, Tapferkeit ausgeprägt, vgl. Ex 11^3.

kommen Esaus im Süden. Er schlug Hebron und seine Tochterstädte,
eroberte ihre Festungen und brannte ihre Türme ringsum nieder.
66 Dann zog er gegen das Philisterland. Als das Heer dabei durch Ma-
rescha kam, 67 fielen einige Priester im Kampf. Sie waren schlecht be-
raten gewesen, in den Krieg zu ziehen, um Heldentaten zu vollbrin-
gen. 68 Dann machte Judas eine Ausweichbewegung und zog nach
Dtn 7^{5} Aschdod im Land der Philister. Dort zerstörte er die Altäre der Phili-
ster, verbrannte ihre Götterbilder, plünderte die Städte und kehrte
dann nach Judäa zurück.

Das Ende des Antiochus Epiphanes und die Thronbesteigung des Antiochus V.: 6^{1-17}

2 Makk 9 1^{11-17}

6 1 König Antiochus durchzog unterdessen die östlichen Provinzen.
Er hörte von einer Stadt in Persien namens Elymaïs, die berühmt war
wegen ihres Reichtums an Silber und Gold. 2 Auch gibt es in ihr einen
sehr reichen Tempel; der mazedonische König Alexander, der Sohn
des Philippus, der als erster Grieche König geworden war, hatte dort
goldene Schilde, Rüstungen und Waffen hinterlassen. 3 Antiochus
marschierte also hin und versuchte, die Stadt zu erobern und zu plün-
dern. Doch er blieb ohne Erfolg; denn die Einwohner der Stadt hat-
ten von seinem Plan erfahren 4 und leisteten ihm bewaffneten Wider-
stand. Er mußte fluchtartig abziehen und machte sich sehr niederge-
schlagen auf den Rückweg nach Babylon.

6^{1} Viele Hss lesen ἐν Ἐλυμαΐς und meinen damit eine Landschaft in Persien.

[65] Zu den »Nachkommen Esaus« vgl. [3]. Hebron, 37 km südlich von Jerusalem, war idumäische Festung.
[66] Marescha, 20 km westlich von Hebron, war eine Feste, die den Zugang zur philistäischen Küstenebene schützte, und konnte offenbar nicht genommen werden.
[68] Aschdod war berühmt durch seinen Dagontempel 10^{83-84} 1 Sam 5^{2-7}.
6^{1-17} Die wunderbaren Erfolge der makkabäischen Brüder strahlen aus bis ins ferne Persien, wohin sich König Antiochus IV. Epiphanes begeben hatte, um die Staatskasse wieder aufzufüllen 3^{31}. Doch die ehrgeizigen Pläne des Königs mißlingen, er wird aufs Krankenlager geworfen. In den »Anfällen tiefer Schwermut« des Königs sieht der jüdische Verfasser Gottes gerechte Strafe für all die bösen Dinge, die Epiphanes in Judäa getan hat. Gott ist es, der letztlich Geschichte macht und der durch den Tod alle menschlichen Anstrengungen durchkreuzt und vernichtet.
[1–2] Eine persische Stadt Elymaïs ist nicht bekannt. Der Name kann auch die griechische Form von Elam sein und hier das Gebiet um Susa, einer der alten persischen Residenzen, bezeichnen. Nach Polybios (Historiae 31,9) und Strabo (Geographica 16,1,18), denen Flav. Josephus (JA 12,9,1) folgt, gab es in dieser Gegend einen Tempel der Artemis.

5 Noch in Persien erreichte ihn ein Bote mit der Nachricht, daß die
Heere, die in Judäa einmarschiert waren, geschlagen worden waren.
6 Auch Lysias, der an der Spitze einer starken Streitmacht in den
Kampf gezogen war, habe gegen die Juden eine schwere Niederlage
erlitten. Deren Bewaffnung und Kampfkraft habe sich durch die
große Beute, die sie bei den geschlagenen Armeen machten, verstärkt.
7 Den Greuel, den er auf dem Altar in Jerusalem hatte aufstellen las- 4^{45}
sen, hätten sie wieder entfernt und den Tempelbezirk wie früher mit
hohen Mauern umgeben, ebenso seine Stadt Bet-Zur.
8 Als der König das hörte, war er bestürzt und sehr beunruhigt. Er
mußte sich niederlegen, da ihn eine Schwäche befiel; so niederge-
schlagen war er, weil seine Pläne gescheitert waren. 9 So ging es meh-
rere Tage. Er bekam immer neue Anfälle tiefer Schwermut und rech-
nete schon damit, daß er sterben müsse. 10 Er rief seine Freunde zu-
sammen und sagte zu ihnen: Der Schlaf flieht meine Augen, und ich
bin vor Sorgen zusammengebrochen. 11 Ich habe mich gefragt: Wie
bin ich nur in diese große Not und Bedrängnis geraten, in der ich
mich jetzt befinde? Ich war während meiner Regierung doch immer
leutselig und beliebt. 12 Jetzt fallen mir die bösen Dinge ein, die ich in
Jerusalem getan habe. Ich habe dort alle Geräte aus Silber und Gold
mitgenommen, ja, ich habe ohne Grund den Auftrag gegeben, die Be-
wohner Judäas auszurotten. 13 Deswegen ist dieses Unglück über
mich gekommen, das weiß ich jetzt. Und nun sterbe ich ganz ver-
zweifelt in einem fremden Land.
14 Er rief Philippus, einen seiner Freunde, zu sich und setzte ihn als
Herrscher über sein ganzes Königreich ein. 15 Er überreichte ihm das
königliche Diadem, sein Gewand und seinen Siegelring und gab ihm
den Auftrag, seinen Sohn Antiochus anzuleiten und zu erziehen, bis

2 Makk 1^{13} spricht von einem Tempel der Nanäa, den Antiochus IV. berauben wollte. Die Göttin Nanäa wird bei den Griechen mit Artemis identifiziert. Andere griechische Schriftsteller lokalisieren einen Tempel der Anaitis, der Aphrodite oder des Zeus-Bel in dieser Gegend. Königliche Weihegeschenke an Tempel waren keine Seltenheit.

$^{6-7}$ Vgl. 4^{28-46} 1^{54}.

$^{8-13}$ Für den Herrscher eines so gewaltigen Reiches war das Scheitern seiner Pläne in dem kleinen Judäa sicherlich eine seiner geringsten Sorgen. Er ist zudem vor dem Bekanntwerden der Tempelweihe gestorben. Für die Ausdrucksweise in ^{10} vgl. Gen 31^{40} 1 Sam 17^{32}. Der jüdische Autor legt dem König – nach Art der alten Historiker – ein Selbstbekenntnis in den Mund, eine Gewissenserforschung, die nur die Schandtaten gegen den Tempel und die Bewohner Jerusalems zum Inhalt hat.

$^{14-17}$ Philippus ist sonst nicht bekannt. 2 Makk 9^{29} nennt ihn einen Jugendfreund des Antiochus IV. Philippus soll das weiße Diadem, den purpurnen Mantel und den Siegelring mit dem seleuzidischen Anker an den jungen Antiochus V. weitergeben, der damals ungefähr zwölf Jahre alt war und unter der

er die Regierung übernehmen könne. [16] Dann starb König Antiochus
dort im Jahr 149.
3[32f] [17] Als Lysias erfuhr, daß der König tot war, setzte er als dessen Nach-
folger seinen Sohn Antiochus ein, dessen Erziehung ihm während sei-
ner Minderjährigkeit oblag, und gab ihm den Beinamen Eupator.

Der zweite Angriff des königlichen Heeres unter Lysias: 6[18–54]
2 Makk 13[1f 9–26]

1[33–36] [18] Die Besatzung der Burg in Jerusalem schloß die Israeliten, die im
Tempel waren, von allen Seiten ein. Sie versuchte unaufhörlich, Un-
heil anzurichten, und die Fremden hatten an ihnen einen starken
Rückhalt. [19] Judas faßte daher den Plan, sie zu vernichten, und berief
alle wehrfähigen Männer zur Belagerung zusammen. [20] Sie kamen,
und man begann im Jahr 150 mit der Belagerung; dabei baute man
sogar Wurf- und Belagerungsmaschinen. [21] Einige von der Besatzung
konnten den Belagerungsring durchbrechen; zu ihnen stießen meh-
rere Ruchlose aus Israel. [22] Sie begaben sich zum König und sagten:
Wie lange zögerst du, uns unser Recht zu verschaffen und für unsere
Brüder Rache zu nehmen? [23] Wir haben deinem Vater bereitwillig ge-
dient; wir haben so gelebt, wie er es sagte, und haben seine Anord-
nungen befolgt. [24] Deswegen sind uns unsere eigenen Landsleute
fremd geworden; ja, sie haben jeden von uns, den sie fanden, umge-

6[24] Der in vielen Hss und in den Ausgaben von Rahlfs und Kappler stehende Satzteil καὶ περιεκάθηντο ἐπ᾽ αὐτήν »und sie belagerten sie« ist wohl versehentlich aus [20] hier eingefügt.

Obhut des Lysias stand. Das Todesdatum Antiochus IV. wird heute auf das Ende des Jahres 164 v. Chr. festgelegt. Der Beiname Eupator (»von edlem Vater«) soll wohl auf die Popularität des Antiochus Epiphanes anspielen.

6[18–54] Thronwechsel bieten fast immer die passende Gelegenheit, um politische Ziele leichter zu erreichen. Die Akra in der Nähe des Tempelberges einschließlich der in ihr wohnenden Reformjuden war Judas Makkabäus ein Dorn im Auge. Aber trotz umfangreicher militärischer Vorbereitungen, trotz der Selbstaufopferung seines Bruders Eleasar und trotz der Einhaltung des Sabbatjahres muß er eine Niederlage hinnehmen. Warum? Der dunkle Hintergrund [18–54] läßt Gottes Fügung und Hilfe [55–63] unerwarteter und wirksamer erscheinen.

[18] Es handelt sich nicht um eine direkte Belagerung des Tempelberges, aber die Anwesenheit der seleuzidischen Besatzung und anderer, sowohl reformjüdischer als auch nichtjüdischer Elemente, bildete für Tempelbesucher und -gottesdienst eine dauernde Belästigung.

[20] Wohl im Frühsommer 163 beginnt Judas mit der Belagerung. Da die Mauern der Burg sehr hoch waren, mußte man Wälle anlegen, um darauf die Wurfmaschinen und Belagerungstürme zu postieren, vgl. 2 Chr 26[15].

bracht und haben unseren Besitz geraubt. 25 Doch nicht allein gegen
uns haben sie die Hand erhoben, sondern auch gegen alle ihre Nach-
barn. 26 Jetzt sind sie sogar vor die Burg von Jerusalem gezogen, um
sie zu erobern; außerdem haben sie den Tempel und Bet-Zur befe-
stigt. 27 Wenn du ihnen nicht bald zuvorkommst, werden sie noch
mehr unternehmen, und du wirst sie nicht mehr aufhalten können.
28 Als der König das hörte, wurde er zornig. Er ließ alle seine Freunde
zu sich kommen, sowohl die Anführer des Fußvolkes als auch die der
Reiterei. 29 Auch aus anderen Reichen und von den Inseln kamen
Söldnertruppen zu ihm. 30 Im ganzen bestand sein Heer aus hundert-
tausend Mann Fußvolk, zwanzigtausend Reitern und zweiunddreißig
Kriegselefanten.
31 Sie zogen durch Idumäa und belagerten Bet-Zur. Der Kampf zog
sich lange hin. Sie bauten auch Belagerungsmaschinen; die Belagerten
machten jedoch einen Ausfall, verbrannten sie und schlugen sich tap-
fer. 32 Da zog Judas von der Burg in Jerusalem ab und schlug dem kö-
niglichen Heer gegenüber bei Bet-Sacharja sein Lager auf. 33 Am
nächsten Morgen ließ der König das Heer in aller Frühe aufbrechen
und in einem Eilmarsch nach Bet-Sacharja marschieren. Die Truppen
schwärmten aus, und man stieß in die Trompeten. 34 Den Elefanten
hielt man den Saft von Trauben und Maulbeeren vor, um sie zum
Kampf zu reizen. 35 Darauf verteilte man die Tiere auf die einzelnen
Abteilungen. Zu jedem Elefanten stellten sie tausend Mann; diese

6^34 Wörtlich: »... Trauben- und Maulbeerenblut ...« ἔδειξαν »sie zeigten« ist vielleicht Verlesung aus hebr. *hirwū* »sie gaben zu trinken« mit *hæʾ ū* »sie zeigten».

22–27 Für den Autor ist das Vorgehen der Reformjuden gegen die eigenen Glaubensgenossen etwas so Entsetzliches, daß er ihre Anklagen in die Form der direkten Rede an den heidnischen König kleidet.

28–30 Die eigentliche Führung liegt bei Lysias 17.57, vgl. 2 Makk 13,2. Die weiträumige Rekrutierung des Söldnerheeres, welche die gesamte griechische Inselwelt umfaßt, und die übertrieben hohen Zahlen der Truppenverbände lassen darauf schließen, daß Lysias neben dem judäischen Feldzug auch schon an eine Auseinandersetzung mit Philippus denkt. Nach dem Vertrag von Apamea (188 v. Chr.) allerdings durften die Seleuziden keine Elefanten besitzen noch Söldner in Gebieten anwerben, die unter römischer Hoheit standen.

31–32 Lysias geht wie beim ersten Feldzug 4,29 von Süden aus gegen das befestigte Bet-Zur 4,61 vor. Judas zieht dem königlichen Heer entgegen und schlägt sein Lager auf der zum Teil bewaldeten Anhöhe von Bet-Sacharja, etwa 10 km südwestlich von Betlehem, auf.

34–41 Man hat den Eindruck, daß es dem Verfasser in erster Linie darauf ankommt, die Größe und Überlegenheit des syrischen Heeres darzustellen. Deshalb scheut er vor Unwahrscheinlichkeiten und Übertreibungen nicht zurück. Sicherlich kann man Elefanten nicht durch das Zeigen von Wein kampflustig ma-

hatten Kettenpanzer an und auf dem Kopf bronzene Helme. Außer-
dem waren jedem Tier fünfhundert ausgesuchte Reiter zugeordnet;
36 sie hatten sich schon vorher immer bei den Tieren aufgehalten und
waren ihnen überall gefolgt, wohin sie auch gingen. 37 Jedes Tier trug
einen befestigten, gut gesicherten Turm aus Holz, der kunstfertig an-
geschnallt war, dazu vier Soldaten, die von dem Turm aus kämpften,
sowie seinen indischen Lenker. 38 Die übrige Reiterei stellte der Kö-
nig außen an die beiden Flügel des Heeres, um die Gegner zu beun-
ruhigen und die eigenen Reihen zu decken. 39 Als die Sonne sich in
den goldenen und ehernen Schilden brach, da strahlten die Berge wi-
der und leuchteten auf wie brennende Fackeln. 40 Ein Teil des könig-
lichen Heeres stellte sich oben auf den Bergen, ein anderer unten in
der Ebene auf. Dann begannen sie, sicher und geordnet vorzurücken.
41 Da zitterten alle, die das Getöse der Menge hörten und sahen, wie
die Massen aufmarschierten und die Waffen aneinanderschlugen;
denn es war ein gewaltig großes und starkes Heer.
42 Judas rückte mit seinen Truppen ebenfalls vor, und es kam zum
Kampf; dabei fielen vom Heer des Königs sechshundert Mann. 43 Ele-
asar Awaran sah einen Elefanten, dessen Panzer königlichen
Schmuck trug und der alle anderen Tiere überragte. Da er glaubte,
darauf sitze der König, 44 opferte er sich, um sein Volk zu retten und
sich ewigen Ruhm zu erwerben. 45 Er lief mutig auf ihn zu, mitten in
die feindliche Schlachtreihe hinein, teilte nach links und rechts tödli-
che Hiebe aus und schlug sich eine Bresche durch die Reihen. 46 So
drang er bis zu dem Elefanten vor, stellte sich unter ihn und durch-
bohrte ihn. Das Tier brach zusammen und fiel auf ihn, so daß er er-
drückt wurde. 47 Als die Juden die Stärke und das Ungestüm der kö-
niglichen Truppen sahen, wichen sie ihnen aus.

6,37 Die meisten Hss lesen τριάκοντα »30«. Das sind sicher zuviel Soldaten für den Rücken eines Elefanten. Rahlfs vermutet für τριάκοντα den Zahlenbuchstaben Λ' = 30, der durch den unteren Querstrich zu Δ' = 4 zu ergänzen ist. Das lukianische ὁ Ἰνδὸς αὐτοῦ ist besser als die Lesart ὁ Ἰνδὸς αὐτοῖς.

chen. Abteilungen mit einem Elefanten, tausend Infanteristen und fünfhundert Reitern sind zu unbeweglich. Für den Angriff stellte man gewöhnlich Schwadronen von 128 Reitern und einem Elefanten vor die Phalanx der Infanteristen. Warum hat Judas die Anhöhe und Ebene von Bet-Sacharja gewählt, die doch in besonderer Weise geeignet waren zur Prachtentfaltung der Syrer und die ihm selbst so wenig Chancen boten? Auch die goldenen Schilde und die wie Fackeln leuchtenden Berge gehören zu den Hyperbeln dieser Kampfesschilderung.

43–47 Zum Beinamen Eleasars vgl. 2,5. Seleuzidische Münzen zeigen auch gepanzerte Elefanten. Für Eleasar war die reichere Ausrüstung des Elefanten ein Zeichen dafür, daß sich vielleicht der junge König und Lysias

48 Die Truppen des königlichen Heeres rückten daraufhin nach Jeru-
salem hinauf, um die Juden dort zum Kampf zu stellen. Der König
schlug in Judäa und am Berg Zion ein Lager auf.
49 Mit der Besatzung von Bet-Zur schloß er Frieden, und sie verließ
die Stadt. Dort waren nämlich während der Belagerung die Nah-
rungsmittel ausgegangen; denn man beging im Land ein Sabbatjahr.
50 Der König ließ Bet-Zur besetzen und legte eine Garnison hinein, Lev 25^{2-7}
um es zu sichern.
51 Dann belagerte er viele Tage lang den Tempel. Er ließ Wurf- und
Belagerungsmaschinen, auch Brand- und Steinschleudern aufstellen,
dazu Armbrüste für Pfeile und kleinere Schleudermaschinen. 52 Aber
die Juden bauten ebenfalls Maschinen, und der Kampf zog sich lange
hin. 53 Doch die Vorratsräume waren leer, weil das Jahr ein siebtes
Jahr war; zudem hatten die, die man bei den fremden Völkern geret-
tet und nach Judäa gebracht hatte, den Rest der Vorräte aufge-
braucht. 54 Die Besatzung litt daher Hunger, und die Truppen liefen
auseinander, jeder ging nach Hause; nur wenige Männer blieben
beim Tempel zurück.

Der Religionsfriede des Lysias: 6^{55-63}
2 Makk $11^{13-15(38)}$

55 Da hörte Lysias, Philippus, den König Antiochus noch zu seinen 6^{14f}
Lebzeiten zum Erzieher seines Sohnes Antiochus bestimmt hatte, bis

auf ihm befänden, durch deren Gefangennahme der Kampf schnell beendet werden könnte. Doch Eleasars Opfer bringt keine taktische Wende.

$^{48-49}$ Zum Berg Zion vgl. 4^{37}. Nach Ex 23^{10-11} und Lev 25^{2-7} soll das Land in jedem siebten Jahr ruhen (= Sabbatjahr). Hier handelt es sich um das von Herbst 164 bis Herbst 163 laufende Jahr. Diese Bestimmung scheint nicht immer streng eingehalten worden zu sein, vor allem dann nicht, wenn das sechste Jahr ein mageres war. Daß man trotz Krieg und Bevölkerungszunahme am Sabbatjahr festhält, zeugt für die gewissenhafte Gesetzesbefolgung der Makkabäer.

^{51} Zu den bereits in ^{20} erwähnten Geschützen kommen hier »Brand- und Steinschleudern« hinzu, mit denen man aus weiterer Entfernung die Belagerten treffen konnte, und eine Art Schießbögen, »Armbrüste«, mit denen man Pfeile oder kleinere Speere mit größerer Treffsicherheit – selbst auf Schießscharten – losschnellen konnte.

^{53} Vgl. $5^{23.53-54}$.

6^{55-63} Die Lage der auf dem Tempelberg eingeschlossenen Juden ist äußerst kritisch, und es geschieht diesmal, »wie der Himmel will« 3^{60}. Lysias muß sich nach Antiochia absetzen, weil sein Rivale Philippus dort die Regierung an sich gebracht hat. Als kluger Politiker nutzt er die Situation aus und bietet Judas einen Friedensschluß an, der die politischen Rechte der Seleuziden wahrt und den Juden freie Religionsausübung gestattet. Judas hat eigentlich sein von Anfang an intendiertes Ziel

dieser die Regierung antreten könne, 56 sei aus Persien und Medien
zurückgekehrt, zusammen mit den Truppen, die den (verstorbenen)
König begleitet hatten; er versuche, die Regierung an sich zu bringen.
57 Daher entschloß sich Lysias, möglichst rasch abzuziehen; er sagte
zum König, zu den Offizieren und den Soldaten: Unsere Lage wird
von Tag zu Tag schwieriger. Es gibt wenig zu essen, und der Ort,
den wir belagern, ist stark befestigt. Überdies ruht auf uns die Sorge
um das Reich. 58 Reichen wir darum diesen Leuten die Hand und
schließen wir Frieden mit ihnen und ihrem ganzen Volk! 59 Wir wol-
len ihnen zugestehen, daß sie wie früher nach ihren Gesetzen leben
können. Denn weil wir ihre Gesetze abschaffen wollten, haben sie
sich gegen uns aufgelehnt und all das getan. 60 Der König und die
Heerführer waren mit diesem Vorschlag einverstanden; er ließ den
Juden Frieden anbieten, und sie nahmen ihn an. 61 Der König und die
Heerführer leisteten ihnen einen Eid; darauf verließen die Juden die
Festung. 62 Aber als der König den Berg Zion betrat und sah, wie
stark der Ort befestigt war, brach er den Eid, den er geschworen
hatte, und gab den Befehl, die Mauer ringsum einzureißen. 63 Dann
zog er in Eilmärschen ab und kehrte nach Antiochia zurück. Er fand
die Stadt im Besitz des Philippus, eröffnete den Kampf gegen ihn und
nahm die Stadt mit Gewalt.

6^{62} EÜ hat καθελεῖν der Lesart καθεῖλε vorgezogen.

erreicht. Werden seine Mitkämpfer aber damit wirklich zufrieden sein?

55 Vgl. $^{14-15}$.

57 Auch nach JA 12,9,6 halten Lysias und der junge König den wahren Sachverhalt vor Offizieren und Soldaten verborgen.

59 Die Friedensbedingungen bestehen darin, die von Antiochus IV. 1^{44-58} erlassenen Religionsedikte aufzuheben.

62 Die Übergabe der Festung schließt unter Umständen die Schleifung der Mauern ein. Der Autor aber betrachtet die Mauern als notwendig für den ungestörten Ablauf des Tempelgottesdienstes in heidnischer Umgebung. Der Hinweis auf die Treulosigkeit des Königs paßt zudem in sein Bild, das er von den Seleuziden hat, vgl. 1^{30} $7^{10.27}$ 11^{53} 12^{40-48}.

63 Nach JA 12,9,7 nimmt Antiochus V. den Philippus gefangen und läßt ihn töten; nach 2 Makk 9^{29} gelingt Philippus die Flucht nach Ägypten.

7^{1-25} Neue Wirren im Seleuzidenreich bleiben nicht ohne Einfluß auf die Reformjuden, die Makkabäer und andere fromme Juden. Als Seleukus IV. Philopator im Jahre 175 ermordet wurde, hätte eigentlich sein Sohn Demetrius die Herrschaft antreten sollen. Er mußte aber zugunsten seines Onkels Antiochus IV. Epiphanes verzichten und als Geisel nach Rom gehen $1^{10.16}$. Er sieht jetzt seinen Augenblick gekommen, und es gelingt ihm tatsächlich, Antiochus V. und Lysias unschädlich zu machen. Die Reformjuden, die immer gute Beziehungen zum Königshof hatten, wollen Nutzen aus diesem Regierungswechsel ziehen. Demetrius stellt ihnen sogar ein Heer zur

Neue Angriffe auf Israel nach der Thronbesteigung des Demetrius I.: 7[1-25]

2 Makk 14[1-10]

7[1] Im Jahr 151 floh Demetrius, der Sohn des Seleukus, aus Rom, lan-
dete mit nur wenigen Männern in einer Stadt am Meer und rief sich
dort zum König aus. [2] Als er in den Palast seiner Väter einzog, nah-
men die Truppen Antiochus und Lysias fest, um sie ihm auszuliefern.
[3] Das wurde ihm mitgeteilt; er aber sagte: Ich will ihr Gesicht nicht
sehen. [4] Da brachten die Truppen die beiden um, und Demetrius
setzte sich auf den Thron seines Reiches.
[5] Alle Gesetzlosen und Frevler aus Israel kamen zu ihm. Ihr Anführer
war Alkimus, der Hoherpriester werden wollte. [6] Sie verklagten das
Volk beim König und sagten: Judas und seine Brüder haben alle
deine Freunde umgebracht und uns aus unserer Heimat vertrieben.
[7] Schick darum einen Mann, dem du vertraust, er soll kommen und
sich das ganze Unheil ansehen, das sie uns und dem Land des Königs
zugefügt haben. Dann soll er sie und alle, die sie unterstützen, bestra-
fen.
[8] Der König wählte Bakchides, einen der Freunde des Königs; er
hatte den Befehl jenseits des Stroms, galt viel im Reich und war dem
König treu ergeben. [9] Mit ihm schickte er den ruchlosen Alkimus,
den er als Hohenpriester einsetzte, und gab ihm den Auftrag, an den
Israeliten Vergeltung zu üben.
[10] Sie brachen mit einem großen Heer auf und zogen nach Judäa. Er
schickte Boten an Judas und seine Brüder und bot ihnen mit hinterli-

Verfügung, mit dem sie allerdings unklug und hinterlistig gegen ihre Glaubensgenossen vorgehen. Statt Gesetz und Reform zu forcieren, üben sie nur Macht aus und üben Vergeltung. Die an sich zum Kompromiß bereiten altgläubigen Juden wissen ihr Anliegen bei Judas Makkabäus in besseren Händen.

[1-2] Des Demetrius Flucht fällt ins Frühjahr 161. Er landet in Tripolis an der phönizischen Mittelmeerküste 2 Makk 14[1]. Als Demetrius I. Soter (»Retter«) wird er ein Jahr später auch von den Römern anerkannt.

[5] Alkimus wird JA 12,9,7 auch Jakimus genannt. Beide Namen sind gräzisiert und könnten den hebräischen Namen Eljakim oder Jojakim korrespondieren. Alkimus ist im Gegensatz zu seinen Vorgängern Onias III., Jason und Menelaus ein Aaronit [14]. Er war unter Antiochus V. Hoherpriester geworden, als Philhellene wurde er aber von Judas abgelehnt und vertrieben. Er will jetzt von Demetrius die Wiedereinsetzung in sein Amt erreichen [9].

[8] Zu dem Titel »Freund des Königs« vgl. 2[18]. Die Bezeichnung »jenseits des Stromes« stammt noch aus der persischen Zeit und meint das für die Perser westlich des Eufrats gelegene Gebiet bis an die Grenze Ägyptens, d. h. ganz Syrien und Palästina, vgl. Neh 2[7] Esra 5[6] u. ö.

[10] Der Autor von 1 Makk schreibt nicht nur die Geschichte von Judas wie der von 2 Makk. Er erwähnt die Brüder und denkt dabei auch an die

stigen Worten Frieden. 11 Doch diese glaubten ihnen nicht; denn sie
sahen, daß sie mit einem großen Heer gekommen waren.
12 Eine Gruppe von Schriftgelehrten ging indessen gemeinsam zu Al-
kimus und Bakchides, um eine gerechte Lösung zu suchen. 13 Auch
2^{42} bemühten sich die Hasidäer, als erste von den Israeliten, bei ihnen um
Frieden. 14 Sie sagten sich nämlich: Ein Priester aus der Familie des
Aaron ist zusammen mit den Truppen hergekommen; er wird uns
nichts Böses tun. 15 Alkimus unterhielt sich auch friedlich mit ihnen,
ja, er schwor ihnen: Wir werden euch und euren Freunden kein Leid
zufügen. 16 Sie glaubten ihm; er aber ließ sechzig von ihnen festneh-
men und noch am selben Tag hinrichten, genau wie geschrieben
Ps 79^{2f} steht: 17 Die Leichen deiner Frommen haben sie rings um Jerusalem
zerstreut, und ihr Blut haben sie vergossen, und keiner hat sie begra-
ben. 18 Da begann das ganze Volk, sich vor ihnen zu fürchten und zu
zittern. Man sagte: Bei ihnen gibt es weder Treue noch Recht; denn
sie haben den Vertrag gebrochen trotz des Eides, den sie geschworen
haben.
19 Bakchides marschierte von Jerusalem nach Bet-Sajit und schlug
dort sein Lager auf. Er ließ viele von den Männern, die zu ihm über-
gelaufen waren, festnehmen, dazu auch einige Männer aus dem
Volk, und befahl, sie an der großen Zisterne niederzumetzeln. 20 Er
übergab das Land dem Alkimus und ließ zu seiner Unterstützung
einen Teil der Truppen zurück. Dann kehrte Bakchides zum König
zurück.
21 Alkimus aber kämpfte um das Hohepriesteramt. 22 Alle Unruhestif-
ter im Volk sammelten sich um ihn; sie rissen die Macht über Judäa
an sich und stürzten Israel tief ins Unglück. 23 Judas sah all das Un-
heil, das Alkimus und seine Anhänger bei den Israeliten anrichteten;

7^{16} Wörtlich: »... gemäß dem Wort, das (der Psalmist) geschrieben hat.«

hohepriesterliche Dynastie der Hasmonäer.

$^{12-13}$ Die Kenner des Gesetzes (Schriftgelehrten) treten ein für Gerechtigkeit, sie wollen die Unterdrückung der Schwachen verhindern und sind wahrscheinlich gegen jede militärische Auseinandersetzung. Zu den Hasidäern vgl. 2^{42}.

^{17} Der Vers ist Stück eines Klageliedes, Ps 79^{2-3} in verkürzter Form. Dabei ist der Verfasser inspiriert durch das hebräische Wort *ḥasīdækā* (deiner Frommen), von dem der Name der Hasidäer abgeleitet ist.

^{19} Judas hat sich mit seinem Heer von Jerusalem zurückgezogen, und Bakchides lagert in Bet-Sajit, 5 km nördlich von Bet-Zur. Er läßt die Juden töten, die sich seinen Truppen angeschlossen hatten und nun zu Judas desertieren wollen. Etwas südlich von Bet-Sajit gibt es die große Zisterne von Bir Gaber (»Zisterne der Helden«).

7^{26-50} Zum zweitenmal intervenieren die Reformjuden bei der Staatsmacht. Der von Demetrius I. geschickte Heerführer Nikanor soll sich um den Frieden bemühen. Doch

sie waren schlimmer als die Ausländer. [24] Da brach er auf, zog durch
das Gebiet von ganz Judäa und übte an den Überläufern Vergeltung,
so daß sie sich nicht mehr frei im Land bewegen konnten. [25] Alkimus
merkte, daß Judas und seine Leute an Macht gewannen, und da er
einsah, daß er ihnen nicht gewachsen war, wandte er sich wieder an
den König und brachte schwere Anklagen gegen sie vor.

Der Angriff und die Niederlage des Nikanor: 7^{26-50}
 2 Makk 14^{11}–15^{36}

[26] Da schickte der König einen seiner bedeutendsten Anführer, Nika-
nor, der ein erbitterter Gegner Israels war; er trug ihm auf, das Volk 3^{38}
zu vernichten. [27] Nikanor kam mit einem großen Heer nach Jerusa-
lem. Er schickte Boten zu Judas und seinen Brüdern und sprach hin-
terlistig von Frieden. Er sagte: [28] Ich will keinen Krieg mit euch.
Darum will ich mich in Begleitung von nur ein paar Leuten in aller
Freundschaft mit euch treffen, um über den Frieden zu reden. [29] Er
kam auch zu Judas, und sie begrüßten einander freundschaftlich.
Seine Soldaten hielten sich indessen bereit, den Judas zu verschlep-
pen. [30] Judas aber erfuhr, daß er in böser Absicht gekommen war. Da
wurde er vorsichtig und wollte nicht mehr mit ihm zusammenkom-
men. [31] Nun merkte Nikanor, daß sein Plan entdeckt worden war,
und er zog aus, um Judas bei Kafar-Salama zum Kampf zu stellen.
[32] Aber fast fünfhundert von den Leuten des Nikanor fielen, und seine
Soldaten mußten sich in die Davidstadt flüchten.

7^{28} Wörtlich: »... damit ich eure Gesichter mit Frieden sehe.«

der Verfasser kann sich nicht vorstellen, daß der heidnische Feldherr es ehrlich meint. Er läßt ihn sogar Priester und Tempel verhöhnen. Judas erinnert im Gebet vor der Entscheidungsschlacht an die Rettungstat des Herrn, einst beim Angriff der Assyrer. Er kann den syrischen Feldherrn vernichtend schlagen und Israel, allerdings nur »für kurze Zeit«, Ruhe verschaffen. Die Schilderung vom Tempelbesuch des Nikanor hat der Verfasser geschickt zwischen die beiden Kampfberichte gestellt. Alles ist durch direkte Rede, Gespräch und Gebet recht lebendig gestaltet.

[26] Nikanor ist wohl nicht mit dem Feldherrn von 3^{38} identisch. Die freundschaftliche Begrüßung durch Judas [29] und die Angaben bei Polybius (Historiae 31,14,4) und Flav. Josephus (JA 12,10,4) sprechen dagegen: Hiernach war Nikanor ein Gefährte des Demetrius, der mit ihm aus Rom geflohen war.

[29] Vgl. das ähnliche Motiv in 12^{42-49}: den Verrat des Tryphon an Jonatan.

[31–32] Kafar-Salama (»Friedensdorf«) ist vermutlich der Ruinenhügel *hirbet selma* in der Nähe von Gibeon, etwa 10 km nordwestlich von Jerusalem. Mit der Davidstadt ist die syrische Burg gemeint 1^{33}.

[33–35] Nach der einleitenden Verbindungsformel, vgl. 5^{37} 9^{37}, werden neben den »Heiligen« (= Priestern) die

33 Nach diesen Ereignissen ging Nikanor zum Berg Zion hinauf. Aus
dem Tempelbezirk kamen ihm Priester und Älteste des Volkes entge-
gen, um ihn friedlich zu begrüßen und ihm das Opfer zu zeigen, das
man für den König darbrachte. 34 Er aber verhöhnte und verspottete
sie und machte sie unrein. Er prahlte 35 und schwor voller Zorn:
Wenn Judas und sein Heer mir nicht sofort ausgeliefert werden, dann
stecke ich dieses Haus in Brand, sobald ich heil zurück bin. Dann
Joël 2[17] ging er wütend weg. 36 Die Priester gingen wieder hinein, stellten sich
vor den Altar und den Tempel, weinten und sagten: 37 Du hast dieses
Haus erwählt, damit dein Name darüber ausgerufen werde; es sollte
für dein Volk ein Haus des Betens und Flehens sein. 38 Übe Vergel-
tung an diesem Menschen und an seinem Heer! Sie sollen unter dem
Schwert fallen. Denk an ihre Lästerungen, und laß sie nicht weiter-
leben!

39 Nikanor verließ Jerusalem und schlug in Bet-Horon sein Lager auf;
dort stieß eine Abteilung Soldaten aus Syrien zu ihm. 40 Judas dage-
gen hatte mit dreitausend Mann sein Lager bei Hadascha, und er be-
2 Kön 18[17–35] tete: 41 Damals, als die Leute des Königs von Assur über dich gelästert
2 Kön 19[35] hatten, kam dein Engel und erschlug hundertfünfundachtzigtausend
von ihnen. 42 Schlag heute dieses Heer vor unseren Augen genauso,
damit die, die von ihnen übrig bleiben, erkennen, daß Nikanor
schlimme Worte gegen dein Heiligtum ausgestoßen hat. Richte ihn,
wie es sein Verbrechen verdient.

43 Am Dreizehnten des Monats Adar stießen die Heere aufeinander,
und das Heer des Nikanor wurde vernichtend geschlagen; er selbst
fiel als erster im Kampf. 44 Als sein Heer sah, daß Nikanor gefallen

Ältesten des Volkes, vgl. Num 11[16], genannt, die neben den Priestern und Schriftgelehrten eine eigene Gruppe des Hohen Rates bildeten. Der Brauch, für den König Opfer darzubringen, stammt aus der persischen Zeit Esra 6[10]. Wie Antiochus IV. führt Nikanor übermütige Reden, und er verunreinigt die Priester wahrscheinlich dadurch, daß er sie anspeit; denn das galt schon damals als Zeichen der Verachtung und als grobe Beleidigung Ijob 30[10] Jes 50[6] Mk 14[65] 15[19].

37–38 Das Gebet der Priester ist eine Anspielung auf Salomos Weihegebet 1 Kön 8[43.45]. Die Drohung Nikanors, den Tempel in Brand zu stekken, ist eine Gotteslästerung. Sie verursacht ein Gebet, das ganz dem atl Vergeltungsdenken entspricht, vgl. Ps 5[11] 58[7–11] Jer 11[20] 15[15].

39–42 Zu Bet-Horon siehe 3[16]. Hadascha liegt 8 km nördlich von Jerusalem auf einem Hügel an der Straße nach Bet-Horon. Judas spielt in seinem Gebet auf 2 Kön 18[17]–19[35] an und bittet den Herrn, ähnlich wie die Priester in [38], um gerechte Bestrafung des Frevlers Nikanor.

43 Der Monat Adar entspricht etwa dem Monat März. Das Jahr ist nicht angegeben, es wird aber im März 161 v. Chr. gewesen sein. Nach JA 12,10,5 fiel Nikanor nicht gleich zu Beginn des Kampfes, sondern »heldenhaft kämpfend, nachdem viele von seinen Soldaten gefallen waren«.

45 Ein Fluchtweg nach Geser wird

war, warfen sie die Waffen weg und flohen. [45] Die Juden verfolgten
sie einen Tagesmarsch weit, von Hadascha bis nach Geser, und blie-
sen mit den Signaltrompeten hinter ihnen her. [46] Aus allen umliegen-
den Dörfern Judäas kamen die Männer heraus und umzingelten die
Flüchtenden. Da wandten sich die Feinde gegeneinander, und alle
fielen unter dem Schwert; nicht einer von ihnen blieb übrig.
[47] Die Juden nahmen ihnen ihre Ausrüstungen weg und machten rei-
che Beute. Dem Nikanor schlugen sie den Kopf ab und ebenso die
rechte Hand, die er so vermessen ausgestreckt hatte; sie brachten bei-
des nach Jerusalem und hängten es dort öffentlich auf. [48] Im Volk
herrschte große Freude; sie begingen diesen Tag als einen großen
Festtag [49] und beschlossen, den dreizehnten Adar künftig jedes Jahr
zu feiern.
[50] Danach hatte Judäa für kurze Zeit Ruhe.

Das Bündnis des Judas mit Rom: 8[1–32]

8[1] Judas hörte, wie man von den Römern erzählte, sie seien geübt im
Kriegführen, erwiesen allen, die zu ihnen hielten, Wohlwollen und

8[1] ὅτι εἰσὶ δυνατοὶ ἰσχύι steht zweimal in diesem Vers. Am Anfang ist es wohl ursprünglich, das zweite Mal hat es ein Abschreiber versehentlich eingefügt.

auch 4[15] genannt. Das Blasen der Signaltrompeten ist Aufruf zu einer allgemeinen Verfolgung des Feindes.
[47] Auch 1 Sam 17[54] 31[9–10] und Jdt 14[1] berichten von der grausamen Sitte, dem Gegner den Kopf abzuschlagen und diesen an einer Mauer aufzuhängen. Nach 2 Makk 15[33.35] ließ Judas das Haupt des Nikanor sogar an der Mauer der Akra anheften! Den abgeschlagenen rechten Arm aber, den Nikanor drohend gegen den Tempel ausgestreckt hatte, ließ er vor dem Heiligtum selbst anbringen.
[49] Die Feier des Nikanortages wurde immer mehr verdrängt durch das volkstümliche Purimfest, das man am 14. und 15. Adar feierte Est 9[21]. Nach der Zerstörung des Tempels (70 n. Chr.) wurde der Nikanortag ganz abgeschafft.
8[1–32] Der Verfasser schiebt ein Kapitel über die Verhandlungen des Judas mit Rom ein. Er möchte dadurch zum Ausdruck bringen: Judas hat in kluger Voraussicht begriffen, daß sein Sieg über Nikanor den syrischen König erst recht die völlige Unterwerfung Judäas betreiben läßt. Darum versucht er noch, mit Rom ein Schutzbündnis zu schließen. Das Kapitel umfaßt zwei große Teile: 1. Einleitungsgedanken des Verfassers über die Römer [1–22], 2. den Wortlaut des Vertrages zwischen den Römern und dem jüdischen Volk [23–30(32)]. [1–16] ist ein Bericht, der die Außen- und Innenpolitik Roms in helles Licht rückt. [17–22] schildert das Auftreten der jüdischen Gesandten in Rom. Welche Ziele verfolgt der Verfasser mit diesem Lob auf die »heidnischen« Römer? Will er ihre Macht und Tüchtigkeit als solche verherrlichen? Ist er stolz auf die Freundschaft seines Volkes mit Rom, auf

schlössen Freundschaft mit jedem, der sie darum bitte. Sie seien in der
Tat kriegstüchtige Männer. 2 Man berichtete ihm auch von ihren
Feldzügen und von ihren kühnen Unternehmungen gegen die Gala-
ter, die sie unterworfen und tributpflichtig gemacht hatten, 3 ebenso
von ihren Taten in Spanien: Dort hatten sie die Silber- und Goldberg-
werke erobert 4 und durch ihre Klugheit und Ausdauer das ganze
Land an sich gebracht, obgleich es von ihnen weit entfernt liegt. Die
Könige, die vom Ende der Welt gegen sie herangezogen waren, hat-
ten sie besiegt und ihnen eine vernichtende Niederlage beigebracht;
die übrigen mußten ihnen jährlich Tribut zahlen. 5 Philippus und Per-
seus, die Könige der Kittäer, und alle anderen, die sich gegen sie auf-
lehnten, hatten sie im Krieg vernichtend geschlagen und unterworfen.

die gemeinsame Abneigung gegen die Griechen? Könnten nicht sogar einige Formen der römischen Regierung [16] beispielhaft für sein eigenes Volk sein? Der Verzicht auf das Königtum und die Ratsversammlungen als Regierungsform sind Züge, die beiden Völkern gemeinsam sind. Auf jeden Fall fällt auf, daß die meist heidenfeindliche Haltung des Verfassers hier in eine ausgesprochen heidenfreundliche umschlägt. Israel steht unter Gottes besonderem Gesetz, es darf daher nichts Fremdländisches übernehmen. Wenn die anderen Völker diese Wirklichkeit anerkennen, kann man mit ihnen in Frieden und Freundschaft leben. – Der Vertrag [23–30] ist sehr allgemein gehalten und betont die wechselseitigen Verpflichtungen. Er spricht für Judas' politische Klugheit, die neben Mut und Gottvertrauen diesen Helden auszeichnen. Die Warnungen an Demetrius I., die sich in der Notiz [31–32] finden, dürfen als erster, wenn auch kleiner Erfolg des Vertrages gewertet werden.

[1] Der Verfasser teilt zusammenfassend mit, was man zu seiner Zeit in Palästina über die Römer erzählte. Mit dem Hebraismus δυνατοὶ ἰσχύι (= kriegstüchtig) inkludiert er die beiden anderen Eigenschaften Wohlwollen und Freundschaft.

[2–4] Die Aufzählung der römischen Unternehmungen beginnt mit Norditalien. Hier wurden 189 v. Chr. die Galater (Gallier, Kelten), die Hannibal in seinem zweiten Punischen Krieg unterstützt hatten, durch C. Scipio Nasica endgültig unterworfen. Das metallreiche Spanien wurde im Jahre 206 v. Chr. durch P. Scipio Africanus und im Jahre 195 v. Chr. durch die Feldzüge Catos von karthagischer Vorherrschaft befreit. Mit den »Königen« sind wohl die karthagischen Heerführer Hannibal und Hasdrubal gemeint. Nach der geographischen Perspektive der Alten lag Spanien am Ende der westlichen Welt.

[5] Zu den Kittäern (= Mazedonier/Griechen) vgl. 1[1]. König Philippus V. von Mazedonien wurde 197 v. Chr. bei Kynoskephalä in Thessalien von T. Quinctius Flaminius geschlagen und Hellas für frei erklärt; sein Sohn und Nachfolger Perseus wurde 168 v. Chr. bei Pydna am Olymp von L. Aemilius Paulus besiegt und Mazedonien in vier Republiken geteilt. Die »anderen« sind die Völkerschaften von Illyrien, Epirus und Ätolien, die mehr oder weniger mit Mazedonien sympathisierten.

[6–8] Antiochus III. heißt hier Großkönig von Asien. 1 und 2 Makk setzen »Asien« gern mit dem Seleuziden-

6 Als Antiochus, der Großkönig von Asien, mit hundertzwanzig Ele-
fanten, mit Reiterei, Streitwagen und einem gewaltigen Heer gegen
sie zum Kampf auszog, wurde er von ihnen vernichtend geschlagen.
7 Sie nahmen ihn lebendig gefangen und erlegten ihm und seinen
Nachfolgern einen hohen Tribut auf; er mußte Geiseln stellen und
einen Teil seines Gebietes abtreten. 8 Sie nahmen ihm die Provinzen
Indien, Medien und Lydien ab, einige der besten Länder, die er be-
saß, und schenkten sie dem König Eumenes. 9 Als die Bewohner von
Griechenland den Plan faßten, in den Krieg zu ziehen, um die Römer
zu vernichten, 10 wurde diesen die Sache bekannt. Sie schickten nur
einen einzigen Befehlshaber aus, um gegen sie Krieg zu führen. Von
den Griechen wurden viele verwundet und kamen um. Die Römer
führten ihre Frauen und Kinder gefangen weg, plünderten ihre Habe
und nahmen das Land in Besitz; sie schleiften ihre Festungen und
machten sich die Griechen untertan; so ist es geblieben bis auf den
heutigen Tag. 11 Auch alle anderen Reiche und die Inseln, die sich ir-
gendwann gegen sie erhoben, hatten sie besiegt und sich untertan ge-
macht. 12 Ihren Freunden aber und allen, die sich auf sie verließen,
hielten sie die Freundschaft. Sie unterwarfen die Könige nah und

8^{8} Ἰνδικὴν καὶ Μηδίαν sind wahrscheinlich Abschreibfehler für richtig Ἰωνικὴν καὶ Μυσίαν.

reich gleich. Antiochus wagte einen Vorstoß bis nach Griechenland, wurde aber zuletzt 190 v. Chr. bei Magnesia in Kleinasien von den Römern besiegt. Diese versuchten, ihn lebendig gefangen zu nehmen, er konnte aber nach Sardes entfliehen. Zu den Friedensbedingungen von Apamea (188 v. Chr.) rechnen die alten Historiker die Zahlung von 15 000 euböischen Talenten, die Auslieferung der Elefanten, die Reduzierung der Flotte und das Verbot, mit Handelsschiffen das Ägäische Meer zu befahren. Zu den Geiseln vgl. 1^{10} 7^{1}. Eumenes II. von Pergamon (197–158 v. Chr.) hatte sich gegen Antiochus III. den Römern angeschlossen. Er erhielt dafür Gebiete in Kleinasien. Bei den Namen »Indien« und »Medien« handelt es sich wohl um Abschreibefehler (s. die Textanmerkungen), da der Verfasser sich sonst gut informiert zeigt und sicher wußte, daß Indien niemals zum Reich des Antiochus gehörte und Medien seleuzidisch blieb.

9–11 Das Vorgehen der Römer gegen die Ätolier (um 190 v. Chr.), die sich Antiochus III. angeschlossen hatten, malt der Verfasser mit Farben aus, die er dem Krieg Roms gegen den Achäischen Bund aus den Jahren 147/46 entnimmt. Die Bemerkung »bis auf den heutigen Tag« betrifft dann auch die Zeit des Verfassers. Der Krieg wurde begonnen durch Q. Caecilius Metellus, aber fortgeführt und grausam beendet durch den Konsul L. Mummius, der Korinth zerstörte und die Bevölkerung als Sklaven verkaufte.

11 ist mehr eine allgemeine Feststellung und läßt sich kaum auf bestimmte Reiche oder Mittelmeerinseln präzisieren.

13 Vermutlich denkt der Verfasser an verschiedene Könige Kleinasiens,

fern, und wer ihren Namen hörte, hatte Angst vor ihnen. 13 Wem sie
aber zur Herrschaft verhelfen wollen, der wird König, und ebenso
setzen sie ab, wen sie wollen. Auf diese Weise sind sie sehr groß ge-
worden.
14 Bei all dem setzt sich keiner von ihnen eine Krone auf oder legt
Purpurgewänder an, um damit zu prunken. 15 Vielmehr haben sie sich
eine Ratsversammlung (den Senat) geschaffen, und jeden Tag halten
dreihundertundzwanzig Ratsherren darüber Rat, wie das Volk gut zu
regieren sei. 16 Einem einzigen Mann übertragen sie vertrauensvoll
für ein Jahr die Regierung über sich und die Herrschaft über ihr gan-
zes Land. Alle gehorchen dem einen, ohne daß es Neid oder Eifer-
sucht unter ihnen gibt.
12,1f 15,15 — 17 Judas wählte Eupolemus, den Sohn Johanans und Enkel des Koz,
2 Makk 4,11 — aus, sowie Jason, den Sohn Eleasars, und schickte sie nach Rom, um
mit den Römern ein Freundschafts- und Waffenbündnis zu schließen,
18 damit das Joch von Judäa genommen werde; denn die Römer sa-
hen ja, wie die Könige der Griechen Israel in Knechtschaft hielten.
19 Sie reisten also nach Rom – es war ein sehr weiter Weg –, traten
vor den Senat und sagten: 20 Judas, der Makkabäer, seine Brüder und
das jüdische Volk haben uns zu euch geschickt. Wir wollen mit euch
ein Friedensbündnis schließen und als eure Bundesgenossen und
Freunde eingeschrieben werden.

8,18 Die bessere Lesart dürfte εἰς δουλείαν sein = wörtlich: »... daß das Königreich der Griechen Israel zur Knechtschaft knechte.«

8,19 EÜ hat den Hebraismus καὶ ἀπεκρίθησαν καὶ εἶπον nur mit »sie sagten« wiedergegeben.

deren Selbständigkeit die Römer anerkannten.

14–16 Krone und Purpurgewänder sind hier als Symbole der orientalischen, königlich-despotischen Erbdynastien verstanden. Der römische Senat setzte sich für gewöhnlich aus 300 Mitgliedern zusammen, die an den Kalenden (1. Tag) und Iden (13. oder 15. Tag) eines jeden Monats zur Beratung zusammenkamen. In Notfällen konnte der Senat an jedem beliebigen Tag einberufen werden. Die Zahl 320 ist wahrscheinlich ein Fehler des griechischen Übersetzers, der *šelōš mēʾōt weʿesrīm* (320) anstelle von *šelōš mēʾōt ʿᵃšīrīm* (300 »Reiche«) gelesen hat. Normalerweise standen zwei jährlich neu zu erwählende Konsuln an der Spitze des Staates, in Notzeiten konnte einer als Diktator die Regierungsgewalt übernehmen.

17 Man hat versucht, die beiden Gesandten zu identifizieren: Eupolemus mit dem gleichnamigen, aus priesterlichem Geschlecht stammenden (vgl. Esra 2,61) jüdisch-hellenistischen Geschichtsschreiber, der u.a. um 160–150 v. Chr. eine Judasvita verfaßt hat, und Jason mit dem Sohn des Märtyrers Eleasar 2 Makk 6,18–31. Doch bleiben diese Angaben Vermutungen, beide Namen finden sich öfter im Judentum dieser Zeit. Eupolemus und Jason sind wahrscheinlich mit dem Schiff im Frühjahr 161 v. Chr. abgereist.

20 Als »Bundesgenossen« verpflichten

21 Der Senat war mit dem Vorschlag einverstanden. 22 Dies ist eine
Abschrift der Urkunde, die sie auf Bronzetafeln aufzeichnen und
nach Jerusalem schicken ließen, damit die Erinnerung an das Frie-
densbündnis ständig gegenwärtig bleibe:
23 Den Römern und dem jüdischen Volk soll es zu Wasser und zu
Land immer wohl ergehen; Schwert und Feind mögen ihnen fern blei-
ben. 24 Wenn Rom oder irgendeinem seiner Bundesgenossen in sei-
nem ganzen Machtbereich zuerst ein Krieg droht, 25 wird das jüdi-
sche Volk, je nachdem es die Lage erfordert, bereitwillig mit in den
Kampf ziehen. 26 Den Kriegführenden brauchen keine Nahrungsmit-
tel, keine Waffen, kein Geld und auch keine Schiffe geliefert zu wer-
den, wenn Rom es so für richtig hält. Sie werden ihren Verpflichtun-
gen ohne Gegenleistung nachkommen. 27 Ebenso werden die Römer,
wenn das jüdische Volk zuerst in einen Krieg verwickelt wird, bereit-
willig mitkämpfen, je nach den Umständen. 28 Den Bundesgenossen
brauchen keine Nahrungsmittel, Waffen, kein Geld und auch keine
Schiffe geliefert zu werden, wenn Rom es so für richtig hält; sie wer-
den ihren Verpflichtungen ohne Hinterlist nachkommen.
29 Das ist der Wortlaut des Vertrags, den die Römer mit dem Volk
der Juden geschlossen haben.
30 Wenn später die beiden Parteien etwas hinzufügen oder streichen
wollen, können sie es nach ihrem Belieben tun. Die Zusätze oder
Streichungen werden gültig sein.
31 Dem König Demetrius aber haben wir geschrieben wegen des Un-
rechts, das er den Juden zugefügt hat: Warum lastet dein Joch so

sich die beiden Partner zur gegenseitigen militärischen Hilfe, soweit die Umstände es erfordern, als »Freunde« pflegen sie friedvolle Beziehungen und schließen Verträge, die mehr beinhalten als einfache Nichtangriffspakte.

22 Nach Flav. Josephus (JA 12,10,6) wurde das Original auf eherne Tafeln eingraviert und im Kapitol niedergelegt, eine Abschrift, wahrscheinlich auch auf dauerhaftem Material, nach Judäa geschickt. In einem Parallelvertrag aus dem Jahre 105 v. Chr. mit der ägäischen Insel Astypalaia ist ebenfalls von zwei Exemplaren die Rede, von denen das eine im Tempel auf dem Kapitol und das andere im Tempel der Insel aufbewahrt werden soll.

23–28 Der Vertrag ist wohl nach einer bestimmten, feststehenden Vorlage gestaltet, dafür sprechen auch die Formeln, besonders in 26 und 28. Die Namen der Konsuln oder der des Judas werden nicht angeführt. Ein Vergleich der Lesarten in den Handschriften und mit anderen Verträgen macht deutlich, daß in 26 und 28 jeweils die »Kämpfenden«, d.h. die »Feinde« gemeint sind, denen man Getreide, Waffen, Geld und Schiffe nicht zur Verfügung stellen wird. Für das jüdische Volk ist die Erwähnung einer Flotte wenig sinnvoll, da es eine solche nicht besaß.

29 ist eine Erläuterung des Autors.

31f Diese Verse gehören nicht mehr zum Vertrag. Sie sind als Exzerpt eines Schreibens an die beiden jüdi-

schwer auf unseren Freunden und Bundesgenossen, den Juden?
32 Wenn sie jetzt noch einmal deinetwegen vorstellig werden, verhel-
fen wir ihnen zu ihrem Recht und führen gegen dich Krieg zu Wasser
und zu Land.

Die letzte Schlacht und der Tod des Judas: 9^{1-22}

9,1 Demetrius erfuhr, daß Nikanor und sein Heer im Kampf gefallen
waren. Da schickte er Bakchides und Alkimus zum zweitenmal nach
Judäa und gab ihnen die im Süden stehende Armee mit. 2 Sie nahmen
den Weg nach Gilgal, schlugen vor Mesalot in der Gegend von Ar-
bela ihr Lager auf, eroberten die Stadt und brachten viele Menschen
um. 3 Im ersten Monat des Jahres 152 schlugen sie ihr Lager bei Jeru-
salem auf. 4 Von dort zogen sie mit zwanzigtausend Mann und zwei-

9^{1} Der Schluß lautet wörtlich: »... und den rechten Flügel mit ihnen.«

schen Gesandten stilisiert und zitieren aus einem Protestbrief des Senats an Demetrius I.

9^{1-22} Dieser Abschnitt über die letzte Schlacht des Judas und seinen Tod ist klar gegliedert. $^{1-6}$ schildert die Situation: In den Bergen nördlich von Jerusalem stehen sich der Syrer Bakchides mit 22000 und Judas mit 800 Mann gegenüber. Ein Gespräch des Judas mit seinen Kriegern $^{7-10}$ macht deutlich: Judas will nicht feige zurückweichen, sondern gegen alle Hoffnung mutig den Kampf beginnen, seine Getreuen aber denken menschlich klug, sie wollen lieber ausweichen und neue Truppen ausheben. Judas hingegen ist bereit, sich für seine Brüder zu opfern.

$^{11-18}$ ist Bericht über den letzten Freiheitskampf, der mit einer völligen Niederlage endet. Erreicht ist eigentlich nur die Wiederherstellung des Status quo ante. Judas hat freilich durch Mut, politische Umsicht und Gottvertrauen Unvorstellbares für sein Volk zur Wirklichkeit werden lassen. Doch es brauchte noch ein halbes Jahrhundert, bis das von ihm Gesäte reiche Frucht brachte. Der Abschnitt schließt mit der Totenehrung des Helden $^{19-21}$ und einer Notiz des Verfassers über »seine sonstigen großen Taten« ^{22}.

^{1} Zu Bakchides vgl. 7^{8}; aus 7^{25} ist zu entnehmen, daß Alkimus sich wieder nach Antiochia begeben hatte.

$^{2-5}$ Der Feldzug ist im Frühjahr 161, nur wenige Wochen nach dem des Nikanor anzusetzen. Das Scharmützel in Arbela, 4 km westlich des Sees Gennesaret, zeigt, daß den syrischen Truppen nicht immer Wohlwollen entgegengebracht wurde. Statt »Gilgal«, das bei Jericho liegt, liest man wohl besser mit Flavius Josephus (JA 12,11,1) »Galiläa«; vgl. Jos 12^{23} (M: Gilgal und G: Galiläa). Mesalot (»Terrassen«) meint eher eine Gegend bei Arbela, die terrassenförmig ansteigt und deren Kalkfelsen durch Höhlen durchbrochen waren; hier hatten sich nach Flav. Josephus (JA 12,11,1) »viele Juden verbarrikadiert«. Bakchides zieht zuerst nach Jerusalem, bricht von dort wieder auf, um sich bei Berea zu lagern, das mit Beerot (Jos 9^{17} u. ö.) identisch sein könnte, 16 km nördlich von Jerusalem. Judas sammelt seine Leute in »Elasa«, das wohl nicht weit davon entfernt liegt. Eine Verlesung

tausend Reitern nach Berea. 5 Judas aber hatte mit dreitausend ausge-
wählten Soldaten sein Lager bei Elasa.
6 Als die Juden die Übermacht der feindlichen Truppen sahen, beka-
men sie große Angst. Viele liefen aus dem Lager fort, so daß am
Ende nur noch achthundert Mann übrig waren. 7 Judas sah, daß sich
sein Heer auflöste, während der Kampf unmittelbar bevorstand. Er
wurde sehr bestürzt, denn er hatte keine Zeit mehr, seine Leute wie-
der zusammenzubringen. 8 Niedergeschlagen sagte er zu denen, die
noch da waren: Auf! Wir wollen gegen unsere Feinde hinaufziehen.
Vielleicht können wir doch gegen sie kämpfen. 9 Sie aber widerspra-
chen ihm und sagten: Es ist unmöglich. Wir wollen lieber jetzt unser
Leben retten und dann mit unseren Brüdern zurückkommen und ge-
gen sie kämpfen. Wir sind zu wenige. 10 Judas antwortete: Auf keinen
Fall werde ich vor ihnen fliehen. Wenn unsere Zeit gekommen ist,
dann wollen wir für unsere Brüder tapfer in den Tod gehen; auf un-
sere Ehre soll kein Schatten fallen.
11 Da rückte das feindliche Heer aus seinem Lager aus und bezog ih-
nen gegenüber Stellung; die Reiterei wurde in zwei Gruppen geteilt,
die Schleuderer und Bogenschützen gingen vor der Streitmacht her,
ebenso die Reihe der tapferen Vorkämpfer. 12 Bakchides war auf dem
rechten Flügel. Die beiden Flügel der Schlachtreihe näherten sich,
und man blies die Trompeten. Auch die Leute des Judas stießen in die
Trompeten. 13 Die Erde bebte vor dem Getöse, das die Heere mach-
ten, und vom Morgen bis zum Abend dauerte der Kampf Mann ge-
gen Mann. 14 Als Judas bemerkte, daß Bakchides mit dem Kern seiner
Truppe rechts stand, scharten sich alle tapferen Männer um ihn,
15 und der rechte Flügel der Feinde wurde von ihnen vernichtend ge-
schlagen; sie verfolgten sie bis zum Gebirge von Aschdod. 16 Als die

9^{15} Statt Ἀζώτου ὄρους wird von vielen Forschern Ἀζώρου ὄρους vorgeschlagen.

ΕΛΑΣΑ = ΑΔΑΣΑ ist nicht ausgeschlossen. Der Ort würde dann mit dem im Kampf mit Nikanor erwähnten Hadascha $7^{40.45}$ übereinstimmen. Manches jedoch spricht für den von Flav. Josephus berichteten Ablauf des Geschehens: Judas hatte sich etwas weiter nördlich in der Gofna bei Berzeto gelagert. Das Heer des Bakchides stellte sich – von Galiläa kommend und ohne zuerst Jerusalem zu berühren – in dem Gelände südöstlich von Berzeto auf. Im übrigen war eine volle Entfaltung des großen syrischen Heeres gegenüber der kleinen Kampftruppe des Judas gar nicht so notwendig.

11–13 Mit der detaillierten Beschreibung der in klassischer Weise aufgestellten Schlachtordnung, der Hyperbel vom Beben der Erde und dem Kampf vom Morgen bis zum Abend schafft der Verfasser ein dem Tod des Helden würdiges Szenarium, vgl. auch 6^{33-41}.

15 Ein Gebirge von Aschdod ist nicht bekannt. Es empfiehlt sich, die o. a. Konjektur anzunehmen. Der vom

Truppen auf dem linken Flügel sahen, daß der rechte geschlagen war,
schwenkten sie um und folgten den Spuren des Judas und seiner
Leute. 17 Es entwickelte sich ein erbitterter Kampf, in dem beide Sei-
ten schwere Verluste erlitten. 18 Auch Judas fiel; die übrigen flohen.
19 Jonatan und Simeon holten ihren Bruder und bestatteten ihn im
Grab seiner Väter in Modeïn. 20 Ganz Israel beweinte ihn und hielt
um ihn eine große Totenklage ab. Sie trauerten viele Tage lang und
2 Sam 1^{27} sagten: 21 Ach, der Held ist gefallen, Israels Retter.
22 Die übrige Geschichte des Judas, seine anderen Feldzüge und küh-
nen Unternehmungen, die er durchführte, und seine sonstigen großen
Taten – all das ist hier nicht erwähnt worden; es wäre zu viel gewor-
den.

DIE TATEN JONATANS: 9^{23}–12^{52}

Die Wahl Jonatans zum Anführer Israels: 9^{23-31}

23 Nach dem Tod des Judas erhoben die Abtrünnigen in allen Teilen
Israels wiederum ihr Haupt, und alle Übeltäter wagten sich wieder
ans Licht. 24 In jenen Tagen gab es eine furchtbare Hungersnot; wie
die Verräter, so wurde auch das Land untreu. 25 Bakchides wählte die
abtrünnigen Männer aus und machte sie zu Herren des Landes.
26 Diese spürten die Anhänger des Judas auf, verhörten sie und brach-
ten sie zu Bakchides. Er nahm Rache an ihnen und ließ sie mißhan-
deln. 27 Große Bedrängnis herrschte in Israel, wie seit den Tagen der
Propheten nicht mehr.
28 Da kamen alle Anhänger des Judas zusammen und sagten zu Jona-

9^{19} EÜ hat die bessere Lesart ἦραν »sie holten« übernommen.

Berzeto-Schlachtfeld etwa 6 km entfernte »Berg Hazor« gäbe dann die Richtung an, in die Judas den Flügel abdrängte.

19 Die Brüder des Judas haben den Kampf überlebt. Sie erhalten den Leichnam – wie auch JA 12,11,2 erkennen läßt – wohl nur aufgrund eines Vertrages, der sie für die nächste Zukunft bindet. Das mochte Bakchides im Augenblick wichtiger sein als die Schändung des gefallenen Gegners. Zu Modeïn vgl. 2^{1}.

9^{23-31} Die Verse $^{23-27}$ schildern die Krisen, in die das jüdische Land und Volk geraten sind: Hungersnot und Verfolgung der Makkabäeranhänger durch die Hellenisten. Rettung erwartet man von einer tatkräftigen Führung. In direkter Rede $^{29-30}$ wird diese Jonatan, dem jüngsten Sohn des Mattatias, übertragen.

23 Die hellenistisch gesinnten Juden sind diesmal die Hauptgegner. Der Verfasser beschreibt sie hier und 25 mit ähnlichen Ausdrücken, wie in Ps 92^{8} die Feinde geschildert werden.

27 Die Formulierung »seit den Tagen der Propheten« gehört zur apokalyptisch gefärbten Notschilderung und ist gleichbedeutend mit »seit langer Zeit«, vgl. Dan 12^{1} Mt 24^{21}.

tan: [29] Seit dein Bruder Judas tot ist, gibt es keinen mehr, der gegen
die Feinde, gegen Bakchides und gegen die Gegner unseres Volkes in
den Krieg zieht, wie er es getan hat. [30] Darum haben wir dich heute
gewählt. So wie er sollst du uns anführen und leiten in unserem
Kampf. [31] Jonatan übernahm also die Führung und trat die Nachfolge
seines Bruders Judas an.

Kleinkrieg an den Grenzen Judäas: 9^{32-49}

[32] Bakchides erfuhr davon und trachtete ihm nach dem Leben. [33] Als
Jonatan und sein Bruder Simeon mit ihrer ganzen Gefolgschaft das
hörten, flohen sie in die Wüste von Tekoa und hielten sich bei der mit
Wasser gefüllten Zisterne von Asfar auf. [[34] Aber Bakchides erfuhr
davon, und zwar am Sabbat; er ging mit all seinen Leuten auf die an-
dere Seite des Jordan.] [35] Er schickte seinen Bruder Johanan an der
Spitze seiner Truppe zu den mit ihm befreundeten Nabatäern und 5^{25}
ließ sie bitten, ihr zahlreiches Gepäck bei ihnen aufbewahren zu dür-
fen. [36] Doch die Söhne Jambris aus Medeba zogen aus, ergriffen Jo-
hanan mit allem, was er bei sich hatte, und nahmen ihn mit.
[37] Darauf meldete man Jonatan und seinem Bruder Simeon: Die
Söhne Jambris wollen eine große Hochzeit veranstalten und die

[29] nennt als Gegner zunächst die Hellenisten, dann den syrischen Feldherrn Bakchides und das ihm unterstellte Heer.

9^{32-49} Jonatan und seine Gefolgschaft entziehen sich dem Zugriff des Bakchides, in den wilden Schluchten der südlichen Wüste Juda sind sie kaum zu fassen. Der Überfall des Jambristammes auf ihren Troß und die Tötung des Mattatiassohnes Johanan lassen aus dem ehedem so leidenschaftlich geführten Glaubenskampf einen Bandenkrieg werden $^{32-36}$. Das alte Gesetz der Blutrache ist noch voll in Geltung: Eine durch Boten gemeldete Hochzeitsgesellschaft desselben Stammes wird getötet und ausgeplündert $^{37-42}$. In die Schilderung des Kleinkrieges $^{43-49}$ zwischen Bakchides und Jonatan hat der Autor zwei theologische Momente eingeblendet: Auch am Sabbat darf man kämpfen, wenn es ums Überleben geht. Das Gebet um Errettung aus Feindeshand darf nicht fehlen. Bakchides muß erkennen, daß der Kleinkrieg im ungünstigen Gelände nicht seine Stärke ist und daß der Mut der Anhänger des Jonatan nicht leicht zu brechen ist.

[33] Der Ort Tekoa liegt 8 km südlich von Betlehem, die Zisterne Asfar etwa 5 km davon entfernt. Auch David war in diese unwegsame Gegend vor Saul geflohen 1 Sam 24^{14f} u. ö.

[34] Der Vers ist vermutlich eine versehentliche Doppelschreibung von ^{43}.

[35–37] »Er« schickte, gemeint ist Jonatan. Johanan war der erstgeborene Sohn des Mattatias 2^{2}. Er führt die »Truppe«, den Troß, zu dem möglicherweise auch Frauen, Kinder und Herden gehören. Zu den Nabatäern vgl. 5^{25}. Medeba ist ein Ort auf der Hochfläche östlich des Toten Meeres, 35 km südlich von Amman. Kanaan ist hier archaisierend gebraucht. Für Nadabat liest man besser mit JA 13,1,4 und anderen Hss

Braut, die Tochter eines der vornehmen Herren Kanaans, in einem
großen Festzug aus Nadabat heimführen. [38] Da dachten sie daran,
daß die Söhne Jambris das Blut ihres Bruders Johanan vergossen hat-
ten; sie zogen hinauf und versteckten sich im Gebirge. [39] Plötzlich sa-
hen sie einen lärmenden Zug mit viel Gepäck daherziehen. Der Bräu-
tigam, seine Freunde und seine Brüder kamen ihnen mit Pauken,
Liedern und in starker Bewaffnung entgegen. [40] Sie fielen aus dem
Hinterhalt über sie her und richteten unter ihnen ein Blutbad an; viele
wurden erschlagen, die übrigen flohen ins Gebirge. Ihre ganze Habe
nahmen sie als Beute mit.
[41] Da wurde die Hochzeit zur Trauerfeier und der Klang ihrer Lieder
zur Totenklage.
[42] Auf diese Weise rächten sie das Blut ihres Bruders; dann kehrten sie
in das Dickicht am Jordan zurück.
[43] Als Bakchides davon erfuhr, kam er am Sabbat mit einem großen
Heer an das Ufer des Jordan. [44] Jonatan sagte zu seinen Leuten:
Kommt, wir müssen um unser Leben kämpfen. Noch nie waren wir in
einer solchen Lage. [45] Die Feinde haben uns eingeschlossen; auf bei-
den Seiten ist das Wasser des Jordan mit seinen Sümpfen und seinem
Dickicht. Wir können nicht ausweichen. [46] Darum schreit laut zum
Himmel, damit ihr aus der Hand eurer Feinde gerettet werdet.
[47] Darauf begann der Kampf Mann gegen Mann. Jonatan holte aus,
um Bakchides zu erschlagen, der aber konnte ihm ausweichen.
[48] Dann sprangen Jonatan und seine Leute in den Jordan und
schwammen ans andere Ufer. Die Feinde aber setzten ihnen nicht
über den Jordan nach. [49] Vom Heer des Bakchides fielen an jenem
Tag ungefähr tausend Mann.

Nabata, was an einen Zusammenhang mit dem Berg Nebo (Dtn 32^{49} 34^{1}) und an die heutige Gegend En-Neba nordwestlich von Medeba denken läßt.

[41] ist ein poetisches Stück, das Am 8^{10} entlehnt ist.

[42–43] Jonatan kehrt zunächst nicht in die Wüste Juda zurück, sondern verbirgt sich in der Gegend östlich der Jordanmündung. Bakchides überschreitet mit seinen Leuten den Jordan [34] und blockiert vor allem die durchwatbaren Stellen. Zum Sabbatmotiv vgl. 2^{32-41}.

[48–49] Offenbar ist die Truppe des Bakchides so dezimiert, daß sie die Verfolgung aufgibt. Jonatan aber zieht sich wieder in die Wüste Juda zurück vgl. [62], sein Sieg war mehr ein moralischer: Das Vertrauen in seine Führung wächst bei seinen Anhängern.

9^{50-57} In der nächsten Zeit beschränkt sich Bakchides darauf, das Land durch Festungsstädte gegen die Rebellen zu sichern. Dann kehrt er nach Antiochia zurück. Der Verfasser schiebt einen kurzen Bericht über den Tod des Hohenpriesters Alkimus ein [54–56]. Dieser hat durch Veränderungsarbeiten am Tempel nicht nur gegen ein bestehendes Gesetz verstoßen, er hat auch vergessen, daß es vor allem Propheten wie Haggai und Sacharja waren, die Anordnungen für die Ausgestaltung dieses zweiten Tempels getroffen hatten.

Die Festigung der königlichen Herrschaft in Judäa: 9^{50-57}

50 Bakchides kehrte nach Jerusalem zurück. Er legte in Judäa befestigte Städte an: die Festungen bei Jericho, Emmaus, Bet-Horon, Bet-El, Timna, Faraton und Tefon. Er versah sie mit hohen Mauern und Toren; an den Toren brachte er Querbalken zum Verriegeln an.
51 Dann legte er Besatzungen hinein, die das Volk Israel im Zaum halten sollten. 52 Auch in den Städten Bet-Zur und Geser und an der Burg von Jerusalem ließ er Befestigungsarbeiten ausführen und Truppen und Proviant hineinbringen. 53 Von den Männern, die eine führende Stellung im Land innehatten, nahm er die Söhne als Geiseln und hielt sie in der Burg von Jerusalem gefangen.
54 Im zweiten Monat des Jahres 153 befahl Alkimus, die Mauer des inneren Tempelvorhofs einzureißen. Er ließ mit den Abbrucharbeiten beginnen, um zu zerstören, was die Propheten erbaut hatten. 55 Doch dann wurde Alkimus vom Schlag getroffen, und sein Plan wurde nicht ausgeführt. Er konnte den Mund nicht mehr öffnen; er war gelähmt und konnte kein Wort mehr sagen, nicht einmal mehr sein Testament machen. 56 Wenig später starb Alkimus unter großen Qualen.
57 Als Bakchides sah, daß Alkimus tot war, kehrte er zum König zurück, und Judäa hatte zwei Jahre lang Ruhe.

Neuer Kleinkrieg und Erfolge Jonatans: 9^{58-73}

58 Danach kamen alle Verräter zu einer Beratung zusammen. Sie sagten: Jonatan und seine Anhänger leben sorglos in ihren Häusern und

Der plötzliche Tod des Alkimus ist in den Augen des Autors ein göttliches Strafgericht, auch wenn »Gott« hier nicht ausdrücklich genannt wird.

50–52 Der Festungsgürtel soll die Ost-West- und die Süd-Nord-Verbindung sichern: Jericho, Bet-Horon, Emmaus, Geser und Bet-Zur, Jerusalem, Bet-El, Timna, Tefon, Faraton. Die Festung Jericho dürfte mit dem südlich des Wadi Qelt freigelegten Fort identisch sein. Zu Bet-Horon vgl. 3^{16}, zu Emmaus 3^{40}, zu Geser 4^{15} und zu Bet-Zur 4^{29}. Timna, Tefon und Faraton sind nordwestlich und nördlich von Bet-El zu suchen, das selbst 17 km von Jerusalem entfernt an der Straße nach Sichem liegt.

53 Bakchides nimmt die Söhne der von ihm eingesetzten jüdischen Führer in Gewahrsam. Er kann mit diesen Geiseln die Väter bedrohen, falls sie ihm untreu werden oder sich eventuell an Jonatan anschließen.

54 Es ist der Monat Mai des Jahres 159 v. Chr. Die Mauer des inneren Vorhofs trennt den Vorhof der Priester von dem der Gläubigen.

9^{58-73} Die Hauptlinien dieses Berichtes über das Emporkommen des Jonatan sind folgende: Die hellenistischen Juden handeln unklug, ihre Überraschungstaktik gegenüber Jonatan und seinen Anhängern schlägt fehl, und ihr gutes Verhältnis zu Bakchides kühlt sich merklich ab. Jonatan aber hat Kriegsglück im

fühlen sich sicher. Wenn wir jetzt Bakchides kommen lassen, kann er
alle in einer einzigen Nacht festnehmen. [59] Sie gingen also zu ihm und
besprachen sich mit ihm. [60] Bakchides machte sich mit einem großen
Heer auf den Weg. Er schickte heimlich Briefe an alle seine Verbün-
deten in Judäa mit der Aufforderung, Jonatan und seine Anhänger
gefangenzunehmen. Aber es gelang ihnen nicht; denn ihr Vorhaben
war bekannt geworden. [61] Statt dessen ließ Jonatan von den im Land
wohnenden Männern, die für den verbrecherischen Anschlag verant-
wortlich waren, fünfzig ergreifen und töten.
[62] Dann setzten sich Jonatan und Simeon mit ihren Anhängern in die
Wüste nach Bet-Basi ab. Jonatan ließ dort alles wieder aufbauen, was
in Trümmern lag, und befestigte den Ort. [63] Als Bakchides davon er-
fuhr, zog er alle seine Truppen zusammen und erteilte den Leuten
von Judäa entsprechende Anweisungen. [64] Er rückte gegen Bet-Basi
vor und schlug dort sein Lager auf. Er ließ Belagerungsmaschinen
aufstellen und berannte den Ort viele Tage lang. [65] Da ließ Jonatan
seinen Bruder Simeon in der Stadt zurück; er selbst ging mit einer
Handvoll Leute in die Dörfer der Umgebung. [66] Dabei schlug er den
Odomera und seine Sippe; auch überfiel er ein Zeltlager des Stammes
Fasiron. Sie begannen zu siegen und rückten verstärkt wieder hinauf.
[67] Simeon aber machte mit seinen Leuten einen Ausfall aus der Stadt
und steckte die Belagerungsmaschinen in Brand. [68] Bakchides wurde
von ihnen angegriffen und vernichtend geschlagen. Sie bereiteten ihm
großen Verdruß, weil das von ihm geplante Unternehmen zu einem
völligen Fehlschlag wurde.
[69] Da wurde Bakchides sehr wütend über die Verräter, die ihm den

9[61] Die Singulare συνέλαβεν und ἀπέκτεινεν sind als Lesarten bezeugt und auch von der EÜ angenommen.

9[69] Die Ortsbestimmung εἰς τὴν γῆν αὐτοῦ verlangt sinngemäß die Singulare ἀπέκτεινεν und ἐβουλεύσατο.

Kampf mit den syrischen Einheiten, er nutzt mit diplomatischem Geschick den Unmut des Bakchides gegenüber seinen jüdischen Verbündeten und die Ermüdung des syrischen Militärs aus. Es kommt zwischen ihm und Bakchides zu einem Friedensschluß. Bakchides zieht ab, und Jonatan kann eine Nebenregierung errichten, die – außer den Städten, in denen königliche Besatzungen liegen – ganz Judäa kontrolliert und das Land 5 Jahre lang vor kriegerischen Verwicklungen bewahrt.

[61] Im griechischen Text fehlt das Subjekt »Jonatan«; aber aus dem Kontext dürfte deutlich werden, daß es Jonatan ist, der hier schnell zugreift, um die Gegenpartei zu schwächen.

[62] Bet-Basi liegt strategisch günstig auf einem Hügel, 3 km südöstlich von Betlehem.

[64] Die Belagerungsmaschinen bestanden zum größten Teil aus hölzernen Wurfmaschinen und Belagerungstürmen, vgl. 6[51].

[66] Jonatan hat nicht nur die Be-

Rat gegeben hatten, in das Land zu kommen. Er brachte viele von ih-
nen um und beschloß, in sein Land zurückzukehren. 70 Sobald Jona-
tan davon hörte, schickte er Gesandte zu ihm, um einen Friedensver-
trag mit ihm abzuschließen und die Gefangenen freizubekommen.
71 Bakchides nahm die Vorschläge Jonatans an und schwor ihm, nie
wieder in seinem Leben etwas gegen ihn zu unternehmen. 72 Auch
ließ er die Gefangenen frei, die er vorher in Judäa gemacht hatte.
Dann zog er ab und kehrte nach Hause zurück. Judäa betrat er nie
wieder.
73 Darauf ruhten in Israel die Waffen. Jonatan ließ sich in Michmas
nieder und begann, als Richter über das Volk zu herrschen. Die Frev- Ri 2^{16}
ler in Israel aber rottete er aus.

Das Bündnisangebot des Demetrius I.: 10^{1-14}

10 1 Im Jahr 160 zog Alexander Epiphanes, der Sohn des Antiochus,
gegen Ptolemaïs und besetzte es. Die Einwohner nahmen ihn auf,
und er trat dort die Herrschaft an. 2 Als König Demetrius das hörte,
sammelte er viele Truppen und zog gegen ihn in den Kampf.
3 An Jonatan schickte Demetrius einen Brief mit Friedensbeteuerun-
gen und versprach ihm hohe Würden. 4 Denn er dachte: Wir wollen
schnell mit ihm Frieden schließen, bevor er sich mit Alexander gegen
uns verbündet. 5 Sonst erinnert er sich nämlich an all das Unheil, das
wir ihm, seinen Brüdern und seinem Volk angetan haben. 6 Er gab Jo-

10^{3} Der Plural ἐπιστολάς ist Nachbildung der hebr. Vorlage *s*^{e}*fārīm* und meint sinngemäß den Singular, vgl. $^{7.17}$.

duinenstämme besiegt, die den Syrern Hilfe leisteten, er hat auch »aus seinen Anhängern eine zahlreiche Schar zusammengebracht« (JA 13,1,5).

^{73} Von Michmas, 15 km nördlich von Jerusalem, war in alter Zeit ein anderer Jonatan (der Sohn Sauls) ausgezogen, um Israel von den Philistern zu befreien 1 Sam 13^{23}–14^{14}. Die Tätigkeit des Makkabäers Jonatan sieht der Verfasser vorgebildet in der Tätigkeit der Richter, vgl. 3^{10} 4^{4} 12^{7} u.ö.

10^{1-14} Der Seleuzide Demetrius I. hat mit einem Usurpator zu kämpfen. Er sucht Bundesgenossen, die ihn in diesem Kampf unterstützen. Er gestattet daher Jonatan, Truppen auszuheben und Waffen herzustellen; dieser verlegt daraufhin seinen Wohnsitz nach Jerusalem und beginnt dort Aufbauarbeiten in die Wege zu leiten.

^{1} Ein gewisser Alexander Balas aus Smyrna gab sich als Sohn Antiochus IV. Epiphanes aus und erhob Anspruch auf den syrischen Königsthron. Er fand Unterstützung bei den Königen von Pergamon, Kappadozien und Ägypten und sogar die Anerkennung durch den römischen Senat. Viele, die mit der Regierung des Demetrius I. unzufrieden waren, schlossen sich ihm an, so daß er mit deren Hilfe im Frühjahr 152 v. Chr.

natan die Vollmacht, Truppen auszuheben und als seine Verbündeten
auszurüsten. Auch versprach er, die in der Burg von Jerusalem festge-
haltenen Geiseln freizulassen.
7 Jonatan kam nach Jerusalem und las den Brief der ganzen Bevölke-
rung und der Besatzung der Burg laut vor. 8 Als sie hörten, daß er
vom König die Vollmacht erhalten hatte, Truppen auszuheben, beka-
men sie große Angst. 9 Die Besatzung der Burg lieferte dem Jonatan
die Geiseln aus, und er gab sie ihren Eltern zurück. 10 Jonatan ließ
sich in Jerusalem nieder und begann in der Stadt mit Bauarbeiten und
Ausbesserungen. 11 Er gab den Handwerkern den Auftrag, den Berg
2 Sam 5^{9} Zion und die Stadtmauern mit Quadersteinen zu befestigen. Das
führten sie auch aus.
12 Darauf flohen die Fremden aus den Festungen, die Bakchides er-
baut hatte. 13 Sie machten sich alle davon und kehrten nach Hause
zurück. 14 Nur in Bet-Zur blieben von denen, die vom Gesetz und
von den Geboten abgefallen waren, einige zurück; dort fanden sie
nämlich Zuflucht.

Die Einsetzung Jonatans zum Hohenpriester durch Alexander: 10^{15-21}

15 König Alexander erfuhr, was Demetrius Jonatan alles zugesichert
hatte. Man berichtete ihm auch von den Kriegen und den Helden-
taten Jonatans und seiner Brüder und von den zahlreichen Mühen,
die sie auf sich genommen hatten. 16 Da sagte er: Können wir noch
einmal solch einen Mann finden wie ihn? Wir wollen ihn zu unserem
Freund und Verbündeten machen. 17 Er schrieb also einen Brief und
schickte ihn an Jonatan. Der Brief hatte folgenden Inhalt: 18 König
Alexander grüßt seinen Bruder Jonatan. 19 Wir haben gehört, daß du
ein tapferer Mann bist; du bist es wert, unser Freund zu sein.

die wichtige Hafenstadt Ptolemaïs (vgl. 5^{15}) einnehmen konnte.

6 Die hier genannten militärischen Vollmachten sind die in 3 versprochenen »hohen Würden«. Durch die Freigabe der Geiseln (vgl. 9^{53}) bringt Jonatan deren Väter, meist wichtige Verwaltungsbeamte, auf seine Seite.

8 Bei den hellenistischen Juden und den Syrern erregt die neue Militärgewalt Jonatans große Furcht.

10–11 Diese Verse fassen die Bautätigkeit Jonatans zusammen. Sie muß – auch nach Aussage der Archäologie – umfangreich gewesen sein und sich auf längere Zeit erstreckt haben.

12 Vgl. 9^{50-51}.

10^{15-21} Alexander hat von dem Bündnisangebot des Demetrius an Jonatan erfahren. Er versucht, es zu überbieten. Der Verfasser teilt in direkter Rede und in Briefform mit, daß »König« Alexander den »tapferen« Jonatan zum Hohenpriester und Freund des Königs ernennt und daß Jonatan diese Einsetzung annimmt.

16 Zum Ehrentitel »Freund des Königs« vgl. 2^{18}.

18 Fürsten und Adlige werden gemäß hellenistischem Protokoll vom König mit »Bruder« angesprochen.

20 Das Amt des Hohenpriesters war

20 Darum ernennen wir dich heute zum Hohenpriester über dein
Volk; du darfst den Titel Freund des Königs führen. Halte zu uns,
und bewahre uns die Freundschaft! Zugleich übersandte er ihm den
Purpurmantel und einen goldenen Kranz.
21 Im siebten Monat des Jahres 160 legte Jonatan am Laubhüttenfest
das heilige Gewand an. Er hob Truppen aus und verschaffte sich eine
Menge Waffen.

Die Zugeständnisse des Demetrius I. an Jonatan: 10^{22-45}

22 Als Demetrius davon hörte, war er bestürzt. Er sagte: Was haben
wir da gemacht! 23 Alexander ist uns zuvorgekommen. Er hat die
Freundschaft der Juden gewonnen, so daß sie ihn unterstützen.
24 Doch ich will ihnen auch schreiben. Ich will ihnen gut zureden und
versprechen, sie auszuzeichnen und zu beschenken. Vielleicht werden
sie mich dann unterstützen.
25 Er schrieb ihnen also folgenden Brief: König Demetrius grüßt das
jüdische Volk. 26 Ihr habt die Verträge, die ihr mit uns geschlossen
habt, gehalten, habt uns die Freundschaft bewahrt und euch nicht un-
seren Feinden angeschlossen. Wir haben es vernommen und uns dar-

seit dem Tod des Alkimus (159 v. Chr.) verwaist, vgl. 9^{56}. Das Recht, den Hohenpriester zu ernennen, hatten sich die Seleuziden seit Antiochus IV. Epiphanes angemaßt. Vorher war das hohepriesterliche Amt erblich, und zwar in der Familie der Zadokiden. Der letzte Hohepriester aus diesem Geschlecht war Onias III., der 170 v. Chr. ermordet worden war; sein Sohn Onias aber begab sich nach Ägypten, um am ungesetzlichen Tempel von Leontopolis als Hoherpriester zu amtieren. Jonatan gehörte einer vornehmen Priesterklasse an, und seine Ernennung zum Hohenpriester konnte – unter Berücksichtigung der soeben geschilderten Verhältnisse – als rechtmäßig gelten. – Der Purpurmantel gebührt dem »Freund des Königs«; das goldene Kranzdiadem stellt dabei noch eine besondere Ehrung dar, vgl. Est 8^{15}.

21 Im Oktober 152 v. Chr. legt Jonatan zum ersten Mal den hohepriesterlichen Ornat an, der in Ex 28 39 Sir 45 beschrieben wird. Durch die unmittelbar anschließend erwähnte Aufstellung eines Heeres wird das Wunschbild des Verfassers deutlich: Hoherpriester und Fürst.

10^{22-45} Demetrius I. hat davon erfahren, daß Jonatan sich mit Alexander Balas verbunden und an Macht gewonnen hat. Er wendet sich deshalb an die Juden in Form eines Briefes, in dem er ihnen märchenhafte Versprechungen macht: Steuernachlaß, Geschenke, Beamtenstellen, Bauten am Heiligtum und in der Stadt Jerusalem. Sehr wahrscheinlich hat der Verfasser hier z. T. Archivstücke übernommen und sie in den entsprechenden Rahmen hineingesetzt, z. T. hat er seinen eigenen jüdischen Wünschen und Vorstellungen Ausdruck gegeben. Als tatsächliche Angebote des Königs sind diese Zusagen kaum glaubwürdig.

26 Demetrius wendet sich mit einer Captatio benevolentiae an das jüdi-

über gefreut. 27 Bleibt uns auch weiterhin treu! Wir werden euch das Gute vergelten, das ihr uns erweist. 28 Wir werden euch viele Verpflichtungen erlassen und euch Geschenke machen. 29 Von heute an erkläre ich euch für frei und erlasse allen Juden die Kopfsteuer, die Salzsteuer und die Lieferung der Kränze. 30 Von heute an verzichte ich für immer auf den dritten Teil der Erträge der Felder und auf die Hälfte der Erträge der Bäume, die mir aus Judäa zustehen sowie aus den drei Bezirken Samariens und Galiläas, die an Judäa angeschlossen worden sind. 31 Jerusalem sei heilig und unantastbar und soll mit seiner Umgebung vom Zehnten und von der Steuer befreit sein. 32 Ich verzichte auch auf die Befehlsgewalt über die Burg von Jerusalem. Ich gestatte dem Hohenpriester, selbst die Männer auszuwählen, die er als Wache in die Burg legen will. 33 In meinem ganzen Reich lasse ich alle Juden, die als Gefangene aus Judäa verschleppt worden sind, ohne Lösegeld frei. Auch ihre Tiere darf niemand zum Frondienst heranziehen. 34 An allen Festen, Sabbaten, Neumonden und Feiertagen sowie drei Tage vor und nach einem Fest braucht kein Jude in

10^{31-32} Zahlreiche Hss lesen τὰς δεκάτας καὶ τὰ τέλη ἀφίημι und lassen das καί vor δίδωμι aus, so daß der Satz lautet: »Ich erlasse den Zehnten und die Steuer und übergebe die Gewalt über die Burg in Jerusalem dem Hohenpriester, damit er ...«

10^{33} Der Schluß des Verses lautet wörtlich: »und alle sollen (ihnen) die Abgaben erlassen, auch für ihre Tiere.«

sche Volk. Er übergeht bewußt Jonatan und dessen Erfolge aufgrund seiner Verbindung mit Alexander.

29 Jedes Land mußte jährlich an den König einen Betrag entrichten, dessen Höhe aufgrund seiner Bevölkerungszahl (Kopfsteuer) und seiner Einnahmequellen festgesetzt war. Ob die Salzsteuer eine allgemeine Verbrauchssteuer war oder ob sie nur von den Salinenbesitzern längs des Toten Meeres zu entrichten war, vgl. 11^{35}, läßt sich nicht entscheiden. Mit goldenen Kränzen ehrte man ursprünglich bei gewissen Gelegenheiten den König, vgl. 13^{37}, später hat sich daraus eine obligatorische Geldgabe entwickelt.

30 Die enorme Höhe der Abgaben könnte noch aus der Zeit der Ptolemäer stammen, die von ihren Untertanen von 2/5 bis mehr als die Hälfte verlangten. Die drei angegliederten Bezirke werden 11^{34} namentlich angeführt: Efraim, Lod und Ramatajim; sie liegen südlich von Samaria. Da sowohl in 38 als auch 11^{34} Galiläa nicht genannt wird, ist es hier wohl Zusatz.

31 Heilig = gottgehörig war der Titel für Städte mit berühmten Tempeln; die Einkünfte dieser Städte, insbesondere die Tempeleinnahmen, sollten unversteuert bleiben.

33 Flavius Josephus hat den Sinn dieses Verses richtig wiedergegeben: »Alle Juden, die als Kriegsgefangene unter uns leben, lasse ich frei. Ferner verordne ich, daß die Zugtiere der Juden nicht mehr zu Frondiensten herangezogen werden dürfen« (JA 13,2,3).

34 Die Zollfreiheit und Immunität vor und nach den Festen soll die

meinem Reich Steuern oder Schulden zu bezahlen. 35 Niemand soll
einen von ihnen in irgendeiner Sache belangen oder belästigen dür-
fen. 36 Bis zu dreißigtausend Juden sollen in das königliche Heer auf-
genommen werden und den gleichen Sold erhalten wie alle anderen
Soldaten des Königs. 37 Sie sollen auch in den großen Festungen des
Königs Dienst tun und Vertrauensstellungen im Reich einnehmen.
Ihre Offiziere und Befehlshaber sind aus ihren eigenen Reihen zu
wählen. Sie dürfen nach ihren eigenen Gesetzen leben, ganz so, wie
es der König für Judäa angeordnet hat. 38 Die drei Bezirke, die von 10 31 11 28–34
der Provinz Samarien abgetrennt und Judäa angeschlossen worden
sind, sollen unter gemeinsamer Verwaltung zu Judäa gehören und
nur dem Hohenpriester unterstellt sein. 39 Ptolemaïs und das angren-
zende Gebiet vermache ich als Geschenk dem Tempel von Jerusalem;
daraus soll der nötige Aufwand für den Tempeldienst bestritten wer-
den.
40 Auf eigene Rechnung will ich aus geeigneten Orten jährlich fünf-
zehntausend Silberschekel aufbringen. 41 Alles, was die Behörden von
den in den früheren Jahren üblichen Zuwendungen noch nicht be-
zahlt haben, sollen sie von nun an für die Arbeiten am Tempel zur
Verfügung stellen. 42 Auch die fünftausend Silberschekel, die bisher
vom Jahresaufkommen des Tempels als Steuer erhoben wurden, wer-
den erlassen und sollen den diensttuenden Priestern zukommen. 43 Je-
der, der sich in das Heiligtum von Jerusalem flüchtet oder in das zum
Tempel gehörende Gebiet, wird mit seinem ganzen Besitz, den er in
meinem Reich hat, von jeder Schuld dem König gegenüber und von
jeder anderen geschäftlichen Verpflichtung frei sein. 44 Die Kosten
für die Arbeiten am Heiligtum, sowohl für Neubauten wie für Aus-
besserungen, gehen zu Lasten des Königs, 45 ebenso gehen die Kosten
für den Bau der Mauern in Jerusalem und für die Stadtmauern, die es
umgeben, auf die Rechnung des Königs, schließlich auch die Mauer-
bauten in Judäa.

Wallfahrt nach Jerusalem erleichtern.

36 In den persischen und hellenistischen Heeren gab es schon immer Juden als Söldner; das unwahrscheinlich hohe Kontingent soll als weiterer Gunsterweis des Königs aufgefaßt werden.

38 Vgl. 30.

39 Daß ausgerechnet die Residenz des Usurpators Alexander Balas an den Tempel fallen sollte, ist wohl ein Stück Ironie des jüdischen Verfassers.

40–42 Der König will den Tempel beschenken mit Zuwendungen aus seinen ganz persönlichen Einkünften, durch eine Nachzahlung der staatlichen Zuschüsse, die seit Antiochus IV. Epiphanes unterblieben waren, und durch den Erlaß der Einkommensteuer.

43 Das Asylrecht ist stark ausgeweitet, es soll jedem flüchtigen Delinquenten Schutz vor dem Zugriff des Verfolgers verleihen. Der Verfasser denkt speziell an Steuerschuldner und Zahlungsunfähige, die sowohl

Das Bündnis zwischen Jonatan und Alexander: 10^{46-66}

46 Als Jonatan und das Volk diese Versprechungen hörten, glaubten
sie ihnen nicht und gingen nicht darauf ein; denn sie dachten an das
große Unheil, das er in Israel angerichtet, und in welche Not er sie
gebracht hatte.
47 Sie hielten zu Alexander, weil er ihnen zuerst Frie-
den angeboten hatte, und sie kämpften die ganze Zeit auf seiner
Seite.
48 König Alexander zog große Truppenmassen zusammen und schlug
Demetrius gegenüber sein Lager auf.
49 Die beiden Könige eröffneten
den Kampf gegeneinander. Das Heer des Demetrius floh; Alexander
setzte ihm nach und gewann die Oberhand.
50 Er kämpfte hartnäckig,
bis die Sonne unterging. An jenem Tag fiel Demetrius in der
Schlacht.

10^{49} Die Hss bezeugen zwei Lesarten: »Das Heer des Alexander floh, Demetrius verfolgte ihn« und »Das Heer des Demetrius floh, Alexander verfolgte ihn«. EÜ hat sich der zweiten Lesart angeschlossen, die das Ergebnis des Kampfes bringt, ohne auf das vorangehende Hin und Her Rücksicht zu nehmen.

für ihre Person als auch für ihr Eigentum, das außerhalb der Tempelstadt liegt, Immunität genießen.

10^{46-66} In einem kurzen Bericht $^{46-50}$ wird die negative Reaktion der Juden auf das Angebot des Demetrius begründet; anschließend wird der Tod des Königs im Kampf mit Alexander mitgeteilt. In einem Brief $^{52-54}$ wendet sich Alexander an den ägyptischen König Ptolemäus: Er möchte sich seiner Freundschaft versichern und diese durch seine Heirat mit der ägyptischen Prinzessin Kleopatra besiegeln. Im Bewußtsein seiner Würde als seleuzidischer König spricht Alexander in der Ich-Form und im Pluralis majestatis. In einem Antwortschreiben $^{55-56}$ wünscht Ptolemäus als Ort des Treffens und der Hochzeit die Stadt Ptolemaïs. Die Schilderung $^{57-66}$ stellt Jonatan in den Mittelpunkt. Dieser weiß, daß sein und Judäas Schicksal vom guten Willen der beiden Könige abhängt. Er folgt darum der Einladung zur Hochzeit nach Ptolemaïs und kommt mit reichen Geschenken. Alexander läßt Jonatan öffentlich ehren, schließt mit ihm ein Bündnis und bringt dadurch die letzten Gegner Jonatans zum Schweigen. In der Person Jonatans sind die religiöse, zivile und militärische Gewalt von Judäa vereinigt, freilich unter seleuzidischer Oberhoheit. Die Garnisonen in der Akra und in Bet-Zur bleiben.

^{46} Zum Unheil, das Demetrius über die Juden gebracht hat, vgl. $7^{8-9.26}$ 8^{31-32} 9^{1}.

$^{49-50}$ Jonatan hat an der Entscheidungsschlacht des Jahres 150 v. Chr., die hier nur kurz erwähnt wird, nicht teilgenommen. Die Lesarten der Kodizes (s. o.) spiegeln die Berichte des Flavius Josephus (JA 13,2,4) und des Justinus (Epitome 35,1) wider, die beide – wenn auch mit Divergenzen – erzählen, daß anfänglich der Kampf für Demetrius günstig stand und erst in der Folge Alexander die Oberhand gewann. Demetrius geriet – nach Fla-

51 Alexander schickte Gesandte zu Ptolemäus, dem König von Ägyp-
ten, und ließ ihm folgendes sagen: 52 Ich bin in mein Reich zurückge-
kehrt, habe mich auf den Thron meiner Väter gesetzt und die Herr-
schaft angetreten. Ich habe Demetrius besiegt und unser Land in
meine Gewalt gebracht. 53 Ich habe mit ihm gekämpft; er wurde mit
seinem Heer von uns vernichtend geschlagen. So haben wir uns auf
den Thron seines Reiches gesetzt. 54 Laßt uns nun miteinander
Freundschaft schließen. Gib mir deine Tochter zur Frau, damit wir
uns durch diese Heirat miteinander verschwägern. Ich werde dir und
ihr Geschenke machen, die deiner würdig sind.
55 König Ptolemäus antwortete: Welch glücklicher Tag, an dem du in
das Land deiner Väter zurückgekehrt bist und dich auf den Thron
ihres Reiches gesetzt hast. 56 Ich will auf deinen Vorschlag eingehen.
Doch komm mir bis Ptolemaïs entgegen, damit wir uns kennenler-
nen. Dann werde ich mich mit dir verschwägern, wie du geschrieben
hast.
57 Ptolemäus verließ Ägypten und nahm seine Tochter Kleopatra mit
sich. Im Jahr 162 kam er nach Ptolemaïs. 58 Als König Alexander mit
ihm zusammenkam, gab er ihm seine Tochter zur Frau. Er veranstal-
tete in Ptolemaïs eine glänzende Hochzeit für sie, wie es bei Königen
üblich ist.
59 König Alexander schrieb an Jonatan, er möge doch zu ihm kom-
men und sich mit ihm treffen. 60 Da begab sich Jonatan mit glänzen-
dem Gefolge nach Ptolemaïs und traf dort die beiden Könige. Er
brachte ihnen und ihren Freunden Silber, Gold und viele Geschenke
mit. So gewann er sie für sich. 61 Aber ehrlose Männer aus Israel,
Verräter, traten gemeinsam auf und klagten ihn an. Doch der König
schenkte ihnen keine Beachtung. 62 Vielmehr gab er die Anweisung,
Jonatan anstelle der Gewänder, die er trug, mit Purpur zu bekleiden.
Das geschah, 63 und der König ließ ihn neben sich Platz nehmen.
Dann sagte er zu seinen höchsten Beamten: Nehmt ihn mit in die
Stadt, und gebt bekannt, daß niemand ihn in irgendeiner Sache an-
klagen darf; keiner darf ihm aus irgendeinem Grund Ungelegenhei-

vius Josephus – mit seinem Pferd in einen Sumpf, aus dem er sich nicht mehr retten konnte.

51 Ptolemäus VI. Philometor (180 bis 145 v. Chr.), vgl. 1[18].

56 Wohl nicht ohne den Hintergedanken an eine spätere Eroberung, vgl. 11[1.8], wünscht Ptolemäus als Treffpunkt die Stadt Ptolemaïs, die im Süden des syrischen Reiches gelegene zweite Residenz.

57 Kleopatra Thea war damals (150 v. Chr.) sehr wahrscheinlich 15 Jahre alt.

61–63 Die Ankläger kamen wohl nicht nur aus den Reihen der hellenistischen Juden, die allmählich merkten, daß sie ihre Ziele nicht erreichten. Man könnte auch an Sympathisanten der Qumran-Leute denken, denen das herrschaftliche Auftreten Jonatans ein Dorn im Auge war. Die Szene 62–63 erinnert an andere biblische Ehrungen: Josef in Gen 41[41–43];

ten bereiten. [64] Als die Ankläger sahen, daß er öffentlich geehrt wurde
und mit Purpur bekleidet war, machten sie sich alle davon. [65] Der Kö-
nig ließ Jonatan noch weitere Ehrungen zukommen: Er ließ ihn in
das Verzeichnis seiner ersten Freunde aufnehmen und ernannte ihn
zum Befehlshaber und Statthalter. [66] Darauf kehrte Jonatan in Frie-
den und voll Freude nach Jerusalem zurück.

Sieg Jonatans über ein Heer des Demetrius II.: 10[67–89]

[67] Im Jahr 165 kam Demetrius, der Sohn des Demetrius, aus Kreta in
das Land seiner Väter. [68] Als König Alexander das hörte, war er sehr
bestürzt und kehrte nach Antiochia zurück. [69] Demetrius ernannte
Apollonius zum Statthalter von Zölesyrien. Dieser brachte ein großes
Heer zusammen und schlug sein Lager bei Jamnia auf. Von dort
schickte er dem Hohenpriester Jonatan diese Botschaft:

Mordechai in Est 6[8–11]. Zum Purpurmantel vgl. 2[18] 10[20].

[65] Zu den »Freunden des Königs« vgl. 2[18]. Der Titel στρατηγός kommt dem Jonatan als Befehlshaber der jüdischen Truppen zu, während μεριδάρχης (»Haupt eines Teiles«) das zivile Oberhaupt Judäas meint.

10[67–88] In einem Kurzbericht stellt der Verfasser den jungen Prinzen Demetrius II. vor, der gegen Alexander Balas auftritt, um das Reich seines Vaters zurückzugewinnen. Apollonius, der Feldherr des Demetrius II., wendet sich in einem Brief [70–73] an Jonatan. Er droht dem Hohenpriester, er sieht sich als »Philisterfürst« und erinnert an Niederlagen der Israeliten durch die Philister vor mehr als 800 Jahren. [74–88] schildern die siegreichen Kämpfe Jonatans, der es zugleich versteht, das Gebiet Judäas zum Meer hin zu erweitern. Als treuer Bundesgenosse wird er von Alexander belohnt.

[67–68] Demetrius I. hatte seine beiden Söhne Demetrius und Antiochus nach Knidos in Karien (Südwestkleinasien) in Sicherheit bringen lassen. Im Jahre 147 v. Chr. wagt der ältere, Demetrius mit dem Beinamen Nikator, gegen Alexander Balas aufzutreten. Ein gewisser Lasthenes hatte ihm in Kreta ein Söldnerheer ausgehoben, mit dem er nun in Zilizien an Land ging. Alexander residierte meist in Ptolemaïs.

[69] Zölesyrien umfaßte zu dieser Zeit neben Phönizien den ganzen syrischen Reichsteil mit Damaskus als Hauptstadt. Es läßt sich nicht entscheiden, ob der Statthalter Apollonius mit dem Jugendfreund des Demetrius I. von seiner Römerzeit her identisch ist oder ob er der Sohn des gleichnamigen Vaters ist, der schon unter Seleukus IV. und anfangs auch unter Antiochus IV. Befehlshaber von Zölesyrien war 2 Makk 3[5.7] 4[4.21]. τὸν ὄντα ἐπί = hebr. *'ᵃšær ʿal* könnte auch bedeuten, daß Apollonius schon unter Alexander Befehlshaber von Zölesyrien war und daß er in diesem Amt von Demetrius II. nur bestätigt wurde. Abzulehnen ist die Darstellung des Flavius Josephus. Nach ihr wäre der Daus Apollonius (Daus = Metathesis: ταος aus ὄντα?) der von Alexander in Zölesyrien zurückgelassene Statthalter, und »als Alexander von der Niederlage seines Heerführers Apollonius

70 Nur du allein stellst dich gegen uns. Deinetwegen verlacht und ver-
höhnt man mich. Was maßt du dir uns gegenüber an in deinen Ber-
gen? 71 Wenn du dich auf deine Truppen verlassen kannst, dann
komm doch herunter zu uns in die Ebene; dort wollen wir unsere
Kräfte messen. Denn bei mir befinden sich die Truppen aus den Städ-
ten. 72 Frag doch nach, und erkundige dich, wer ich bin und wer die
Leute sind, die auf meiner Seite stehen. Man wird dir sagen, daß ihr
uns nicht standhalten könnt. Schon zweimal wurden deine Vorfahren 1 Sam 4^{1-11}
in ihrem Land in die Flucht geschlagen. 73 In der Ebene wirst du dich
auch diesmal gegen die Reiterei und gegen eine solche Streitmacht
nicht halten können; da gibt es nämlich keinen Stein und keinen Kie-
sel und auch keinen Schlupfwinkel, in den man fliehen kann.
74 Als Jonatan die Worte des Apollonius vernahm, war er empört und
rückte mit zehntausend Mann aus Jerusalem aus. Sein Bruder Simeon
ging zu seiner Unterstützung mit. 75 Vor Jafo schlug er sein Lager
auf. Die Einwohner der Stadt verschlossen die Tore vor ihm; denn
Apollonius hatte eine Besatzung nach Jafo gelegt. Als die Juden aber
angriffen, 76 bekamen die Einwohner Angst und übergaben die Stadt,
und Jonatan nahm Jafo in Besitz. 77 Das erfuhr Apollonius, der mit
dreitausend Reitern und einem großen Heer ein Lager bezogen hatte.
Er zog auf Aschdod zu, als wolle er durch die Stadt ziehen. Zugleich
rückte er in die Ebene vor, weil er sich auf seine starke Reiterei ver-
ließ. 78 Jonatan aber setzte ihm nach bis vor Aschdod. Dort gerieten
die Heere aneinander. 79 Apollonius hatte tausend Reiter in einem
Hinterhalt zurückgelassen. 80 Jonatan bemerkte den Hinterhalt, aber
die Reiter umzingelten sein Heer und schossen vom frühen Morgen
bis zum Abend mit Pfeilen auf seine Leute. 81 Aber die Männer hielten
stand, wie Jonatan befohlen hatte, und die Pferde der Feinde wurden
müde. 82 Dann ließ Simeon seine Streitkräfte ausschwärmen und griff
die feindlichen Fußtruppen an. Da die Reiterei erschöpft war, wurde
das Heer von ihm in die Flucht geschlagen. 83 Die Reiterei wurde
über die ganze Ebene hin zersprengt und floh nach Aschdod; sie gin- 1 Sam 5^{1-5}
gen in den Tempel Dagons, ihres Götzenbildes, um sich zu retten.

Nachricht erhielt, zeigte er sich darüber erfreut, weil Apollonius gegen seinen Willen den Jonatan angegriffen habe« (JA 13,4,4). Zu Jamnia vgl. 4^{15}.

$^{70-73}$ »Du allein« ist hyperbolisch; denn Tyrus stand ebenfalls auf Alexanders Seite. Diese Herausforderung zum Kampf erinnert an 1 Sam 17^{8-10}. Zum zweimaligen Sieg der Philister über Israels Vorfahren vgl. 1 Sam 4^{1-11} 31^{1-7}. Kiesel aus Bachbetten waren beliebte Wurfgeschosse 1 Sam 17^{40}.

^{75} Jafo liegt 55 km nordwestlich von Jerusalem und 20 km nördlich von Jamnia. Durch die Einnahme dieser Hafenstadt war Apollonius vom Norden abgeschlossen.

^{77} Apollonius zieht nicht nach Norden, sondern nach dem 14 km südlich an der Küstenstraße gelegenen Aschdod 4^{15}.

$^{83-84}$ Dagon war ein vorderasiatischer

84 Jonatan steckte Aschdod und die Nachbarorte in Brand und plünderte sie; er brannte auch den Tempel des Dagon nieder mit allen, die sich dorthin geflüchtet hatten. 85 Es waren etwa achttausend Mann, die durch das Schwert oder im Feuer umkamen.
86 Von dort brach Jonatan auf und schlug sein Lager bei Aschkelon auf. Die Einwohner kamen ihm in einem festlichen Zug aus der Stadt entgegen. 87 Dann kehrten Jonatan und seine Leute mit großer Beute nach Jerusalem zurück.
88 Als König Alexander davon hörte, erwies er ihm noch weitere Ehren. 89 Er übersandte ihm eine goldene Spange, wie man sie Angehörigen der königlichen Familie verleiht; auch übergab er ihm die Stadt Ekron mit ihrem ganzen Gebiet zum Besitz.

Der Untergang Alexanders: 11,1–19

11,1 Damals zog der König von Ägypten Truppen zusammen, so zahlreich wie der Sand am Ufer des Meeres, dazu viele Schiffe; denn er wollte mit List die Herrschaft über das Reich Alexanders gewinnen, um es seinem Reich anzugliedern. 2 Er rückte in Syrien ein, aber so, als komme er in friedlicher Absicht. Die Einwohner der Städte öffne-

Fruchtbarkeitsgott, der sowohl in Mesopotamien als auch in Palästina verehrt wurde. Für Aschdod ist ein Dagon-Heiligtum bereits im 11. Jahrhundert v. Chr. bezeugt 1 Sam 5,1–7. Fast alle orientalischen Völker kennen das Tempelasylrecht. Nach Dtn 19,1–13 gilt dieses Recht aber nur für den Totschläger, der unvorsätzlich gehandelt hat.

86 Aschkelon liegt 15 km südlich von Aschdod direkt an der Küstenstraße. Es war in seleuzidischer Zeit eine bedeutende Stadt mit eigenem Münzrecht. 147/46 wurden noch Münzen mit dem Namen »Alexander Balas« geprägt. Es stand also möglicherweise auf Alexanders Seite. Der freundliche Empfang des »Bundesgenossen« Jonatan wäre so durchaus verständlich.

89 Jonatan gehört jetzt zur höchsten Klasse der »Angehörigen der königlichen Familie«. Das äußere Zeichen, die goldene Spange, hält das Purpurgewand an der Schulter zusammen. Ekron war die nördlichste der fünf Philisterstädte, 50 km westlich von Jerusalem gelegen.

11,1–19 Hauptinhalt dieses Berichtes ist: Alexander Balas, auf den Jonatan seine ganze Hoffnung gesetzt hatte, fällt einer Koalition zwischen seinem Rivalen Demetrius II. und seinem Schwiegervater Ptolemäus VI. zum Opfer. Der lachende Dritte ist Demetrius II., der die Herrschaft über das Seleuzidenreich übernimmt. Dem Verfasser kommt es vor allem darauf an zu zeigen, wohin die Herrschsucht des Ptolemäus führt; durch List, durch eine großangelegte Täuschung und durch das Verschachern seiner eigenen Tochter aus politischen Gründen gelangt er zum Ziel, zu einem Sieg, den er allerdings nur einige Tage genießen kann. Der Verfasser tadelt zugleich die Unzuverlässigkeit der Bevölkerung, die schnell zu Verdächtigungen bereit ist.

1 Die Vergleichsformel »wie der

ten ihm die Tore und gingen ihm entgegen. König Alexander hatte es
so angeordnet, weil Ptolemäus sein Schwiegervater war. 3 Jedesmal,
wenn Ptolemäus eine Stadt betreten hatte, ließ er eine Abteilung sei-
ner Truppen als Besatzung dort. 4 Als er nach Aschdod zog, zeigte 10^{84f}
man ihm den niedergebrannten Tempel Dagons und die durch das
Feuer verwüstete Stadt und Umgebung von Aschdod. Dazu häufte
man an seinem Weg die Leichen der Erschlagenen und Verbrannten
aus dem Krieg mit Jonatan auf. 5 Man erzählte dem König, was Jona-
tan getan hatte, um ihn in ein schlechtes Licht zu setzen, aber der Kö-
nig schwieg dazu. 6 Jonatan kam dem König in Jafo mit einem glän-
zenden Gefolge entgegen. Sie begrüßten einander und blieben die
Nacht über dort. 7 Anschließend begleitete Jonatan den König bis
zum Fluß Eleutherus; dann kehrte er nach Jerusalem zurück.
8 König Ptolemäus aber brachte alle Küstenstädte bis nach Seleuzia
am Meer in seine Gewalt; denn er führte gegen Alexander Böses im
Schild. 9 Dem König Demetrius ließ er durch Gesandte mitteilen: Wir
wollen einen Bund miteinander schließen. Ich will dir meine Tochter
geben, die Alexander jetzt zur Frau hat. Du sollst im Reich deines
Vaters als König herrschen. 10 Ich bereue, daß ich ihm meine Tochter
gegeben habe; denn er hat versucht, mich zu ermorden. 11 Ptolemäus
aber machte Alexander deswegen so schlecht, weil er sein Reich ha-
ben wollte. 12 Er nahm ihm seine Tochter weg und gab sie Demetrius
zur Frau. So brach er mit Alexander, und es wurde überall bekannt,
daß sie zu Feinden geworden waren.
13 Ptolemäus zog in Antiochia ein und setzte sich die Krone von Asien

Sand am Ufer des Meeres« findet sich öfter im AT: Gen 22^{17} Jos 11^{4} Ri 7^{12} 1 Sam 13^{5} 1 Kön 5^{9}.

$^{7-8}$ Der Eleutherus bildet die nördliche Grenze von Zölesyrien, von Jafo bis zu seiner Mündung ins Mittelmeer (bei Tripolis) sind es etwa 300 km. Seleuzia am Meer ist die Hafenstadt von Antiochia, das 25 km entfernt im Binnenland liegt, vgl. Apg 13^{4}.

$^{9-12}$ Es fällt schwer – selbst bei Berücksichtigung der Profanschriftsteller –, den genauen chronologischen Ablauf der Ereignisse und die geographischen Verhältnisse zu eruieren. Mit großer Wahrscheinlichkeit läßt sich folgendes sagen: Ptolemäus bietet Demetrius II., der sich in Zilizien aufhält, ein Bündnis an und dazu seine Tochter Kleopatra, die Frau Alexanders. Diese eilt ihrem Vater von Antiochia aus nach Seleuzia entgegen. Ihr Gatte Alexander hatte die Hauptstadt in Richtung Kleinasien (Zilizien) verlassen und die Verteidigung von Antiochia zwei Generälen anvertraut. Diese allerdings übergaben die Stadt ohne Kampf und begrüßten Ptolemäus als Sieger. Vers ^{10} wird von Flavius Josephus so erläutert: Als Ptolemäus nach Ptolemaïs gekommen sei, habe ihm sein Schwiegersohn Alexander durch seinen Freund Ammonius Nachstellungen bereitet, und trotz schriftlichen Ersuchens habe Alexander ihm den Attentäter nicht ausgeliefert (JA 13,4,6).

^{13} »Krone von Asien« bedeutet hier:

auf; zwei Kronen trug er nun: die von Ägypten und die von Asien. [14] König Alexander war zu dieser Zeit gerade in Zilizien, weil die Bevölkerung jenes Gebietes von ihm abzufallen drohte. [15] Sobald er von den Vorfällen hörte, zog er zum Kampf gegen Ptolemäus aus. Dieser rückte ihm mit einem starken Heer entgegen und schlug ihn in die Flucht. [16] Alexander floh nach Arabien, weil er glaubte, dort einen Zufluchtsort zu finden; nun stand König Ptolemäus auf der Höhe seiner Macht. [17] Der Araber Sabdiël ließ Alexander den Kopf abschlagen und an Ptolemäus schicken. [18] Doch drei Tage später starb auch König Ptolemäus. Seine Besatzungstruppen wurden von den Einwohnern der befestigten Städte niedergemacht. [19] So kam im Jahr 167 Demetrius an die Herrschaft.

Das Bündnis zwischen Jonatan und Demetrius II.: 11[20–37]

[20] Zur selben Zeit rief Jonatan die Männer von Judäa zusammen, um die Burg von Jerusalem zu belagern. Sie stellten viele Belagerungsmaschinen gegen sie auf. [21] Da gingen einige Verräter, Feinde ihres eigenen Volkes, zum König und berichteten ihm, Jonatan belagere die Burg. [22] Als der König das hörte, wurde er sehr wütend. Kaum hatte er die Nachricht erhalten, da begab er sich sofort nach Ptolemaïs. Er erteilte Jonatan schriftlich den Befehl, die Belagerung abzubrechen und sofort zu einer Unterredung zu ihm nach Ptolemaïs zu kommen. [23] Als Jonatan die Nachricht erhielt, befahl er, die Belagerung fortzusetzen; dann wählte er sich einige Begleiter aus den Ältesten Israels und den Priestern aus und wagte die Reise. [24] Mit Silber,

11[13] Sinngemäß ist die Lesart τὸ τῆς Αἰγύπτου καὶ τὸ τῆς Ἀσίας »die von Ägypten und die von Asien«.

11[22] ὡς δὲ ἤκουσεν ist ein wohl aus [23] hier irrtümlich eingedrungener Passus.

11[23] Wagte die Reise, wörtlich: »gab sich der Gefahr.«

Er wurde Herrscher über Zölesyrien. [16–19] Alexander floh wohl in die syrische Wüste, die von Arabern besiedelt war. Ptolemäus starb an den schweren Verletzungen, die er sich im Kampf mit Alexander zugezogen hatte. Demetrius konnte im Jahre 145 v. Chr. die Herrschaft antreten.

11[20–37] Es gelingt dem kühnen und wendigen Jonatan, sowohl seine innenpolitischen Gegner zu besiegen als auch die Gunst des Demetrius II. Nikator zu erwerben. Der junge Seleuzide muß seinen Thron festigen und sucht möglichst viele Freunde um sich zu sammeln. Er stellt Jonatan eine Urkunde aus, in der er ihm viele der früher von Demetrius I. angebotenen Rechte zugesteht.

[23] Jonatan ist kaltblütig. Er widersetzt sich dem Befehl des Königs und begibt sich dennoch zu ihm. Er durchschaut die Schwäche des jungen Herrschers, der bald sogar die militärische Hilfe der Juden benötigen wird.

Gold, Gewändern und mit vielen anderen Geschenken fuhr er zum
König nach Ptolemaïs. Es gelang ihm, den König umzustimmen.
[25] Einige Verräter aus dem Volk brachten zwar Beschuldigungen ge-
gen ihn vor, [26] aber der König verhielt sich ihm gegenüber wie seine
Vorgänger und erwies ihm Ehre in Gegenwart all seiner Freunde.
[27] Er bestätigte ihn im Hohenpriesteramt und in allen anderen Wür-
den, die man ihm bis dahin übertragen hatte, und verlieh ihm den Ti-
tel Freund ersten Ranges. [28] Jonatan bat den König, Judäa, die drei
Bezirke und Samarien steuerfrei zu machen, und versprach, ihm da-
für dreihundert Talente zu geben. [29] Der König war einverstanden
und stellte Jonatan über alle diese Punkte folgende Urkunde aus:
[30] König Demetrius grüßt seinen Bruder Jonatan und das jüdische
Volk. [31] Wir haben euretwegen unserem Verwandten Lasthenes einen
Brief geschrieben, dessen Abschrift wir auch euch zu eurer Unterrich-
tung zukommen lassen: [32] König Demetrius grüßt Vater Lasthenes.
[33] Das mit uns befreundete jüdische Volk ist seinen Verpflichtungen
uns gegenüber nachgekommen. Darum haben wir beschlossen, ihnen
ihre Freundschaft zu vergelten. [34] Wir bestätigen ihnen den Besitz von
Judäa und den drei Bezirken Efraim, Lod und Ramatajim. Diese sind 10[38]
mit allem, was zu ihnen gehört, von Samarien abgetrennt und zu Ju-
däa geschlagen worden. Für alle, die in Jerusalem opfern, gelte das
als Ersatz für die königlichen Steuern, die der König bei ihnen bisher
jährlich von den Erträgen der Felder und Bäume erhoben hat. [35] Wir
überlassen ihnen auch alle unsere anderen Einkünfte, den Zehnten
und die Steuern, die uns von jetzt an zustehen, ferner die Abgaben
aus den Salzteichen und die Kränze, auf die wir Anspruch haben.
[36] Nichts davon soll je rückgängig gemacht werden. [37] Laßt euch nun

[27] Zum Hohenpriester und »Freund des Königs« war Jonatan durch Alexander ernannt worden 10[20], mit den übrigen Würden sind wohl die von 10[65.89] gemeint.
[28] Die drei Bezirke sind [34] namentlich genannt. Sie werden 10[3] und 11[34] als von Samarien abgetrennte Teile betrachtet: ἀπὸ τῆς Σαμαρίτιδος. Das »und Samarien« dürfte eine falsche Übersetzung des hebr. Vaw explicativum sein.
[30–31] Zur Anrede »Bruder« vgl. 10[18]. Zu Lasthenes vgl. 10[67]. Er gehört jetzt zur Klasse der »Angehörigen der königlichen Familie«, daher kann er »Verwandter« und »Vater« heißen. Sehr wahrscheinlich hatte er das Amt eines Kanzlers des Seleuzidenreiches inne.
[34–35] Durch die Inbesitznahme der drei Bezirke wird das judäische Territorium fast verdoppelt. Efraim liegt 29 km nördlich und Lod 47 km westlich von Jerusalem, Ramatajim 14 km nördlich von Lod. Der griechische Text von [34b] bedarf der Ergänzung durch ein Verbum, damit sich folgender Sinn ergibt: Die Naturaliensteuer wird nur den praktizierenden Volljuden erlassen, nicht also den hellenistischen Juden oder den Samaritanern, die in Judäa wohnen.
[37] Die Urkunde soll auf Bronzetafeln geschrieben, vgl. 8[22], und durch die

eine Abschrift machen; sie soll Jonatan übergeben und auf dem heiligen Berg an einem Ort, der allen zugänglich ist, aufgestellt werden.

Jonatans Hilfe für Demetrius II.: 11^{38-51}

38 Als König Demetrius feststellte, daß unter seiner Herrschaft im
Land Ruhe herrschte und daß niemand sich ihm widersetzte, schickte
er alle seine Soldaten nach Hause, außer den Söldnertruppen, die er
bei den Völkern auf den Inseln angeworben hatte. Das nahmen ihm
die Soldaten, die schon unter seinen Vorgängern gedient hatten, sehr
übel. 39 Tryphon, der früher zur Umgebung Alexanders gehört hatte,
merkte, wie unzufrieden alle Soldaten über Demetrius waren. Er reiste daher zu dem Araber Jamliku, der Antiochus, den kleinen Sohn
Alexanders, aufzog, 40 und drängte ihn, ihm den Jungen mitzugeben,
damit er seinem Vater als König nachfolgen könne. Er unterrichtete ihn auch über das Vorgehen des Demetrius, und wie dieser sich die Feindschaft seiner Truppen zugezogen hatte. Tryphon blieb längere Zeit dort.
41 Jonatan hatte inzwischen König Demetrius gebeten, die Besatzungstruppen aus der Burg von Jerusalem und aus den anderen Festungen abzuziehen; sie verhielten sich nämlich feindlich gegen Is-
rael. 42 Demetrius ließ Jonatan sagen: Nicht nur das will ich für dich
und dein Volk tun, ich werde dich und dein Volk hoch zu Ehren
bringen, sobald ich Gelegenheit dazu habe. 43 Im Augenblick wäre es
aber gut, wenn du mir Männer schicktest, die mir im Kampf helfen
können. Alle meine Truppen sind nämlich von mir abgefallen.
44 Jonatan sandte ihm dreitausend kampferfahrene Männer nach Antiochia. Als sie beim König eintrafen, freute er sich sehr über ihre An-
kunft. 45 Da rotteten sich etwa hundertzwanzigtausend Einwohner
mitten in der Stadt zusammen, um den König umzubringen. 46 Der

Veröffentlichung auf dem Tempelberg rechtskräftig werden.

11^{38-51} Demetrius II. zeigt wenig Weitblick in seinen Regierungsgeschäften. Seine Truppen fangen zu meutern an, und in der Hauptstadt bricht eine Revolte aus. Auf seine Bitte hin leistet ihm Jonatan militärische Hilfe, und der schlaue Makkabäer erreicht das Zugeständnis des Demetrius, die syrischen Besatzungstruppen aus Jerusalem und anderen Festungen zurückzuziehen.

38 Die Söldnertruppen sind zum größten Teil die von Lasthenes auf den griechischen Inseln, speziell auf Kreta, angeworbenen, vgl. 10^{67}.

39–41 Tryphon (»der Schwelger«) ist Beiname des Diodotus. Er war einer der Generäle, denen Alexander Balas die Verteidigung von Antiochia anvertraut hatte, vgl. Anm. $^{9-12}$. Jamliku wird von vielen Exegeten für einen Sohn Sabdiëls gehalten ^{17}. Zu den anderen, noch von Syrern besetzten Festungen vgl. 9^{50-51}.

44 Jonatan war als Verbündeter zur Gestellung von Truppen verpflichtet, vgl. 10^{6}.

45–47 Die hohen Zahlen deuten an,

König flüchtete sich in den Palast, aber die Einwohner besetzten die Durchgangsstraßen der Stadt und begannen den Kampf. [47] Da rief der König die Juden zu Hilfe. Sie fanden sich sofort vollzählig bei ihm ein, schwärmten in die Stadt aus und erschlugen an jenem Tag fast hunderttausend Menschen. [48] Sie steckten auch die Stadt in Brand und machten große Beute. So retteten sie den König. [49] Als nun die Einwohner bemerkten, daß die Stadt der Willkür der Juden ausgeliefert war, verloren sie jeden Mut; sie schrien zum König und flehten: [50] Schließ Frieden mit uns! Wenn nur die Juden aufhören, gegen uns und die Stadt zu kämpfen! [51] Sie warfen die Waffen weg und schlossen Frieden. Die Juden aber wurden vom König und von allen seinen Untertanen geehrt. Man sprach von ihnen in seinem ganzen Reich, und sie kehrten mit reicher Beute nach Jerusalem zurück.

Jonatans Parteinahme für Antiochus VI.: 11[52–74]

[52] König Demetrius hatte die Macht wieder fest in seiner Hand, und das Land war ruhig unter seiner Herrschaft. [53] Da hielt er nichts von dem, was er versprochen hatte. Er brach mit Jonatan und vergalt ihm die erwiesene Freundschaft nicht, sondern setzte ihm hart zu. [54] Danach kehrte Tryphon mit dem kleinen Antiochus zurück. Der Knabe

11[50] Wörtlich: »Gib uns die Rechte!« Die Lesart δεξιάν ist sinnvoller als δεξιάς. Das trifft auch für [62.66] zu.

11[52] Wörtlich: »König Demetrius saß wieder auf dem Thron seines Königreiches.«

daß die Revolution weite Kreise der Bevölkerung erfaßt hatte. Es ist sehr wohl möglich, daß sich der König in einem auf der Orontes-Insel gelegenen Palast in Sicherheit gebracht hat. Der jüdische Autor ist von den tapferen Soldaten Jonatans so begeistert, daß er die für Demetrius kämpfenden Söldnertruppen nicht mehr erwähnt.

11[52–74] Der Autor schildert zunächst den undankbaren und unehrlichen Demetrius II., der Jonatan gegenüber wortbrüchig geworden ist. Er wird von dem ehrgeizigen Tryphon in die Flucht geschlagen. Dieser benutzt den »kleinen Antiochus« dazu, nur seine eigenen Pläne zu verwirklichen [52–56]. Antiochus VI. bestätigt in einem Brief Jonatans Amt und Würden [57] und ernennt Jonatans Bruder Simeon zum Befehlshaber über die im Küstengebiet stehenden syrischen Einheiten. In einem Kampfbericht [60–74] werden die Taten Simeons und Jonatans mitgeteilt. Der hohepriesterliche Feldherr siegt – ähnlich wie früher sein Bruder Judas – mit wenigen Soldaten wegen seines Gottvertrauens, das sich in Bußriten und Gebeten äußert.

[53] Zu den Versprechungen vgl. [34–35.42]. JA 13,5,3 fügt hinzu, daß Demetrius mit Krieg gedroht habe, wenn Jonatan »nicht die gesamten Abgaben entrichte, welche das jüdische Volk den ersten Königen Syriens gezahlt habe«.

[54] Vgl. [39]. Antiochus war damals (145 v. Chr.) etwa 6 Jahre alt und

trat die Herrschaft an und setzte sich die Krone auf. 55 Alle Truppen,
die Demetrius davongejagt hatte, schlossen sich ihm an. Sie kämpften
gegen Demetrius und schlugen ihn in die Flucht. 56 Tryphon erbeutete
die Elefanten und nahm Antiochia ein.
57 Danach schrieb Antiochus der Jüngere an Jonatan: Ich bestätige
dich im Hohenpriesteramt und unterstelle dir die vier Bezirke. Du
darfst auch den Titel Freund des Königs führen. 58 Und er ließ Jona-
tan goldenes Tafelgerät überbringen und gewährte ihm das Vorrecht,
aus goldenen Bechern zu trinken, sich in Purpur zu kleiden und eine
goldene Spange zu tragen. 59 Jonatans Bruder Simeon machte er zum
Befehlshaber über alle Truppen, die zwischen der Tyrischen Steige
und der ägyptischen Grenze ihren Standort hatten. 60 Darauf brach
Jonatan auf, zog durch das Gebiet jenseits des Stroms und wandte
sich dann gegen die Städte in der Küstenebene. Alle Truppen in Sy-
rien schlossen sich ihm als Verbündete an. Als er vor Aschkelon er-
schien, bereiteten ihm die Bürger vor der Stadt einen glänzenden
Empfang. 61 Von dort zog er nach Gaza. Doch die Einwohner von
Gaza schlossen die Tore. Jonatan belagerte die Stadt, brannte die
Häuser in der Umgebung nieder und plünderte sie aus. 62 Daraufhin
baten die Einwohner Gazas Jonatan um Frieden. Er schloß mit ihnen
einen Vertrag, nahm die Söhne der führenden Familien als Geiseln
und ließ sie nach Jerusalem bringen. Dann zog er durch das Land bis
nach Damaskus.
63 Dabei erfuhr Jonatan, daß die Feldherren des Demetrius mit einem
großen Heer nach Kedesch in Galiläa gezogen seien, um seine Maß-

11[60] Der Verbform entsprechend sollte hier mit vielen Hss der Plural stehen: πᾶσαι αἱ δυνάμεις.

nannte sich Antiochus VI. Epiphanes Dionysos.
56 Gemeint sind die Kriegselefanten, die Demetrius nach dem Tod des Ptolemäus Philometor der ägyptischen Armee weggenommen hatte. Sie sind für Tryphon ein militärischer Gewinn.
57 In 34 werden drei Bezirke aufgeführt; als vierter ist am ehesten das Gebiet von Ekron anzusehen, das dem Jonatan von Alexander Balas übergeben worden war 10[89].
58 Durch die Übersendung des goldenen Tafelgerätes wird Jonatan fürstliche Hofhaltung gestattet. Nur die »Verwandten« des Königs dürfen aus goldenen Bechern trinken, vgl. 3 Esra 3,6. Zum Purpurmantel vgl. 10[20], zur goldenen Spange 10[89].
59–60 Die Tyrische Steige, ein schwer zugänglicher und ins Meer abfallender Bergrücken, liegt 15 km südlich von Tyrus (heute: *Rosch Hanniqra*). Zum Gebiet »jenseits des Stromes« vgl. 7[8]. Die »Truppen in Syrien« sind die Demetrius II. feindlich gesinnten Soldaten 55. Zu Aschkelon vgl. 10[86].
61 Gaza ist die südlichste der fünf Philisterstädte Ri 16[1.21], etwa 20 km südlich von Aschkelon.
63 Diodor teilt von zwei Feldherrn die Namen mit: Sarpedon und Palamedes (Bibliotheca 33,28a). Kedesch

nahmen zu durchkreuzen. 64 Daher rückte er gegen sie vor. Seinen
Bruder Simeon aber hatte er im Land zurückgelassen. 65 Simeon
schlug sein Lager vor Bet-Zur auf, belagerte die Stadt lange Zeit und
schloß sie ein. 66 Schließlich baten sie ihn um Frieden. Er ging darauf
ein, vertrieb die Feinde von dort, besetzte die Stadt und legte Truppen hinein.
67 Jonatan bezog mit seinem Heer ein Lager am See Gennesaret.
Morgens brachen sie früh auf und zogen in die Ebene von Hazor.
68 Dort stießen sie auf fremde Truppen. Diese hatten einen Teil ihrer
Männer in den Bergen als Hinterhalt gegen Jonatan zurückgelassen
und griffen ihn nun von vorn an. 69 Dann brachen die Truppen, die
im Hinterhalt lagen, aus ihrer Stellung hervor und griffen in den
Kampf ein. 70 Da liefen alle Soldaten Jonatans davon. Keiner blieb
zurück, außer den Truppenführern Mattatias, dem Sohn Abschaloms,
und Judas, dem Sohn Halfis. 71 Jonatan aber zerriß sein Gewand,
streute sich Staub auf das Haupt und betete. 72 Dann nahm er den
Kampf gegen die Feinde auf und schlug sie in die Flucht. 73 Als seine
Leute, die davongelaufen waren, das sahen, kehrten sie zu ihm zurück und machten sich mit ihm an die Verfolgung, bis sie das Lager
der Feinde bei Kedesch erreichten. Dort machten sie halt. 74 An jenem
Tag fielen von den fremden Truppen etwa dreitausend Mann. Darauf
kehrte Jonatan nach Jerusalem zurück.

Jonatans Bündnisse mit Rom und Sparta: 12[1–23]

12 1 Als Jonatan sah, daß die Zeit für ihn günstig war, wählte er einige
Männer aus und sandte sie nach Rom, um den Freundschaftsvertrag 8[17–32]

liegt im Gebirge, 36 km südöstlich von Tyrus.

65 Zu Bet-Zur vgl. 4[24.61] 6[7.26.31.50] 9[52] 10[14] 11[41].

67 Das ist die erste Erwähnung des Sees Gennesaret im AT. Die Hazorebene liegt im Norden des Sees und südlich von Kedesch.

70 Nur zwei Offiziere, wenigstens mit einem Teil ihrer Leute – gemäß JA 13,5,7 waren es etwa fünfzig –, hielten mit Jonatan stand.

12[1–23] Durch diese Verse wird der Bericht über Jonatans Kämpfe mit den Syrern unterbrochen. Nach einem kurzen Hinweis auf die Bündniserneuerung mit Rom [1–4] werden zwei Schriftstücke zitiert: ein Brief Jonatans an die Spartaner [5–18] und ein Brief des Spartanerkönigs Ares an den Hohenpriester Onias [19–23]. In dem ersten Brief werden bemerkenswerte Akzente gesetzt: Judäa fühlt sich mit Sparta freundschaftlich und brüderlich verbunden. In echt hellenistischer Weise wird eine Verwandtschaft fingiert, die bis auf Abraham zurückgeht. Vielleicht denkt man dabei an die Tatsache, daß beide Völker einmal Ahnen in Ägypten hatten, vielleicht hört man auch aus Gen 25[3] einen gemeinsamen Urvater heraus (Dedan = Danaos = Danaer – Griechen). Auf jeden Fall gedenkt man bei den Opfern und Gebeten an den großen Festta-

mit den Römern zu bestätigen und zu erneuern. 2 Auch nach Sparta
und nach anderen Orten schickte er Briefe gleicher Art. 3 Die Abge-
sandten reisten nach Rom, traten vor den Senat und sagten: Uns
schicken der Hohepriester Jonatan und das jüdische Volk, um das
frühere Freundschaftsbündnis mit den Römern zu erneuern. 4 Man
gab ihnen Briefe mit an die Behörden der Orte unterwegs mit der An-
weisung, sie sicher nach Judäa weiterzuleiten.
5 Hier ist eine Abschrift des Briefes, den Jonatan an die Spartaner
schrieb: 6 Der Hohepriester Jonatan, der Ältestenrat des Volkes, die
Priester und das ganze jüdische Volk grüßen ihre Brüder, die Sparta-
ner. 7 Schon vor längerer Zeit hat euer König Ares an den Hohen-
2 Makk 5^9 priester Onias einen Brief gerichtet, in dem steht, daß ihr unsere Brü-
der seid, wie aus der Abschrift hervorgeht. 8 Onias empfing den Ab-
gesandten ehrenvoll und nahm den Brief entgegen, in dem ausdrück-
lich vom Freundschaftsbündnis die Rede war. 9 So etwas haben wir
zwar nicht nötig; denn unser Trost sind die heiligen Bücher, die wir
besitzen. 10 Dennoch wollten wir diese Botschaft an euch senden und
die brüderliche Gemeinschaft und Freundschaft mit euch erneuern,
damit wir euch nicht fremd werden. Viel Zeit ist nämlich verflossen,
seit ihr eure Gesandtschaft zu uns geschickt hattet. 11 Wir haben seit-
her an allen Festen und an allen Tagen, die dafür vorgesehen sind, bei
unseren Opfern und Gebeten ständig an euch gedacht. Denn so ge-
hört es sich, und es entspricht ja auch der Sitte, an die Brüder zu den-
ken. 12 Wir freuen uns über euren Ruhm. 13 Wir selbst waren in gro-

12^3 Besser ist mit vielen Hss ἀπέστειλαν »sie schickten«, αὐτοῖς paßt nicht in die direkte Rede und ist mit lat. und syr. Übersetzungen zu tilgen.

12^4 πρὸς αὐτούς: Gemeint sind die Behörden der einzelnen Städte.

gen der spartanischen Brüder. Man benötigt zwar nicht unbedingt ihre Freundschaft; denn man hat noch stärkere Bundesgenossen: den Himmel (= Gott selbst) und den Trost der heiligen Bücher (Gesetz, Propheten und Schriften).

$^{1-2}$ Der Freundschaftsvertrag war einst von Judas mit den Römern geschlossen worden 8^{1-30}. Nachdem Griechenland 146 v. Chr. römische Provinz geworden war, hatte Sparta eine gewisse politische Autonomie behalten. Die »anderen Orte« werden weder hier noch bei Flavius Josephus näher bezeichnet, vgl. aber 15^{22-23}.

^{7} Als Spartanerkönig kommt nur Ares I. (309–265 v. Chr.) in Frage. Der Adressat kann Onias I. (323–300 v. Chr.) oder Onias II. (um 265 v. Chr.) sein.

$^{9-15}$ Die Verse $^{9.11.15}$ enthalten theologische Aussagen, die man an sich in einem diplomatischen Schreiben nicht sucht; sie passen aber gut zu Jonatan als dem weltlichen und geistlichen Oberhaupt der Juden. Wenn auch in den übrigen Versen mehrmals betont wird, daß man auf die Hilfe der Spartaner nicht angewiesen sei, so können Beziehungen zu einer führenden griechischen Stadt für Jonatan dennoch eine kräf-

ßer Not und sind in viele Kämpfe verwickelt worden; denn die Kö-
nige ringsum führten Krieg gegen uns. 14 Dennoch wollten wir wegen
dieser Kriege weder euch noch den anderen Verbündeten und Freun-
den zur Last fallen. 15 Denn wir haben den Himmel selbst als Helfer
und Beistand. Darum sind wir vor unseren Feinden gerettet worden,
und unsere Feinde liegen gedemütigt am Boden.
16 Jetzt haben wir Numenius, den Sohn des Antiochus, und Antipater,
den Sohn Jasons, als Gesandte zu den Römern geschickt, um das alte
Freundschaftsbündnis mit ihnen zu erneuern. 17 Wir haben ihnen auf-
getragen, auf ihrer Reise auch euch zu besuchen, euch Grüße zu be-
stellen und unseren Brief zu überreichen, in dem wir euch anbieten,
die brüderliche Gemeinschaft mit uns zu erneuern. 18 Es wäre freund-
lich von euch, uns darauf Antwort zu geben.
19 Und hier ist die Abschrift des Briefes, den die Spartaner an Onias
gesandt hatten: 20 Ares, König der Spartaner, grüßt den Hohenprie-
ster Onias. 21 In einer Schrift über die Spartaner und Juden fand sich
die Nachricht, daß sie Brüder sind und beide von Abraham abstam-
men. 22 Da wir dies erfahren haben, wäre es freundlich von euch, uns
zu schreiben, wie es euch geht. 23 Wir schreiben euch wieder. Eure
Herden und eure Habe gehören uns und unsere euch. Wir geben den
Auftrag, daß man euch darüber Auskunft gibt.

Der Feldzug gegen die Truppen des Demetrius II.: 12^{24-34}

24 Jonatan erfuhr, daß die Feldherren des Demetrius mit einem noch
größeren Heer als zuvor zurückgekehrt waren, um gegen ihn zu
kämpfen. 25 Er brach von Jerusalem auf und traf in der Gegend von

tige Stütze gegen die hellenistischen Juden bedeuten.

21 Es wäre interessant, diese Schrift zu besitzen. Tatsächlich werden bei griechischen Schriftstellern des 4./3. Jahrhunderts v. Chr. die Juden öfter erwähnt, und Ares I. konnte zudem über seine ptolemäischen Freunde leicht mit den palästinensischen Juden in Verbindung gekommen sein. Über die gemeinsame Abstammung von Abraham vgl. oben 12^{1-23}. In JA 14,10,22 setzen sich beispielsweise die Bewohner von Pergamon in einem Vertrag für die Juden ein, wobei ebenfalls auf freundschaftliche Beziehungen zu den Zeiten Abrahams hingewiesen wird.

23 Die aus dem Halbnomadentum (Abraham!) stammende Freundschaftsformel findet sich in abgeleiteter Form auch in 1 Kön 20^{3-4} 22^{4} 2 Kön 3^{7}. Das semitische Kolorit geht sicher auf den jüdischen Übersetzer zurück. Der Brief selbst stellt wohl eine Kurzfassung dessen dar, was einmal in Sparta vor 160 Jahren in griechischer Sprache geschrieben wurde.

12^{24-34} Der Erzähler setzt den mit $^{1-23}$ unterbrochenen Kampfbericht fort. Jonatan kann als Offizier Antiochus' VI. frei durchs Land ziehen und weit im Norden den Streitkräften des Demetrius entgegentreten. Er wehrt dadurch deren Angriff auf

Hamat auf sie. Er wollte ihnen nämlich keine Zeit lassen, in sein
Land einzudringen. 26 Späher, die er in ihr Lager geschickt hatte, mel-
deten ihm bei ihrer Rückkehr, daß die Feinde sich zu einem nächtli-
chen Überfall vorbereitet hatten. 27 Bei Sonnenuntergang befahl da-
her Jonatan seinen Leuten, wach zu bleiben und die ganze Nacht
kampfbereit unter Waffen zu stehen. Rings um das Lager stellte er
Posten auf. 28 Als die Gegner merkten, daß Jonatan mit seinen Leuten
kampfbereit war, packte sie Furcht und Schrecken. Sie zündeten in
ihrem Lager Wachfeuer an und zogen ab. 29 Jonatan und seine Leute
bemerkten bis zum Morgen nichts; denn sie sahen die Feuer brennen.
30 Jonatan nahm zwar die Verfolgung auf, konnte die Feinde aber
nicht mehr einholen; denn sie hatten den Eleutherus bereits über-
schritten.
31 Jonatan wandte sich nun gegen die sabadäischen Araber, schlug sie
und plünderte sie aus. 32 Dann brach er nach Damaskus auf und zog
durch das ganze dazwischen liegende Gebiet.
33 Auch Simeon war aufgebrochen. Er marschierte auf Aschkelon und
auf die Festungen in jenem Gebiet zu; dann wandte er sich überra-
schend gegen Jafo und besetzte es. 34 Er hatte nämlich gehört, daß die
Einwohner vorhatten, die Festung den Leuten des Demetrius zu über-
geben. Daher legte er eine Besatzung hinein, um die Stadt zu bewa-
chen.

Die Belagerung der Burg von Jerusalem durch Jonatan: 12^{35-38}

35 Als Jonatan zurückgekehrt war, ließ er die Ältesten des Volkes zu-
sammenkommen und beriet mit ihnen über die Anlage von Festungen
in Judäa. 36 Auch sollten die Mauern von Jerusalem erhöht werden;

12^{28} EÜ hat sich der Lesart καὶ ἀνεχώρεσαν »und sie zogen ab« angeschlossen.

Judäa ab. Simeon kann den Mittelmeerhafen Jafo sichern.
25 Hamat am Orontes liegt fast 400 km nördlich von Jerusalem an der Straße von Damaskus nach Aleppo.
30 Zum Eleutherus vgl. 11^{7}.
31 Die sabadäischen Araber lebten wohl als Halbnomaden in der Gegend des heutigen Ortes Zebedani, 30 km nordwestlich von Damaskus. Der Name hängt vielleicht mit dem des Araberfürsten Sabdiël zusammen, der den König Alexander Balas hatte enthaupten lassen. Hierin könnte mit ein Grund für Jonatans Überfall gelegen haben.
33 Zu Aschkelon vgl. 10^{86}; zu Jafo vgl. 10^{75}.
12^{35-38} Jonatan plant ein Zweifaches: 1. das offene Land durch Burgen zu schützen, 2. alle Mauern zu erhöhen und dadurch die Akra mehr als vorher von der Stadt zu trennen. Das Letztere sollte den Fall des hellenistischen Jerusalem und damit den endgültigen Sieg der Makkabäer über ihre jüdischen Gegner einleiten, vgl. $13^{21.49}$.
36 Jonatan läßt die in 10^{10-11} begon-

ferner sei zwischen der Burg und der Stadt eine hohe Mauer zu er-
richten, um die Burg völlig von der Stadt abzuschneiden, damit die
Besatzung weder etwas kaufen noch verkaufen könne. [37] So kam man
zum Ausbau der Stadt zusammen. Als ein Teil der Mauer oberhalb
des Tales im Osten einstürzte, besserte man sie wieder aus und gab
ihr den Namen Kafnata. [38] Simeon baute Hadid in der Schefela aus,
befestigte es und versah es mit Toren und die Tore mit Querbalken
zum Verriegeln.

Der Verrat des Tryphon an Jonatan: 12^{39-52}

[39] Tryphon strebte nach der Herrschaft über Asien und wollte sich 11^{39f}
selbst die Königskrone aufsetzen; deshalb trachtete er König Antio-
chus nach dem Leben. [40] Doch er fürchtete, daß Jonatan das nicht zu-
lassen und Krieg gegen ihn führen werde. So suchte er nach Mitteln
und Wegen, ihn in seine Gewalt zu bekommen und umzubringen.
Darum zog er nach Bet-Schean.
[41] Jonatan rückte ihm mit vierzigtausend kampferprobten Männern
nach Bet-Schean entgegen. [42] Als Tryphon sah, daß Jonatan ein gro-
ßes Heer bei sich hatte, fürchtete er sich, etwas gegen ihn zu unter-
nehmen. [43] Er bereitete ihm einen glänzenden Empfang, stellte ihn all
seinen Freunden vor, machte ihm Geschenke und befahl seinen
Freunden und Soldaten: Gehorcht ihm wie mir selbst! [44] Dann sagte
er zu Jonatan: Warum hast du dieses ganze Heer bemüht? Es droht
doch kein Krieg. [45] Laß sie nach Hause gehen, wähl dir einige Män-
ner als Begleitung aus, und geh mit mir nach Ptolemaïs! Ich werde dir

12^{42} Wörtlich: »fürchtete er sich, die Hand gegen ihn auszustrecken.«

nenen Arbeiten fortführen. Die Mauer zwischen Tempelberg und Burg bestand schon, sie wurde lediglich befestigt und erhöht.

[37–38] Das Tal im Osten ist das Kidron-Tal. Die Bedeutung von »Kafnata« ist unsicher, aram. *kpn* = Hunger? Hadid liegt 5 km östlich von Lod, vgl. 11^{34}. Schefela ist der an die Küstenebene anschließende hügelige Landstreifen, der dem judäischen Bergland vorgelagert ist.

12^{39-52} Tryphon, der ehemalige General Alexanders, hatte starke Machtgelüste; er möchte darum seine Hauptgegner, Antiochus VI. und Jonatan, beseitigen. Demetrius II. hatte sich wohl schon nach Mesopotamien abgesetzt. Es gelang dem listigen Tryphon, Jonatan in eine Falle zu locken; diesen hatte nämlich die Aussicht auf Gebietszuwachs blind und vertrauensselig gemacht. Trotz Jonatans Gefangennahme verlor seine Truppe den Mut nicht.

[39] Zu Asien vgl. 8^{6} 11^{13}.

[40] Bet-Schean (= Skythopolis) ist eine kanaanäische Stadt mit Judenkolonie in der Jordanebene, 25 km südlich vom See Gennesaret.

[45] Ptolemaïs war Jonatan schon einmal versprochen worden von Demetrius I. 10^{39}.

die Stadt und die übrigen Festungen übergeben und auch alle anderen
Truppen und alle Behörden. Nur deswegen bin ich gekommen, dann
ziehe ich wieder ab. 46 Jonatan vertraute ihm und tat, was Tryphon
ihm vorgeschlagen hatte. Er entließ seine Truppen, und sie zogen
nach Judäa ab. 47 Dreitausend Mann behielt er bei sich, von denen er
zweitausend in Galiläa ließ; nur tausend begleiteten ihn. 48 Sobald Jo-
natan Ptolemaïs betreten hatte, schlossen die Einwohner die Tore,
nahmen ihn fest und erschlugen alle, die mit ihm gekommen waren,
mit dem Schwert. 49 Tryphon entsandte außerdem Fußvolk und Rei-
terei nach Galiläa und in die Große Ebene, um alle Truppen Jonatans
niederzumachen. 50 Als diese merkten, daß Jonatan mit seinen Beglei-
tern den Feinden in die Hände gefallen und umgekommen war,
machten sie einander Mut und marschierten kampfbereit in bester
Ordnung weiter. 51 Als die Verfolger sahen, daß Jonatans Männer um
ihr Leben kämpfen würden, kehrten sie um. 52 Die jüdischen Truppen
kamen unversehrt in Judäa an. Sie trauerten um Jonatan und seine
Begleiter und waren voller Angst; auch ganz Israel war in großer
Trauer.

DIE TATEN SIMEONS: 12^{53}–16^{24}

Die Wahl Simeons zum Anführer Israels: 12^{53}–13^{11}

5^{1f} 53 Alle Völker ringsum versuchten, Israel zu vernichten. Denn sie sag-
ten sich: Sie haben keinen Führer und Helfer mehr. Nun wollen wir
gegen sie kämpfen und die Erinnerung an sie austilgen.
13 1 Simeon erfuhr, daß Tryphon ein großes Heer zusammengebracht
hatte, um in Judäa einzufallen und es zu vernichten. 2 Auch merkte
er, wie das Volk voller Angst und Furcht war. Darum ging er nach

49 Die Große Ebene ist die Ebene von Megiddo, auch die »Ebene Jesreel« genannt. Sie erstreckt sich vom Jordan (Bet-Schean) bis zum Mittelmeer (Ptolemaïs).

52 Die in der Großen Ebene zurückgelassenen Truppen entkamen der von Tryphon gelegten Falle. Sie trauerten, weil sie glaubten, Jonatan sei mit seiner Begleitmannschaft in Ptolemaïs umgekommen.

12^{53}–13^{11} Wenn die Juden »herrenlos« sind, droht ihnen größte Gefahr. Simeon bringt in einer begeisternden Rede den alten Makkabäergeist wieder zum Erwachen. Für Gesetz und Tempel gilt es zu kämpfen $^{3–6}$. Das Volk wählt ihn durch Akklamation zum neuen Führer $^{8–9}$, der sogleich darangeht, ein schlagkräftiges Heer aufzustellen und Stadt und Küstengebiet zu sichern $^{10–11}$.

53 Die Größe der Gefahr ringsum wird mit stereotypen Wendungen umschrieben, vgl. 3^{25} $5^{1–2}$ Dtn 32^{26} Ps 34^{17}.

2–4 Simeon glaubt, sein Bruder Jonatan sei in Ptolemaïs getötet worden. Er fühlt sich daher als letzter überlebender Mattatias-Sohn seinem Volk gegenüber verantwortlich, eilt von Hadid 12^{38} nach Jerusalem und läßt

Jerusalem hinauf und rief das Volk zusammen. 3 Er sprach ihnen Mut
zu und sagte: Ihr wißt selbst, wie ich, meine Brüder und meine Fami-
lie sich für unsere Gesetze und für das Heiligtum eingesetzt und wel-
che Kämpfe und Gefahren wir dafür auf uns genommen haben. 4 Alle
meine Brüder sind nun für Israel gestorben; ich allein bin übriggeblie-
ben. 5 Ich denke nicht daran, im Augenblick der Not mein Leben zu
schonen. Denn ich bin nicht mehr wert als meine Brüder. 6 Vielmehr
will ich mein Volk, das Heiligtum, unsere Frauen und Kinder rächen.
Denn alle Völker haben sich zusammengetan, um uns auszurotten,
weil sie uns hassen. 7 Sobald das Volk seine Worte hörte, faßte es
neuen Mut 8 und rief laut: Sei du unser Führer anstelle deiner Brüder
Judas und Jonatan! 9 Nimm unseren Kampf in deine Hand! Alles,
was du befiehlst, wollen wir tun. 10 Simeon rief alle kampffähigen
Männer zusammen, ließ den Bau der Mauern von Jerusalem so
schnell wie möglich zu Ende führen und sicherte die Stadt nach allen
Seiten. 11 Jonatan, den Sohn des Abschalom, schickte er mit einem an-
sehnlichen Heer nach Jafo. Dieser vertrieb die Einwohner und blieb
in der Stadt.

Tryphons Feldzug gegen Jerusalem und Jonatans Tod: 13^{12-30}

12 Tryphon brach mit einem großen Heer von Ptolemaïs auf, um in
Judäa einzufallen. Jonatan nahm er als Gefangenen mit sich. 13 Si-

13^{3} Wörtlich: »und sagte zu ihnen.«
13^{6} Wörtlich: »eure Frauen und Kinder.«
13^{11} Das zweite ἐν αὐτῇ ist überflüssig, es fehlt auch in einigen Hss.

sich von Vertretern des Volkes zum Führer einsetzen. In einer Rede weist er auf seine Brüder hin, die alle für Israel gestorben sind: Eleazar 6^{43-46}, Judas 9^{18}, Johannes 9^{36-42}, Jonatan 12^{50}.

6 Simeon will den Kampf gegen Israels Feinde fortsetzen, damit die bisher auch indirekt von Frauen und Kindern gebrachten Opfer nicht vergeblich waren.

11 Wie Simeon in 11^{66} die nichtjüdische Bevölkerung aus Bet-Zur auswies, so macht jetzt der Sohn Abschaloms aus Jafo eine jüdische Hafenstadt.

13^{12-30} Zunächst werden die beiden Gegenspieler Tryphon und Simeon geschildert. Tryphon versucht durch ein diplomatisches Ränkespiel Simeon zu überrumpeln. In direkter Rede läßt er Simeon seine Forderungen für die Freilassung Jonatans mitteilen: 100 Talente Silber und zwei Jonatan-Söhne als Geiseln $^{15-16}$. Simeon glaubt nicht an Tryphons Loyalität, willigt aber ein, um jeden Verdacht auf Herrschaftsgelüste von sich zu weisen $^{17-19}$. Tryphon sucht vergebens in Judäa einzufallen; immer wird er von Simeons Heer kontrolliert. Ein starker Schneefall, in dem der Verfasser wohl eine Fügung Gottes sieht, bewirkt seinen Rückzug. Den schmachvollen Abschluß bildet Jonatans Ermordung $^{20-24}$. In

meon schlug sein Lager bei Hadid am Rand der Ebene auf. 14 Da erfuhr Tryphon, Simeon habe anstelle seines Bruders Jonatan die Führung übernommen und werde den Kampf gegen ihn fortsetzen. Er schickte zu ihm Unterhändler mit der Botschaft: 15 Wir halten deinen Bruder Jonatan nur fest, weil er der königlichen Schatzkammer Geld schuldet für die Ämter, die er innehat. 16 Schick uns also hundert Talente Silber und zwei seiner Söhne als Geiseln, damit er nicht von uns abfällt, sobald er wieder frei ist; dann werden wir ihn freilassen.

17 Simeon merkte wohl, daß ihr Vorschlag nicht ehrlich gemeint war. Dennoch ließ er das Geld und die Kinder holen, um sich beim Volk nicht verhaßt zu machen. 18 Sonst hätte man nämlich gesagt: Jonatan mußte sterben, weil Simeon das Geld und die Kinder für ihn nicht ausgeliefert hat. 19 So lieferte er die Kinder und die hundert Talente aus; aber es zeigte sich, daß Tryphon ein Lügner war; denn er ließ Jonatan nicht frei.

20 Danach rückte Tryphon heran, um in Judäa einzufallen und es zu verwüsten. Er machte dabei einen Umweg über Adora; aber Simeon trat ihm mit seinem Heer überall entgegen, wo er ins Land eindringen wollte. 21 Die Besatzung der Burg von Jerusalem schickte Boten zu Tryphon, die ihn zur Eile drängten und ihn aufforderten, von der Wüste her einen Durchbruch zu versuchen und Nahrungsmittel für sie heranzuschaffen. 22 Daraufhin stellte Tryphon die gesamte Reiterei bereit, um durchzubrechen; aber in jener Nacht fiel sehr viel Schnee, und er konnte wegen des Schnees nicht durchkommen. Da zog er ab nach Gilead. 23 In der Nähe von Baskama ließ er Jonatan umbringen und begraben. 24 Dann zog Tryphon ab und kehrte in sein Land zurück.

25 Simeon schickte einige Männer, um die Gebeine seines Bruders Jonatan holen und in Modeïn, der Stadt seiner Väter, bestatten zu lassen. 26 Ganz Israel hielt eine große Totenklage für ihn ab und trauerte viele Tage um ihn. 27 Simeon ließ ein hohes, weithin sichtbares Denk-

25–30 werden Israels Trauer um Jonatan und das Grabdenkmal der Makkabäer beschrieben.

13 Zu Hadid vgl. 12^{38}.

15 Es könnten das Hohepriesteramt und die Titel und Vorrechte gemeint sein, die Antiochus VI. dem Jonatan verliehen hatte $^{57-58}$.

20 Tryphon zog mit seinem Heer in südlicher Richtung bis Adora, das 7 km südwestlich von Hebron liegt. Schon Rehabeam hatte das alte Adorajim zur Festung ausgebaut 2 Chr 11^{9}.

22–23 Tryphon nahm nicht den direkten Weg von Hebron nach Jerusalem, sondern den durch die Wüste Juda. Der Schneefall – im Januar/Februar in dieser Gegend durchaus möglich – ließ ihn den Marsch auf Jerusalem abbrechen. Er stieg in die Ebene und zog durch das Ostjordanland in Richtung Syrien. Die Lokalisierung von Baskama ist unsicher. Man sucht es am ehesten östlich des Sees Gennesaret.

25 Zu Modeïn vgl. 2^{1} 2^{20} 9^{19}.

27–30 Statt der Taten Jonatans beson-

mal über dem Grab seines Vaters und seiner Brüder errichten. Für die
Vorder- und Rückseite verwendete er behauene Steine. 28 Auch ließ
er sieben Pyramiden bauen, von denen jeweils zwei einander gegen-
überstanden: für den Vater, die Mutter und die vier Brüder. 29 Um
die Pyramiden ließ er eine kunstvolle Anlage errichten, indem er sie
mit hohen Säulen umgab. An den Säulen ließ er zum ewigen Geden-
ken Rüstungen anbringen und neben den Rüstungen Schiffe einmei-
ßeln. Das Denkmal sollte für alle sichtbar sein, die auf dem Meer vor-
überfahren. 30 Dieses Grabmal, das er in Modeïn errichtete, steht
noch heute dort.

Das Bündnis zwischen Simeon und Demetrius II.: 13^{31-42}

31 Tryphon ließ den jungen König Antiochus heimtückisch ermorden, 12^{39}
32 trat seine Nachfolge an und setzte sich die Krone von Asien auf. Er
richtete im Land großes Unheil an.
33 Simeon legte in Judäa Festungen an, umgab sie mit hohen Türmen
und gewaltigen Mauern, versah sie mit Toren und Riegeln und ließ
Proviant in die Festungen bringen. 34 Dann wählte Simeon einige
Männer aus, die er zu König Demetrius sandte, um einen Steuer-

ders zu gedenken, beschreibt der Verfasser das Mausoleum, das Simeon einige Zeit später errichten ließ. Auf einer breiten und hohen Basis stellte er sechs steinerne Pyramiden in Doppelreihe auf als Symbole der verstorbenen Personen; die siebte Pyramide, wohl an der Spitze der beiden Reihen postiert, war für Simeon selbst gedacht. Die mit Reliefbildern geschmückten freistehenden Säulen sollen auf die Macht der Juden hinweisen, dabei dürften die Schiffe eine Anspielung auf Simeons Besitzergreifung von der Hafenstadt Jafo sein. Die Entfernung vom Denkmal bis zur Meeresküste betrug 28 km. Säulen und Pyramiden finden sich auch bei den Grabdenkmälern im Kidrontal.

13^{31-42} Der Notiz $^{31-32}$ über Tryphons Machtergreifung folgt ein Bericht $^{33-35}$ über die Vorsichtsmaßnahmen, die Simeon trifft, u. a. schickt er eine Gesandtschaft an Demetrius II. In einem Brief $^{36-40}$ antwortet ihm der König: Er gewährt vollständige Steuerfreiheit und andere Rechte. In ^{41} vermeidet es der fromme Verfasser, von Gott zu sprechen. Er lehnt sich aber an biblische Aussagen an, nach denen das »Joch« der fremden Völker immer von Jahwe zerbrochen wird Jes 14^{25} Jer $28^{2.4}$ 30^{8}. Religiöse Freiheit, Niederwerfung der Hellenisten und Unabhängigkeit kennzeichnen die Ära Simeons, und voll Stolz erwähnt der Autor noch die neue Zeitdatierung ^{42}.

$^{31-32}$ Zur Krone von Asien vgl. 8^{6}. Tryphon regierte von 142 bis 139 v. Chr. Seine Macht erstreckte sich über einige Provinzen südlich des Eufrat, in denen bürgerkriegsähnliche Zustände herrschten.

$^{33-34}$ Namentlich erwähnt werden die Festungen von Hadid 12^{38}, Geser 13^{48}, Bet-Zur und Jafo 14^{33-34}. König Demetrius residierte zu dieser Zeit in Seleuzia, der Hafenstadt von Antiochia. Der hebräische Text ent-

nachlaß für das Land zu erwirken. Denn Tryphon war nur auf Aus-
beutung aus. 35 König Demetrius antwortete ihm mit folgendem
Brief:
36 König Demetrius grüßt Simeon, den Hohenpriester und Freund
der Könige, sowie die Ältesten und das jüdische Volk. 37 Den golde-
nen Kranz und den Palmzweig, den ihr gesandt habt, haben wir er-
halten. Wir sind bereit, ein für allemal Frieden mit euch zu schließen
und die Behörden anzuweisen, euch Nachlaß zu gewähren. 38 Alles,
was wir euch bestätigt haben, bleibt in Kraft; auch die Festungen, die
ihr angelegt habt, dürfen bestehen bleiben. 39 Wir vergeben euch alle
Nachlässigkeiten und Verfehlungen, die ihr bis auf den heutigen Tag
begangen habt, und erlassen euch den Kranz, den ihr noch schuldet.
Sollten noch andere Abgaben von Jerusalem erhoben worden sein,
sollen sie künftig wegfallen. 40 Wenn ihr Leute habt, die geeignet
sind, in unserer Leibgarde Dienst zu tun, sollen sie angenommen wer-
den. Zwischen uns soll Friede herrschen.
Jer 30[8] 41 Im Jahr 170 wurde das Joch der fremden Völker von Israel genom-
men. 42 Das Volk begann, Urkunden und Verträge mit der Formel
einzuleiten: Im Jahr 1 der Regierung Simeons, des Hohenpriesters,
Befehlshabers und Führers der Juden.

13[35] Wörtlich: »Und König Demetrius schickte zu ihm mit diesen Worten, er antwortete ihm und schrieb ihm einen Brief wie folgt.«

13[39] Wörtlich: »Wir vergeben Nachlässigkeiten und Verfehlungen.«

hielt wohl ein Wortspiel: *T*^{e}*rīphon* (= Tryphon) – *tæræf* (= Raub).

37 Geschenke aus Gold oder anderem edlen Metall pflegte man dem Herrscher darzubieten, wenn man irgendeinen Gunsterweis erwartete, vgl. 10[29].

38 Über die früher von Demetrius II. gemachten Zugeständnisse vgl. 11[30–37].

42 Simeon zählte wie andere Herrscher die Jahre vom Beginn seiner Herrschaft an; 142 v. Chr. war demnach das 1. Jahr Simeons.

13[43]–14[3] In zwei Berichten [43–48] und [49–53] wird die Einnahme von zwei wichtigen Stützpunkten der syrischen Partei geschildert, der Stadt Geser und der Akra von Jerusalem. Beide Berichte sind ziemlich parallel gestaltet. Simeon wird als ein humaner Eroberer dargestellt, er tötet die Einwohner und Besetzer nicht. Er hört auf das Flehen der Leute von Geser, die sich mit Worten an ihn wenden, die sonst nur im Bittgebet gebraucht werden. Der Einzug in Geser und in die Akra trägt religiösen Charakter: Man entfernt alles Heidnische, entsühnt unreine Stätten, singt Hymnen und Jubellieder und schwenkt Palmzweige als Zeichen der Freude und des Sieges. 14[1–3] berichtet über das weitere Schicksal Demetrius' II. Er gerät auf einer Expedition gegen die Parther in eine zehnjährige milde Gefangenschaft.

43 Zu Geser vgl. 4[15]. Nach 9[52] hat Bakchides die Stadt befestigt. Fahrbare mehrstöckige Belagerungstürme aus Holz, mit Lederschutz und Eisensporen versehen, werden seit

Die endgültige Befreiung Israels: 13[43]–14[3]
2 Makk 10[32–38]

[43] Damals zog Simeon nach Geser, schloß die Stadt mit seinen Trup-
pen ein, errichtete einen Belagerungsturm und ließ ihn an die Stadt
heranschieben. Man schlug eine Bresche in einen Turm der Stadt-
mauer und besetzte ihn. [44] Dann sprang die Mannschaft des Belage-
rungsturms in die Stadt hinein. Es entstand ein großes Durcheinander
in der Stadt. [45] Ihre Bürger stiegen mit Frauen und Kindern auf die
Mauer, zerrissen ihre Gewänder, schrien laut und baten Simeon, mit
ihnen Frieden zu schließen. [46] Sie sagten: Vergilt uns nicht nach unse-
rer Schuld, sondern nach deiner Güte! [47] Simeon ließ sich erweichen
und stellte den Kampf ein. Er vertrieb sie jedoch aus der Stadt und
ließ die Häuser, in denen Götterbilder waren, entsühnen; dann zog er
feierlich mit Lobliedern und Preisgesängen in die Stadt ein. [48] Er ent-
fernte alles Unreine und siedelte gesetzestreue Männer an. Dann ließ
er die Stadt noch stärker befestigen und baute auch für sich ein Haus
in der Stadt.
[49] Die Besatzung der Burg von Jerusalem war von jeder Verbindung 12[36]
mit dem Land abgeschnitten; sie konnten weder etwas kaufen noch
etwas verkaufen und hatten fast nichts mehr zu essen; eine beträchtli-
che Anzahl von ihnen kam durch den Hunger um. [50] Da baten sie Si-
meon um Frieden. Er gewährte ihn, vertrieb sie aber von dort und
entsühnte die Burg von jeder Befleckung. [51] Am dreiundzwanzigsten 1[33–36]
Tag des zweiten Monats im Jahr 171 zogen die Israeliten unter der
Musik von Harfen, Zimbeln und Zithern mit Hymnen und Gesängen
in die Burg ein; sie trugen Palmzweige in den Händen und sangen
Freudenlieder. Denn Israel war von einem gefährlichen Feind befreit.
[52] Simeon setzte fest, daß dieser Tag jährlich feierlich begangen wer-
den solle. Er ließ die zur Burg hin gelegene Seite des Tempelbergs
noch stärker befestigen und nahm mit seinem Gefolge Wohnung in
der Burg. [53] Als Simeon sah, daß sein Sohn Johanan zu einem Mann

13[45] Wörtlich: »... ihnen die rechte (Hand) zu reichen«, vgl. [50].
13[49] Wörtlich: »... war daran gehindert, ein- und auszugehen in das Land.«

dem 3. Jahrhundert v. Chr. in der Kriegstechnik des Orients gebraucht.
[46] Vgl. Dan 9[18] Ez 20[44] Ps 103[10].
[48] Bei Ausgrabungen in Geser fand man einen Stein, auf dem ein gewisser Pampras, wohl ein heidnischer Bauarbeiter und Sklave, seiner Unzufriedenheit durch magische Zeichen und folgenden Spruch Ausdruck verliehen hat: »Möge Feuer auf Simeons Palast fallen!«
[49] Vgl. 12[36].
[51–52] Im Juni 141 v. Chr. wurde die Burg wieder in Besitz genommen. Der jährliche Gedenktag geriet später in Vergessenheit. Zu den Musikinstrumenten vgl. 4[54]. Νάβλα, hier

herangewachsen war, machte er ihn zum Befehlshaber aller Streit-
kräfte, und Johanan ließ sich in Geser nieder.
14[1] Im Jahr 172 zog König Demetrius seine Truppen zusammen und
brach nach Medien auf, um Hilfstruppen für den Kampf gegen Try-
phon zu gewinnen. [2] Als Arsakes, der König von Persien und Me-
dien, erfuhr, daß Demetrius in sein Gebiet eingedrungen war, sandte
er einen seiner Feldherren mit dem Auftrag aus, Demetrius lebendig
gefangen zu nehmen. [3] Der Feldherr machte sich auf den Weg,
schlug das Heer des Demetrius, nahm ihn gefangen und brachte ihn
zu Arsakes, der ihn ins Gefängnis warf.

Das Loblied auf Simeon: 14⁴⁻¹⁵

Ri 2¹⁸ 3¹¹

[4] Das Land Judäa hatte Ruhe, solange Simeon lebte.
Er sorgte für das Wohl seines Volkes.
Sie freuten sich jeden Tag über seine Macht und seinen Ruhm.
[5] Sein Ruhm wuchs, als er den Hafen von Jafo gewann;
so öffnete er einen Weg zu den Inseln.

Ex 34²⁴ Jes 54²ᶠ

[6] Er erweiterte das Gebiet seines Volkes
und gewann die Herrschaft über das ganze Land.
[7] Viele Verbannte führte er wieder zurück.

mit »Zither« übersetzt, war eher eine zehn- oder zwölfsaitige Leier mit Klangkasten ohne Griffmarken.

¹⁻³ Die Parther hatten weite Gebiete östlich des Eufrat besetzt. Der Titel des Arsakes »König von Persien und Medien« soll darauf hinweisen. »Arsakes« ist dynastischer Name für alle Partherkönige aus dem Hause des Dynastiebegründers Arsakes (248–224 v. Chr.). Hier ist Arsakes VI. gemeint, der auch Mitridates I. (171–138 v. Chr.) hieß. Demetrius II. zog nach dem Osten, um diese reichen Gebiete zurückzuerobern. Er hatte zunächst Erfolg, geriet aber dann in Gefangenschaft. Mitridates behandelte ihn fürstlich und gab ihm sogar seine Tochter zur Frau. Offensichtlich dachte er daran, ihn später wieder als Vasallenkönig auf den Seleuzidenthron zu setzen.

14⁴⁻¹⁵ Ähnlich wie der Verfasser in 3³⁻⁹ ein Loblied auf Judas singt, so preist er hier die Leistungen Simeons und die damit herbeigeführte Friedenszeit. Das Ganze ist eine sinn- und farbenreiche Zusammenstellung biblischer Zitate und Anspielungen, die auf erfüllte messianische Hoffnung hindeuten: Rückkehr der Gefangenen, Erweiterung des Lebensraumes, Fruchtbarkeit, Freude, Friede, Schutz für Schwache und prachtvoll ausgebauter Tempel.

⁴⁻⁵ Hier stellt der Verfasser eine Eigenschaft des Simeon heraus, wie sie sich auch bei Mordechai findet Est 10³. Als größte Ruhmestat gilt ihm die Eroberung der Hafenstadt Jafo 10⁷⁵ᶠ 12³³ᶠ 13¹¹; denn die Handelsbeziehungen sind für Judäa wichtig. Unter den »Inseln« sind nicht nur die Inseln der Ägäis zu verstehen, sondern auch die übrigen Mittelmeerländer.

⁷ »Er führte viele Gefangene mit« läßt sowohl an die Kriegsgefangenen

Er eroberte Geser, Bet-Zur und die Burg
und vernichtete darin alles, was unrein war.
Niemand widersetzte sich ihm.
8 Sie bebauten in Frieden ihr Land;
der Boden gab seinen Ertrag, Sach 8[12]
die Bäume auf dem Feld ihre Frucht.
9 Auf den Plätzen saßen die Alten; Sach 8[4f]
alle sprachen über ihr Glück.
Die jungen Männer
gingen im Schmuck ihrer Waffen umher.
10 Er versorgte die Städte mit Nahrung
und baute sie zu Festungen aus.
Sein Name wurde berühmt bis an das Ende der Welt.
11 Er brachte dem Land den Frieden,
in Israel herrschte Jubel und Freude.
12 Jeder saß unter seinem Weinstock und seinem Feigenbaum, Mi 4[4]
und niemand schreckte sie auf.
13 Der Feind verschwand aus dem Land;
in jenen Tagen wurden die Könige besiegt.
14 Er stärkte alle Schwachen im Land Ps 72[4]
und setzte sich ein für das Gesetz.
Alle Verräter und Sünder aber rottete er aus.
15 Das Heiligtum baute er prachtvoll aus,
viele Geräte für den Tempel schaffte er an.

Die Erneuerung der Bündnisse mit Sparta und Rom: 14[16–24]

16 Als man in Rom – und auch in Sparta – erfuhr, daß Jonatan tot
war, war man sehr bestürzt. 17 Als man aber hörte, sein Bruder Si-
meon habe seine Nachfolge als Hoherpriester angetreten und das
Land mit seinen Städten sei fest in seiner Hand, 18 schrieben sie ihm

14[9] Besser ist δόξαν statt δόξας.

denken, die er als billige Arbeitskräfte ins Land brachte, als auch an die israelitischen Gefangenen, die er wieder in die Heimat zurückführte, vgl. 5[23] 9[72]. Zu Geser vgl. 13[43–47], zu Bet-Zur 11[65–66], zur Burg von Jerusalem 13[49–51].

[8] Lev 26[4.6] werden fast wörtlich zitiert, Ez 34[27] mit kleinen Abweichungen, vgl. Sach 8[12].

[9–10] Anspielung auf Sach 8[4]. [10c] = 3[9a].

[12] Anspielung auf 1 Kön 5[5] Mi 4[4] Sach 3[10]. Offensichtlich werden hier Simeon und seine Zeit mit der salomonischen Ära verglichen.

14[16–24.16–19.24] sind Berichterstattung über Simeons diplomatische Tätigkeit mit Rom, während [20–23] in Briefform die Erneuerung des Bündnisses mit Sparta darstellen.

[16] »Und auch in Sparta« ist vermutlich späterer Zusatz im Hinblick auf den [20–23] mitgeteilten Brief der Spartaner.

8^{17-32} 12^{3} auf Bronzetafeln einen Brief und boten ihm an, das Freundschaftsbündnis mit ihm zu erneuern, das sie mit seinen Brüdern Judas und Jonatan geschlossen hatten. [19] Diese Botschaft wurde vor der Volksversammlung in Jerusalem verlesen.

[20] Hier ist eine Abschrift des Briefes, den die Spartaner schickten: Die Regierung und die Stadt der Spartaner grüßen den Hohenpriester Simeon, die Ältesten, die Priester und das ganze übrige jüdische Volk, ihre Brüder. [21] Die Gesandten, die ihr zu unserem Volk geschickt habt, haben uns von eurem Ruhm und eurem Ansehen berichtet, und wir haben uns über ihren Besuch sehr gefreut. [22] Was sie vor dem Rat des Volkes gesagt haben, haben wir, wie folgt, schriftlich festgehalten:

Numenius, der Sohn des Antiochus, Antipater, der Sohn Jasons, sind als Gesandte der Juden zu uns gekommen, um die Freundschaft mit uns zu erneuern. [23] Das Volk hat beschlossen, ihnen einen glänzenden Empfang zu bereiten und die Niederschrift ihrer Rede im Staatsarchiv zu hinterlegen, damit das Volk von Sparta sie nicht vergißt. – Eine Abschrift davon schickten sie an den Hohenpriester Simeon.

15^{15} [24] Danach sandte Simeon den Numenius mit einem großen goldenen Schild, der tausend Minen wog, nach Rom, um das Bündnis mit den Römern zu bekräftigen.

Die Bestätigung Simeons durch das jüdische Volk: 14^{25-49}

[25] Als man im Volk davon erfuhr, sagte man: Wie können wir Simeon und seinen Söhnen danken? [26] Denn er, seine Brüder und seine ganze Familie waren uns Halt und Stütze. Er hat den Kampf gegen Israels Feinde geführt und sie vertrieben und mit seinen Brüdern dem Volk

[18] Der Verfasser nimmt an, daß die Initiative zur Bündniserneuerung von Rom ausgegangen ist. Das entspricht ganz seinen Vorstellungen von dem »großen« Simeon, den er gerade in $^{4-15}$ besungen hat. Historisch richtig dürfte es so gewesen sein, daß Simeon die Initiative ergriffen hat ^{24}, so wie er auch nach Sparta zuerst Gesandte geschickt hat, auf die im Antwortschreiben der Spartaner dann eigens hingewiesen wird ^{21}. Zum Schreiben auf Bronzetafeln vgl. 8^{22}.

[22] Numenius und Antipater werden schon 12^{16} als Gesandte für Rom genannt.

[24] »Danach« ist hier wie öfter in 1 Makk redaktionelle Formel 5^{37} 7^{33} 9^{37} 11^{54} 13^{20}. Wenn man eine besondere Gunst erlangen will, bietet man ein wertvolles Geschenk an. Ein Gewicht von »tausend Minen« (= etwa 440 kg) ist allerdings unglaubhaft. »Tausend« ist als Rund- und große Zahl, ὁλκήν = »Gewicht« besser als »Wert« zu verstehen. Das Antwortschreiben Roms wird erst 15^{16-21} mitgeteilt.

14^{25-49} handeln von der durch Volksbeschluß rechtlich anerkannten Macht Simeons. Im einzelnen finden sich folgende Formelemente: $^{25-26}$ sind ein Bericht über die Anfertigung

die Freiheit errungen. Man fertigte Bronzetafeln an, die man auf dem
Berg Zion an Säulen befestigte 27 und auf denen folgendes stand:
Am achtzehnten Tag des Monats Elul im Jahr 172 – das ist im dritten
Jahr der Regierung des großen Hohenpriesters Simeon in Asaramel –
28 wurde auf der großen Versammlung der Priester, des Volkes, der
Führer des Volkes und der Ältesten des Landes uns folgendes be-
kanntgegeben: 29 Als wiederholt im Land Krieg ausbrach, scheuten
Simeon, der Sohn des Mattatias, aus der Familie Jojaribs, und seine
Brüder keine Gefahr. Sie stellten sich den Feinden ihres Volkes entge-
gen, um ihr Heiligtum und das Gesetz zu erhalten, und verschafften
ihrem Volk großen Ruhm. 30 Jonatan führte sein Volk zusammen; er
wurde ihr Hoherpriester, bis er mit seinen Vätern vereint wurde.
31 Als darauf ihre Feinde den Plan faßten, in das Land einzufallen, um
es zu vernichten und ihr Heiligtum anzutasten, 32 erhob sich Simeon
und kämpfte für sein Volk. Aus eigenen Mitteln brachte er viel Geld
auf und versorgte die Krieger seines Volkes mit Waffen und Verpfle-
gung. 33 Er ließ die Städte Judäas befestigen, besonders Bet-Zur, das
an der Grenze von Judäa liegt; er legte eine jüdische Besatzung dort-

14^{28} EÜ hat die Konjektur ἐγνωρίσθη anstelle von ἐγνώρισεν übernommen.

von Gedenktafeln mit entsprechender Inschrift. 27–28 bilden die protokollarische Einleitung der Inschrift. 29–43 lassen sich am besten als Erwägungen oder Entwürfe zur Abfassung der Inschrift verstehen. 29 zeichnet ein zusammenfassendes Bild von Simeons und seiner Brüder Tätigkeit. Während 30 nur über Jonatan berichtet, rühmen 31–34.36–37 die Glanzleistungen Simeons. In allen Sätzen ist Simeon das Subjekt. Dazwischen steht, mit dem Volk als Subjekt, 35, gleichsam als Resümee von 25–49. 38–40 enthalten die ehrenvolle Anerkennung Simeons durch den Seleuzidenkönig Demetrius II. In 41–43 wird nochmals der Inhalt des Volksbeschlusses in erzählender Form dargeboten, 44–45 weisen auf strafrechtliche Konsequenzen hin, die sich aus dem Mißbrauch der Bestimmungen der Inschrift ergeben können. Schließlich werden in 48–49 noch die Annahme des Volksbeschlusses durch Simeon und die Aufstellung der Gedenktafeln mitgeteilt. Mit all diesen Erwägungen möchte das Volk dem großen Führer Simeon danken. Hervorgehoben werden besonders sein mutiges Eintreten für das Gesetz und seine liebevolle Sorge für das Heiligtum.

27 Das Datum entspricht dem 13. September 140 v. Chr. »Asaramel« ist Transkription für den hebräischen Ausdruck *ḥasar ʿam ʾel* = Vorhof des Volkes Gottes. Jedenfalls haben die meisten Versionen es so verstanden. Für die Ortsbestimmung spricht auch die Präposition ἐν. Gemeint ist vermutlich der Tempelvorhof, der dem Volk reserviert und vom Vorhof der Priester unterschieden war.

32 Daß der hochherzige Simeon einen Teil seines Vermögens für die Ausstattung des Heeres opferte, war bisher noch nicht erwähnt worden. Dieser Charakterzug paßt aber gut in eine Ehrenurkunde.

33 Vgl. 11^{65-66} 13^{33}.

34 Vgl. 13^{11} 13^{43-48}. Geser liegt zwar

hin, wo zuvor ein Waffenlager der Feinde gewesen war. 34 Auch die
Städte Jafo am Meer und Geser bei Aschdod ließ er befestigen. Frü-
her wohnten dort die Feinde, er aber siedelte Juden an und ließ ihnen
alles zukommen, was sie zu ihrem Unterhalt brauchten. 35 Als das
Volk sah, wie treu Simeon war und welchen Ruhm er seinem Volk zu
verschaffen suchte, machten sie ihn zu ihrem Führer und Hohenprie-
ster zum Dank für all diese Taten, für die Gerechtigkeit und Treue,
die er seinem Volk bewies, und für sein Bestreben, auf jede Weise
sein Volk zu fördern. 36 Es ist ihm zu seiner Zeit gelungen, die Frem-
den aus dem Land zu vertreiben, vor allem die, die in der Davidstadt
in Jerusalem wohnten und sich eine Burg gebaut hatten, aus der sie
Ausfälle machten, die Umgebung des Tempels entweihten und seiner
Heiligkeit großen Schaden zufügten. 37 Er siedelte in der Davidstadt
Juden an und ließ sie befestigen, um Land und Stadt zu sichern. Auch
ließ er die Mauern von Jerusalem höher machen. 38 Demgemäß bestä-
tigte ihn König Demetrius im Hohenpriesteramt. 39 Er ernannte ihn
zu seinem Freund und zeichnete ihn durch hohe Ehren aus. 40 Denn
er hatte gehört, daß Rom die Juden Freunde, Verbündete und Brüder
genannt und den Gesandten Simeons einen glänzenden Empfang be-
reitet hatte.

41 Darum beschlossen die Juden und ihre Priester, Simeon solle für
immer ihr Anführer und Hoherpriester sein, bis ein wahrer Prophet
4^{46} auftrete. 42 Auch solle er ihr Befehlshaber sein und für das Heiligtum
Sorge tragen; durch ihn seien die Beamten zu ernennen für die Arbei-
ten am Tempel, für das Land, das Heer und die Festungen. 43 [Er
solle für das Heiligtum Sorge tragen.] Alle hätten ihm zu gehorchen.
Jede Urkunde im Land müsse in seinem Namen ausgestellt werden.
Auch dürfe er sich in Gold und Purpur kleiden. 44 Keinem aus dem
Volk oder aus der Priesterschaft sei es erlaubt, eine dieser Bestim-
mungen außer Kraft zu setzen, gegen seine Anordnungen zu versto-
ßen, ohne seine Erlaubnis im Land eine Versammlung einzuberufen,

14^{42} »Für das Heiligtum Sorge tragen« ist ein aus ^{43} hier eingedrungener Passus, der dort wegen der parallel gestalteten Sätze (καὶ ὅπως) ursprünglich ist.

28 km von Aschdod entfernt, zählt aber wohl noch zum Gebiet dieser Stadt.

36 Zur »Davidstadt« vgl. 1^{33}.

40 In ^{20} werden die Spartaner »Brüder« genannt.

41–42 Beide Würden sollen von jetzt an erblich sein, wie schon in ^{25} durch die Wendung »Simeon und seinen Söhnen« angedeutet worden war. Die Hoffnung auf einen »König« aus dem Haus David soll freilich nicht aufgehoben werden, deswegen formuliert man die Einschränkung, die auf die wahre und endgültige Entscheidung eines Gottbeauftragten hinweist, vgl. 4^{46}. Auf jeden Fall besitzt Simeon die höchste zivile (Anführer), religiöse (Hoherpriester) und militärische Gewalt (Befehlshaber).

Purpur zu tragen oder eine goldene Spange anzulegen. [45] Jeder, der dem zuwiderhandle oder sich nicht daran halte, mache sich strafbar. [46] Das ganze Volk beschloß, diese Verfügungen zugunsten Simeons zu erlassen. [47] Simeon nahm an; er willigte ein, Hoherpriester, Befehlshaber und Fürst der Juden und ihrer Priester zu sein und in allem den Vorsitz zu führen. [48] Sie ließen diese Urkunde auf Bronzetafeln schreiben und im Vorhof des Tempels für alle sichtbar aufstellen. [49] Eine Abschrift davon sei in der Schatzkammer für Simeon und seine Söhne zu hinterlegen.

Das Bündnis zwischen Simeon und Antiochus VII.: 15[1–14]

15[1] Antiochus, der Sohn des Königs Demetrius, schickte von den Inseln ein Schreiben an Simeon, den Priester und Fürsten der Juden, und an das ganze Volk. [2] Es hatte folgenden Inhalt: König Antiochus grüßt Simeon, den Hohenpriester und Fürsten, und das jüdische Volk. [3] Ein paar Verbrecher haben die Herrschaft über das Reich unserer Väter an sich gerissen. Ich will nun das Reich wieder übernehmen und in ihm die alte Ordnung wiederherstellen. Ich habe zahlreiche Streitkräfte angeworben, mehrere Kriegsschiffe ausgerüstet, [4] und will mit ihnen landen, um alle zur Rechenschaft zu ziehen, die unser Land verwüstet und so viele Städte in meinem Reich entvölkert haben.

[5] Ich bestätige dir den Erlaß aller Steuern, auf die die Könige vor mir verzichtet haben, und aller sonstigen Geschenke, die sie dir erlassen haben. [6] Hiermit gestatte ich dir, eigene Münzen für dein Land zu

[44] Zum Purpurmantel vgl. 10[20], zur goldenen Spange 10[89].

[47] Der Titel »Anführer« ist durch »Fürst« (= Ethnarch) ersetzt. Dieser Titel wurde den ziemlich selbständig regierenden Vasallen des syrischen Reiches verliehen; der nächsthöhere Rang war der eines Königs.

[49] Die Schatzkammer des Tempels diente somit zugleich als Staatsarchiv.

15[1–14] Der neue junge Kronprätendent Antiochus VII. sucht die Juden als Kampfgenossen zu gewinnen. In einem schmeichlerischen Schreiben [2–9] anerkennt er die schon bestehenden Zustände und verspricht in liturgischen Formeln für die Zukunft besondere Ehrungen. [10–14] berichten über die Belagerung der Stadt Dor, in die sich Tryphon geflüchtet hatte.

[1] Antiochus war der Sohn von Demetrius I. Soter 7[1] und der jüngere Bruder von Demetrius II. 10[67] 14[3]. Er war in Side in Pamphylien erzogen worden und wurde deshalb auch Antiochus VII. Sidetes genannt. Nach Appian (Syriaca 68) befand er sich zu jener Zeit auf der Insel Rhodos.

[3] Unter den »Verbrechern« sind in erster Linie Tryphon und sein Anhang zu verstehen, dann wohl auch die Parther, die die Ostprovinzen besetzt haben.

[5–6] Vgl. 10[28–29] 13[37.39]. Das Münzrecht wird [27] wieder aufgehoben, und bis heute hat man keine Münzen ge-

prägen. [7] Jerusalem und das Heiligtum sollen frei sein. Du darfst alle
Waffen behalten, die du dir beschafft hast, dazu alle Festungen, die
du angelegt hast und die in deiner Hand sind. [8] Alle Schulden an die
königliche Kasse, auch die künftigen Forderungen der Krone, seien
dir von jetzt an für immer erlassen. [9] Sobald wir die Herrschaft ange-
treten haben, werden wir dich, dein Volk und den Tempel mit hohen
Ehren auszeichnen, so daß sich euer Ruhm über die ganze Welt ver-
breitet.
[10] Im Jahr 174 kam Antiochus in das Land seiner Väter. Alle Truppen
schlossen sich ihm an; nur wenige blieben bei Tryphon. [11] Antiochus
verfolgte ihn, und Tryphon flüchtete nach Dor am Meer. [12] Er hatte
gemerkt, daß für ihn schlimme Zeiten angebrochen waren; denn
seine Truppen hatten ihn verlassen. [13] Antiochus belagerte Dor mit
hundertzwanzigtausend Soldaten und achttausend Reitern. [14] Er
schloß die Stadt ein und ließ sie mit den Schiffen vom Meer her an-
greifen. So setzte er ihr zu Wasser und zu Land hart zu und ließ nie-
mand hinein oder heraus.

Nachträge zum Vertrag mit Rom: 15^{15-24}

14^{24} [15] Zu dieser Zeit kam Numenius mit seinen Begleitern aus Rom zu-
rück; er hatte Briefe mit folgendem Inhalt an verschiedene Könige
und Länder bei sich:
[16] Der römische Konsul Luzius grüßt König Ptolemäus. [17] Die jüdi-
schen Gesandten sind als Freunde und Verbündete zu uns gekom-

funden, die Simeon zugeschrieben werden können.
[9] Vgl. 11^{42} Jes 40^{5} Ps $57^{6.12}$ 108^{6}.
[10–11] Wohl im Herbst 139 v. Chr. landet Antiochus in Syrien. Kleopatra, die Gattin des von den Parthern gefangengehaltenen Demetrius II., hielt sich damals in Seleuzia am Meer auf. Viele Soldaten, die von Tryphon abgefallen waren, hatten sich zu ihr geflüchtet. Kleopatra schickte zu Antiochus »und ließ ihm ihre Hand samt dem Thron anbieten« (JA 13,7,1). Antiochus konnte Tryphon aus Syrien nach Phönizien vertreiben. In der alten Hafenstadt Dor, südlich des Karmel, belagerte er ihn.
15^{15-24} Der Bericht über die Belagerung von Dor wird plötzlich unterbrochen, und mitgeteilt wird ein Brief zum Schutz der Juden, den Rom an fünf Herrscher und verschiedene Inseln und Städte des Ostens schickte. Die Adressaten veranschaulichen das Wachsen der römischen Machtsphäre in Asien, in die auch Judäa hineingestellt ist und der es sich auf die Dauer nicht mehr wird entziehen können.
[15–16] Die Entsendung des Numenius nach Rom wurde 14^{24} mitgeteilt. Sie muß im Jahre 142 v. Chr. stattgefunden haben, da in diesem Jahr *Lucius* Caecilius Metellus Calvus Konsul war. Numenius ist sicher früher als 139 v. Chr. aus Rom zurückgekehrt; chronologisch ist also der Brief nicht richtig eingefügt. Exemplarisch wird der Brief an den König von Ägypten,

men, um das alte Freundschaftsbündnis zu erneuern; der Hohepriester Simeon und das jüdische Volk hatten sie geschickt. [18] Sie brachten auch einen goldenen Schild im Wert von tausend Minen mit. [19] Wir haben nun beschlossen, Könige und Länder schriftlich anzuweisen, nichts gegen die Juden zu unternehmen, gegen sie, ihre Städte und ihr Land keinen Krieg zu führen und ihre Gegner nicht zu unterstützen. [20] Auch beschlossen wir, den Schild von ihnen anzunehmen. [21] Wenn nun irgendwelche Verbrecher aus ihrem Land zu euch geflohen sind, so liefert sie dem Hohenpriester Simeon aus, damit er sie nach dem jüdischen Gesetz bestrafen kann. [22] Im gleichen Sinn schrieb Luzius an die Könige Demetrius, Attalus, Ariarathes und Arsakes [23] sowie an alle folgenden Länder: nach Sampsame, Sparta, Delos, Myndos, Sikyon, Karien, Samos, Pamphylien, Lyzien, Halikarnaß, Rhodos, Phaselis, Kos, Side, Arwad, Gortyna, Knidos, Zypern und Zyrene. [24] Eine Abschrift schickten die Römer an den Hohenpriester Simeon.

Die Entfremdung zwischen Simeon und Antiochus VII.: 15[25–36]

[25] König Antiochus belagerte Dor von der Vorstadt aus. Er ließ Truppen ununterbrochen gegen die Stadt anrennen, stellte Belagerungs-

Ptolemäus VIII. Physkon (145–116 v. Chr.), zitiert.
[18] Vgl. 14[24].
[22] In Rom war wohl noch nicht bekannt, daß sich Demetrius II. zu jenem Zeitpunkt in der Gefangenschaft des Partherkönigs Mitridates I. Arsakes VI. befand, vgl. 14[1–3]. Die übrigen Könige sind: Attalus II. Philadelphus von Pergamon (159–138 v. Chr.) und Ariarathes V. Philopator von Kappadozien (162–131 v. Chr.).
[23] Neben fünf Inseln des Ägäischen Meeres bzw. des östlichen Mittelmeeres (Delos, Samos, Rhodos, Kos, Zypern) und drei Provinzen Kleinasiens (Karien, Pamphylien, Lyzien) werden noch folgende Städte aufgezählt: Sampsame in Pontus am Schwarzen Meer; Sparta auf dem Peloponnes; Myndos, Knidos (Hafenstädte) und Halikarnaß (Hauptstadt) in Karien; Sikyon = westlich von Korinth auf dem Peloponnes; Phaselis in Lyzien; Side = Hafenstadt in Pamphylien; Arwad = phönizische Inselstadt, 50 km nördlich von Tripolis; Gortyna im Süden der Insel Kreta; Zyrene an der Nordküste Afrikas.
15[25–36] Antiochus VII. fühlt sich stark und läßt seine Maske fallen. In direkter Botenrede schlägt er harte Töne gegen Simeon an: Er stellt Gebiets- und Geldforderungen und droht mit Krieg. Simeon schlägt ebenso hart zurück, indem er stolz auf das Erbe der Väter, d.h. auf die Grenzen des salomonischen Reiches verweist Ex 23[31] Dtn 11[24] Jos 11[23]. Er zeigt sich allerdings auch zu kleineren Kompromissen bereit [33–35]. Der Königsbote aber reist voller Unmut ab.
[25] Der in [14] unterbrochene Bericht über die Belagerung von Dor wird hier fortgesetzt. Manche möchten darum ἐν τῇ δευτέρᾳ als Randnotiz im Sinne von »zum zweiten Mal«

maschinen auf und hielt Tryphon eingeschlossen, so daß niemand
hinein oder heraus konnte. 26 Simeon sandte dem König zu seiner
Unterstützung zweitausend ausgesuchte Krieger, dazu Silber und
Gold und viel Kriegsausrüstung. 27 Aber der König wollte es nicht an-
nehmen; er brach vielmehr mit ihm und machte alles rückgängig, was
er vorher mit ihm vertraglich vereinbart hatte. 28 Er schickte einen sei-
ner Freunde namens Athenobius als Unterhändler zu ihm und ließ
ihm sagen: Ihr habt Jafo, Geser und die Burg von Jerusalem besetzt,
Städte meines Königreiches. 29 Ihr Gebiet habt ihr verwüstet und gro-
ßen Schaden im Land angerichtet, und viele Orte in meinem Reich
habt ihr an euch gerissen. 30 Nun gebt die Städte wieder heraus, die
ihr besetzt habt; ebenso entrichtet die Steuern für die Orte außerhalb
Judäas, die ihr euch angeeignet habt. 31 Andernfalls gebt als Ersatz
fünfhundert Talente Silber, weitere fünfhundert Talente für den
Schaden, den ihr angerichtet habt, und für die Steuern der Städte.
Sonst kommen wir und führen Krieg gegen euch. 32 Athenobius, der
Freund des Königs, kam nach Jerusalem. Als er die Prachtentfaltung
1 Kön 10^{4f} Simeons, den Schrank mit den goldenen und silbernen Geräten und
den großen Hofstaat sah, war er sehr erstaunt. Er meldete Simeon die
Worte des Königs; 33 doch der gab zur Antwort: Wir haben kein
fremdes Land besetzt und uns nichts angeeignet, was uns nicht ge-
hörte, sondern wir haben nur das Erbe unserer Väter zurückgeholt,
das unsere Feinde zu Unrecht vorübergehend an sich gerissen hatten.
34 Wir nutzen nur die Gelegenheit und halten das Erbe unserer Väter
fest. 35 Was aber Jafo und Geser betrifft, auf die du Anspruch erhebst,
so ist zu sagen: Diese Städte haben unserem Volk und Land großen
Schaden zugefügt. Wir wollen für sie hundert Talente zahlen.
Athenobius gab ihm keine Antwort, 36 sondern ging wütend zum Kö-
nig zurück. Er unterrichtete ihn über die Antwort Simeons, über seine
Prachtentfaltung und über alles, was er gesehen hatte. Da geriet der
König in heftigen Zorn.

verstehen. Doch verdient wohl die topographische Angabe »Vorstadt« oder »Neustadt« den Vorzug, vgl. Zef 1^{10}.

$^{28-29}$ Zu Jafo vgl. 10^{75} 12^{33} 13^{11}, zu Geser 4^{15} 13^{43}. Die »vielen Orte« sind die von 11^{57}.

^{31} Das attische Talent, das damals auch in Judäa in Gebrauch war, wog etwa 26,2 kg.

^{35} Simeon weiß sehr wohl, daß auch Jafo und Geser einst zum salomonischen Reich gehörten 2 Chr 2^{15} 1 Kön 9^{15-17}, erachtet es aber im Augenblick für diplomatischer, auf den historischen Beweis zu verzichten und die Geldsumme anzubieten.

15^{37}–16^{10} Antiochus VII. führt einen Zweifrontenkrieg. Er selbst verfolgt Tryphon, während sein Heerführer Kendebäus gegen Simeon antritt $^{37-41}$. In einer Ansprache ermutigt Simeon seine Söhne zum Kampf für die Freiheit des Volkes und ruft Gottes Segen auf sie herab $^{2-4}$. Mit dem siegreichen Johanan läßt der Verfasser die zweite Generation ins Blickfeld treten, nachdem Johanan und

Der Sieg der Söhne Simeons über Kendebäus: 15[37]–16[10]

[37] Tryphon entkam auf einem Schiff nach Orthosia. [38] Der König er-
nannte Kendebäus zum Befehlshaber über die Küste und teilte ihm
Fußtruppen und Reiterei zu. [39] Er gab ihm den Auftrag, an der
Grenze Judäas ein Lager aufzuschlagen, den Ort Kidron auszubauen
und mit festen Toren zu versehen, um gegen die Juden Krieg zu füh-
ren, während er selbst die Verfolgung des Tryphon aufnahm. [40] Ken-
debäus zog nach Jamnia und begann, das jüdische Volk zu reizen,
Überfälle auf Judäa zu machen, Juden gefangenzunehmen und zu er-
morden. [41] Er baute Kidron aus und legte Reiter und Fußtruppen hin-
ein. Diese unternahmen Streifzüge auf den Straßen Judäas, wie ihnen
der König befohlen hatte.
16[1] Da kam Johanan von Geser herauf und berichtete seinem Vater
Simeon von den Unternehmungen des Kendebäus. [2] Simeon rief seine
beiden ältesten Söhne, Judas und Johanan, zu sich und sagte zu ih-
nen: Ich, meine Brüder und meine Familie haben von Jugend an bis
auf den heutigen Tag die Kriege Israels geführt. Oft gelang es uns,
Israel zu retten. [3] Nun bin ich alt geworden; ihr aber seid durch des
Himmels Gnade herangewachsen. Tretet an meine und meines Bru-
ders Stelle, zieht aus, und kämpft für unser Volk! Der Himmel möge
euch helfen. [4] Er hob im Land zwanzigtausend besonders kampfer-
probte Männer aus, dazu Reiter. Sie zogen gegen Kendebäus und

15[39] Das zweite ἐνετείλατο αὐτῷ ist als versehentliche Wiederholung überflüssig.

16[3] Wörtlich: »ihr aber seid durch Gnade herangewachsen.« – In 16[2]13[3] 14[26] wird immer von οἱ ἀδελφοί μου (αὐτοῦ) gesprochen. Hier bieten zwar alle Hss den Singular; dieser könnte allerdings Verlesung aus unvokalisiertem hebr. *'aḥaj* sein.

sein Bruder Judas sich am Grabmal von Modeïn an die Großtaten der Vorfahren erinnert haben.

[37] Die phönizische Stadt Orthosia lag nördlich von Tripolis an der Mündung des Eleutherus.

[39] Kidron lag 6 km südöstlich von Jamnia und 15 km südwestlich von Geser, wo Johanan seinen Standort hatte. Tryphon konnte nach JA 13,7,2 noch bis zu seinem Geburtsort Apamea am Orontes fliehen. Dort wurde er während der Belagerung gefangengenommen und getötet.

16[2–3]. In [14] wird noch Mattatias, ein jüngerer Sohn, erwähnt. Simeon, der sicher das 60. Lebensjahr überschritten hat, redet in Formeln, die sich auch sonst in 1 Makk finden 13[3] 3[2] 2[66], vgl. 12[15]. Die Umschreibung von Gott mit »Himmel« und »Gnade« ist für den Autor charakteristisch, vgl. 3[18–19].

[4–5] Simeon hat wohl noch selbst die Aushebung des Heeres befohlen, vgl. JA 13,7,3; jüdische Reiterei wird hier zum erstenmal für die Makkabäerzeit erwähnt. Das Heer marschierte von Modeïn über Geser in

blieben über Nacht in Modeïn. [5] Früh am nächsten Morgen rückten
sie aus in die Ebene. Plötzlich trafen sie auf ein großes Heer, Fußvolk
und Reiterei. Es lag aber eine Schlucht zwischen ihnen. [6] Johanan
machte mit seinen Leuten dem Feind gegenüber halt. Als er merkte,
daß sie Angst hatten, die Schlucht zu durchqueren, ging er als erster
hinüber. Das sahen seine Männer und folgten ihm auf die andere
Seite. [7] Dann zog er das Heer auseinander und ließ die Reiterei sich
mitten zwischen dem Fußvolk aufstellen; die Reiterei des Feindes war
nämlich sehr stark. [8] Man stieß in die Trompeten, und Kendebäus
wurde samt seinem Heer geschlagen und hatte viele Gefallene zu beklagen. Der Rest floh in die Festung. [9] Bei dieser Gelegenheit wurde
Judas, der Bruder des Johanan, verwundet. Johanan aber nahm die
Verfolgung auf, bis er nach Kidron kam, das Kendebäus ausgebaut
10[84] hatte. [10] Da flohen sie weiter in die Türme bei Aschdod. Johanan ließ
die Stadt in Brand stecken; dabei kamen etwa zweitausend Feinde
um. Johanan aber kehrte wohlbehalten nach Judäa zurück.

Die Ermordung Simeons und der Regierungsantritt Johanans: 16[11–24]

[11] Ptolemäus, der Sohn Abubs, war Befehlshaber in der Ebene von Jericho. Er besaß viel Silber und Gold; [12] denn er war der Schwiegersohn des Hohenpriesters. [13] Da wurde er stolz; er wollte die Herrschaft über das Land an sich reißen und plante einen heimtückischen
Anschlag, um Simeon und seine Söhne aus dem Weg zu räumen.
[14] Als Simeon die Städte in jener Gegend besuchte, um dort nach dem

Richtung Kidron. Die »Schlucht« ist das Wadi Qatra, etwa 1,5 km von Kidron.

[8] Gemeint ist das zur Festung ausgebaute Kidron 15[39.41].

[10] Aschdod, 12 km südwestlich von Kidron, war von Wachttürmen umgeben. Jonatan hatte acht Jahre vorher einen Teil der Stadt in Brand gesteckt 10[84].

16[11–24]. [11–17] sind ein Bericht über die Ermordung Simeons. Es ist die Tragik des letzten der makkabäischen Brüder, daß er durch den Verrat seines eigenen Schwiegersohnes sterben muß. Herrschsucht, Undankbarkeit, List und Verletzung der Gastfreundschaft töten das Leben eines glaubensstarken Priesters, der dieses Leben mehr als einmal für die Freiheit der Religion und des Volkes eingesetzt hat. [18–23] stellen noch kurz den Sohn Johanan als Nachfolger vor, der dem Mordversuch des gleichen Volksverräters entgehen und einen ersten Aufstand unterdrücken kann. Als der Priesterfürst Johannes Hyrkanus (134–104 v. Chr.) wird er die Politik seines Vaters fortsetzen und Israels glorreiche Vergangenheit wiederherstellen.

[11–12] Simeon hat wichtige Grenzbezirke mit seiner Verwandtschaft besetzt: Geser mit seinem Sohn Johanan, Jericho mit seinem Schwiegersohn Ptolemäus. Dieser verdankt seinen Reichtum wohl auch der Mitgift seiner Gattin.

[14–15] Das Datum entspricht Januar/Februar 134 v. Chr. Die Bergfestung

Rechten zu sehen, kam er mit seinen Söhnen Judas und Mattatias im
elften Monat, das ist der Schebat, des Jahres 177 nach Jericho. 15 Der
Sohn Abubs hatte eine kleine Festung namens Dok erbaut. Dort
nahm er sie voll Hinterlist auf. Er veranstaltete für sie ein großes Ge-
lage, hielt aber im Hintergrund einige Männer versteckt. 16 Als Si-
meon und seine Söhne betrunken waren, sprangen Ptolemäus und
seine Leute auf, griffen zu ihren Waffen, drangen zu Simeon in den
Speisesaal ein und erschlugen ihn und seine beiden Söhne und einige
aus seinem Gefolge. 17 So beging Ptolemäus einen gemeinen Verrat
und vergalt Gutes mit Bösem.
18 Ptolemäus berichtete darüber dem König in einem Brief, und bat
ihn, ihm Truppen zu Hilfe zu schicken und ihm das Land und die
Städte zu übergeben. 19 Auch schickte er einige Männer nach Geser,
um Johanan ermorden zu lassen. Die Hauptleute forderte er schrift-
lich auf, zu ihm zu kommen; er wolle ihnen Silber und Gold und an-
dere Geschenke geben. 20 Wieder andere schickte er aus, damit sie Je-
rusalem und den Tempelberg besetzten. 21 Aber jemand lief voraus
und meldete Johanan in Geser, sein Vater und seine Brüder seien tot;
er sagte: Er hat bereits Leute ausgeschickt, um auch dich umbringen
zu lassen.
22 Als Johanan das hörte, erschrak er sehr. Die Männer aber, die ka-
men, um ihn zu ermorden, ließ er ergreifen und niedermachen; denn
er wußte, daß sie ihn umbringen wollten.
23 Die weitere Geschichte Johanans, die Kriege, die er führte, die Ta- 1 Kön 11^{41} 14^{29}
ten, die er vollbrachte, auch wie er die Mauern bauen ließ und was er

16^{14} φροντίζειν in der Bedeutung »sich kümmern um« steht mit dem Genitiv. Daher kann τά ausfallen, wie einige Hss beweisen. – Die Hss lesen die umgekehrte Reihenfolge: »mit seinen Söhnen Mattatias und Judas.«

Dok liegt 8 km nordwestlich von Jericho auf dem kleinen Bergplateau Qarantal, 350 m über N. N.

19 Ptolemäus versucht, die höheren Offiziere von Judäa durch Bestechungsgelder auf seine Seite zu ziehen.

22 Versuchter Meuchelmord wurde damals hart bestraft. Nach JA 13,7,4 konnte Johanan sich nach Jerusalem retten, »wo er sich auf das Volk verlassen konnte, das seinem Vater so viel Gutes verdankte und den Ptolemäus haßte. Als nun Ptolemäus durch ein anderes Tor eindringen wollte, trieb ihn das Volk zurück, weil es den Hyrkanus schon aufgenommen hatte«.

23–24 Dieser Schluß entspricht weitgehend 9^{22} und ahmt die Schlußformeln der Königs- und Chronikbücher nach, vgl. 1 Kön 11^{41} $14^{19.29}$ 1 Chr 29^{29} 2 Chr 9^{29} 12^{15} u. ö. Daß Johanan die Mauern Jerusalems wieder aufbauen ließ, wird sonst nicht ausdrücklich gesagt. Gemäß JA 13,8,3,4 belagerte Antiochus VII. noch im Jahre 134 Jerusalem und verlangte als Waffenstillstandsbedingung u. a. den Abbruch der Mauerkrönung. Im Jahre 129 mußte Johanan den König auf einem Feldzug

sonst unternahm – 24 all das steht in der Chronik seines Hohenpriestertums geschrieben, von dem Tag an, da er anstelle seines Vaters Hoherpriester wurde.

gegen die Parther begleiten. Antiochus VII. fiel in diesem Kampf, Johanan konnte nach Jerusalem zurückkehren und sich dem Ausbau der Stadt widmen. Die »Chronik des Hohenpriestertums Johanans« ist nicht mehr erhalten. Möglicherweise konnte aber noch Flavius Josephus aus einer solchen Quelle schöpfen.

BRIEFE DER JUDEN JERUSALEMS AN DIE JUDEN IN ÄGYPTEN: 1^{1}–2^{18}

Der erste Brief zum Tempelweihfest: 1^{1-9}

1 [1] Wir, eure Brüder, die Juden aus Jerusalem und aus dem Land Ju-
däa, grüßen euch, unsere Brüder, die Juden, die in Ägypten wohnen,
und wünschen euch Frieden. [2] Gott möge euch Gutes erweisen und
seines Bundes gedenken, den er mit seinen treuen Dienern Abraham,
Isaak und Jakob geschlossen hat. [3] Er gebe euch allen ein Herz, das
euch fähig macht, ihn zu fürchten und seiner Lehre mutig und bereit-
willig zu folgen. [4] Er öffne euer Herz für sein Gesetz und für die Ge-
bote und schenke euch Frieden. [5] Er erhöre eure Gebete, schenke
euch Versöhnung und verlasse euch nicht in der Not. [6] So beten wir
hier für euch.
[7] Unter der Regierung des Demetrius, im Jahr 169, haben wir Juden 1 Makk 10^{67}

1^{4} Andere Übersetzer verstehen ἐν τῷ νόμῳ αὐτοῦ καὶ ἐν τοῖς προστάγμασι instrumental: »Er öffne euer Herz mittels seines Gesetzes und der Gebote.«

1^{1-9} 2 Makk beginnt erst 2^{19}; vorangestellt sind zwei Briefe zum Tempelweihfest. Der erste Brief ist ein »Festbrief« aus dem Jahr 124 v. Chr.: Die Juden von Jerusalem/Judäa fordern die Juden Ägyptens auf, das Tempelweihfest mit ihnen am gleichen Datum zu feiern. Nach der Einleitung mit Grüßen, Wünschen und Gebetsversicherung $^{1-6}$ wird aus einem Festbrief des Jahres 143 zitiert, in dem die ägyptischen Juden schon einmal zur Feier dieses Festes eingeladen wurden $^{7-8}$. Das Tempelweihfest (Hanukka) wurde 164 v. Chr. durch Judas Makkabäus eingesetzt. Es ist nicht recht ersichtlich, warum die Juden Judäas 20 bzw. 40 Jahre später die Einführung dieses Festes in der ägyptischen Diaspora wünschen. Sicherlich aber bildet ein gemeinsamer Festkalender ein wichtiges Band für die Einheit der Judenschaft. Auch Mordechai schrieb als persischer Großwesir an die Juden im persischen Reich Briefe, um sie zur Feier des Purimfestes zu verpflichten Est 9^{20-21}. Deutliche Parallelen zu unserem Brief finden sich auch im aramäischen Pascha-Festbrief des Hananja aus dem Jahre 419 v. Chr. an die Juden der Nilinsel Elefantine, in dem aus einem Beschluß des Perserkönigs Darius II. zitiert wird.

^{1} Seit dem 6. Jahrhundert v. Chr. gab es in Ägypten jüdische Kolonien. Die bekanntesten sind die von Elefantine, Alexandria und Leontopolis. Die doppelte Grußform entspricht nicht dem gebräuchlichen Briefformular: Absender, Adressat, Gruß.

$^{2-6}$ Dieser Briefteil enthält sechs Gebetswünsche, die zwar allgemein gehalten sind, aber alle vom Väterbund, der Grundlage der atl Heilsordnung, ausgehen Gen 15^{18} 26^{3} 35^{12} und als Gottesgaben betrachtet werden: Gottesfurcht, Erfüllung des göttlichen Willens, Frieden, Gebetserhörung, Sündenvergebung und Hilfe in Notzeit.

^{7} Gemeint ist Demetrius II. (145–140 v. Chr.). Der Festbrief ist 143/42

euch geschrieben: In der höchsten Not, die in diesen Jahren über uns
4^{7-22} kam, als Jason und sein Anhang vom heiligen Land und vom König-
1 Makk 4^{38} reich abfielen, 8 verbrannten sie das Tempeltor und vergossen un-
schuldiges Blut. Wir aber beteten zum Herrn, und er hat uns erhört.
So konnten wir wieder Brand- und Speiseopfer darbringen; wir zün-
deten die Leuchter an und legten die Schaubrote aus. 9 Und nun be-
geht die Tage des Laubhüttenfestes im Monat Kislew! Geschrieben
im Jahr 188.

Der zweite Brief zum Tempelweihfest: 1^{10}–2^{18}

10 Die Bewohner Jerusalems und Judäas, der Hohe Rat und Judas
wünschen dem Aristobul, dem Lehrer des Königs Ptolemäus aus dem

verfaßt, möglicherweise von Simeon, dem Hohenpriester und Führer der Juden, initiiert, vgl. 1 Makk 13^{31-42}. Jason, ein Führer der Reformjuden, hatte sich das Amt des Hohenpriesters von König Antiochus Epiphanes erkauft und amtierte von 175 bis 172 v. Chr., vgl. 2 Makk 4 und 5. Das »heilige Land« ist Judäa Sach 2^{16}, das »Königreich« ist die Königsherrschaft Gottes, vgl. Gott als »König der Könige« 13^{4} und als »König der Welt« 7^{9}.

$^{8-9}$ Zum Verbrennen der »Tore« und zum Vergießen unschuldigen Blutes vgl. 1 Makk 4^{38} 1^{37} und 8^{33} 5^{26}. Vgl. weiterhin den Bericht über die Wiedereinweihung des Tempels unter Judas 1 Makk 4^{52-61}. Wie beim Laubhüttenfest im Monat Oktober beging man eine achttägige Opferfeier; daher wird das Tempelweihfest hier als »Laubhüttenfest« des Monats Kislew (Dezember) beschrieben. Mit dem Datum lenken die Verfasser in die Gegenwart zurück, ins Jahr 124 v. Chr.

1^{10}–2^{18} In diesem Abschnitt hat der Verfasser aus dem außerbiblischen Schrifttum Volkserzählungen, Legenden und ein Gebet zusammengestellt, die irgendwie mit dem Tempel, seiner Entweihung, Reinigung und Wiedereinweihung und mit dem Hanukkafest als dem Fest des Feuers und der Lichter zusammenhängen. Er hat das Ganze in den Rahmen eines Briefes eingespannt, in dem der Makkabäer Judas und die Bewohner Jerusalems die Juden Ägyptens auffordern, das Fest der Tempelreinigung mit ihnen zu feiern. Der pseudepigraphische und zum Teil legendäre Charakter dieser Verse läßt sich nicht übersehen. Nach dem einleitenden Briefformular ^{10} erzählt der Autor vom grausamen Tod des Königs Antiochus Epiphanes, der einst gegen den Tempel in Jerusalem gewütet und den Gott durch die List heidnischer Priester im Tempel von Elymaïs bestraft hatte $^{11-17}$. Es folgt die kurze Einladung zur Mitfeier des Tempelweihfestes ^{18}. Mit der ätiologischen Feuer-Legende $^{19-23.30-36}$ will der Verfasser die »Ewigkeit« des Opferfeuers beweisen: Das Opferfeuer am gegenwärtigen Tempel ist eigentlich immer noch dasselbe wie das des alten Tempels. Es war während des Exils durch ein Wunder zu Petroleum (Neftar) geworden, und Neftar (= Reinigung) bezieht sich auf die zu feiernde Tempelreinigung. Von wunderbar entfachtem Feuer als göttlicher Beglaubigung

Geschlecht der gesalbten Priester, und den Juden Ägyptens Glück
und Heil. 11 Wir danken Gott von Herzen, der uns aus großen Gefah-
ren errettet hat. So sind wir bereit, selbst mit einem König zu streiten.
12 Gott selbst nämlich hat alle verjagt, die gegen die Heilige Stadt ge- 9^{1-29}
kämpft haben. 13 Denn als der Fürst mit seinem Heer, das als unüber-
windlich galt, nach Persien zog, fanden sie im Tempel der Nanäa den
Tod. Die Priester der Nanäa hatten sie nämlich überlistet. 14 Unter
dem Vorwand, sich mit der Göttin zu vermählen, war Antiochus mit
seinen Freunden, die ihn begleiteten, zum Tempel gekommen; sozu-
sagen als Mitgift wollte er sich dabei die großen Reichtümer aneig-
nen. 15 Die Priester der Nanäa legten die Schätze für sie auch bereit,
und Antiochus ging mit einigen wenigen Männern in den heiligen Be-
zirk. Sobald er aber das Heiligtum betreten hatte, schlossen sie das
Tor. 16 Sie öffneten eine geheime Tür an der Decke, warfen schwere
Steine herab, zerschmetterten den Fürsten (und seine Begleiter), zer-
stückelten sie, schnitten ihnen die Köpfe ab und warfen sie hinaus zu
denen, die draußen stehen geblieben waren. 17 Für all das sei unser
Gott gepriesen: Er hat die Sünder dem Untergang preisgegeben.

1^{15} Wörtlich: »die Priester des Nanaion« (= Heiligtum der Nanäa).

1^{16} Der Zusatz καὶ τοὺς σὺν αὐτῷ (oder ähnlich) ist wegen des Plurals »Köpfe« erforderlich. Der Schreiber ist wohl versehentlich zum folgenden καὶ μέλη ... gesprungen.

wird auch 2^{9-11} erzählt. In die Feuer-Legende ist ein Bittgebet eingefügt $^{24-29}$: Der einzige, gerechte und barmherzige Gott möge die Einheit des Volkes wiederherstellen. Gemäß der Jeremia-Erzählung 2^{1-8} hat der Prophet Zelt, Bundeslade und Räucheraltar in einer Höhle verborgen bis zur endgültigen Wiederaufrichtung des Volkes Israel. 2^{13-15} schreiben Nehemia und Judas die Anlage einer Tempelbibliothek zu. Zum Schluß wird nochmals zur Mitfeier der Reinigung des heiligen Ortes eingeladen 2^{16-18}.

10 Der sicher später fingierte Brief möchte auf jeden Fall von dem Makkabäer Judas geraume Zeit vor der Feier des ersten Tempelweihfestes (164 v. Chr.) an die Juden in Ägypten gesandt sein 1^{18} 2^{14}. Der Toraerklärer Aristobul hatte König Ptolemäus Philometor (181–145 v. Chr.) seine Werke gewidmet, weshalb er hier »Lehrer des Königs« genannt wird.

11 Der Dank an Gott gehört zum hellenistischen Briefformular. Hier wird er verbunden mit der Bereitschaft, den ererbten Glauben gegen jeden Angriff zu verteidigen. Mit dem »König« ist Antiochus IV. Epiphanes gemeint, von dessen Ermordung in den folgenden Versen erzählt wird.

13–14 Zum Tempel der Nanäa vgl. 1 Makk 6^{1-2}. Nanäa wurde hauptsächlich als Liebesgöttin verehrt, die fiktive heilige Hochzeit war eine übliche Form der Könige, um Geld aus dem Tempelschatz zu nehmen.

16 Vgl. dazu die wesentlich anderslautenden Berichte über den Tod Antiochus IV. in 1 Makk 6^{1-14} 2 Makk 9^{1-29}.

18–19 Hier wird den Juden Ägyptens

18 Wir wollen nun am fünfundzwanzigsten Kislew die Reinigung des
Tempels feiern. Darum hielten wir es für unsere Pflicht, euch davon
zu benachrichtigen, damit auch ihr sie wie die Tage des Laubhütten-
festes feiern könnt und wie die Tage des Feuers. (Letztere erinnern
an den Tag,) an dem Nehemia nach dem Aufbau von Tempel und Al-
tar erstmals wieder Opfer darbrachte. 19 Denn als unsere Väter nach
Persien in die Verbannung geführt wurden, nahmen die Priester, die
fromm geblieben waren, etwas von dem Feuer des Altars mit und ver-
Lev 6^5 bargen es heimlich im Schacht eines leeren Brunnens. Sie versteckten
es so, daß die Stelle allen unbekannt blieb. 20 Darüber vergingen viele
Jahre. Doch als es Gott gefiel, sandte der König von Persien den Ne-
hemia her. Der schickte die Nachkommen jener Priester aus, um das
Feuer holen zu lassen, das ihre Väter einst versteckt hatten. 21 Als sie
uns erklärten, kein Feuer gefunden zu haben, sondern nur eine dicke
Flüssigkeit, befahl er ihnen, etwas davon zu schöpfen und zu ihm zu
bringen. Das Opfer wurde hergerichtet. Dann ließ Nehemia von den
Priestern das Brennholz, und was darauf lag, mit diesem zähflüssigen
Wasser begießen. 22 So geschah es. Nach einiger Zeit brach die Sonne
hervor, die von Wolken verdeckt gewesen war. Da flammte ein gro-
ßes Feuer auf, und alle staunten. 23 Während das Opfer verbrannte,
beteten die Priester und alle anderen, die bei ihnen waren; Jonatan
stimmte an, und die übrigen, darunter auch Nehemia, beteten laut
mit.
24 Das Gebet aber lautete so: Herr, o Herr, du Gott und Schöpfer al-
ler Dinge, furchtbarer, starker, gerechter und barmherziger Gott! Du

1^{18} Der griechische Text ist korrupt, daher ist »die Tage« ergänzt und das ὅτε durch den Satz »Letztere erinnern an den Tag« erklärt.

noch etwas über die Art und Weise der Feier des Tempelweihfestes mitgeteilt: Sie sollen es feiern wie ein Laubhütten- und Feuerfest, d.h., acht Tage lang sollen sie besondere Opfer darbringen und mit Efeu bekränzte Stäbe, grüne Zweige und Palmen tragen 10^{6-7}, und während dieser Tage sollen sie die Hanukkalichter anzünden, um damit an das Wiederaufleuchten des Altarfeuers und der Menora zu erinnern 1 Makk 4^{50} 2 Makk 10^3. τὰ φῶτα = die Lichter nennt Flavius Josephus dieses Fest deshalb volkstümlich. »Feuer« ist für den Autor auch das Stichwort, die Legende von der »Ewigkeit« des Feuers anzuschließen. Merkwürdig ist, daß Nehemia als Erbauer des zweiten Tempels (statt der Mauer) bezeichnet wird und von einer Verbannung nach Persien (statt nach Babylon) gesprochen wird.

$^{21-22}$ »Uns« (ἡμῖν) ist überliefert, aber unverständlich. Vermutlich ist es durch Itazismus entstanden ἦ μήν = wahrhaftig. Die Szene erinnert an Elija 1 Kön 18^{33-38}. Das zähflüssige Wasser war Erdöl, das sich durch die intensive Sonnenbestrahlung entzündete, vgl. $^{32.36}$.

$^{24-25}$ Die Anhäufung der göttlichen Namen und Attribute ist auffallend. χορηγός ^{25} ist ursprünglich derje-

allein bist König, und du bist gütig. 25 Du allein gibst alle Gaben. Nur
du bist gerecht, allmächtig und ewig. Du rettest Israel aus aller Not.
Du hast unsere Väter erwählt und sie heilig gemacht. 26 Nimm dieses
Opfer an für dein ganzes Volk Israel! Behüte dein Erbteil, und mach
es heilig! 27 Sammle uns aus der Zerstreuung, befrei alle, die bei den
Heiden in Knechtschaft leben, schau auf die Verachteten und Verab-
scheuten! Dadurch sollen die Heiden erkennen, daß du unser Gott
bist. 28 Strafe die stolzen und frechen Unterdrücker! 29 Pflanz dein
Volk an deinem heiligen Ort ein! Denn so hat es Mose zugesagt. Dtn 30^{3-5}
30 Die Priester begleiteten die Loblieder, die man sang, mit Musik.
31 Als das Opfer verbrannt war, ließ Nehemia das übriggebliebene
Wasser auf große Steine schütten. 32 Da entzündete sich eine lo-
dernde Flamme. Sie verzehrte sich im Schein des Feuers, das vom Al-
tar her leuchtete. 33 Dieses Ereignis wurde überall bekannt, und man
meldete dem persischen König, an der Stelle, an der die Priester, die
in die Verbannung gingen, das Feuer versteckt hätten, sei das Wasser
zum Vorschein gekommen, das die Leute des Nehemia dann über das
Opfer gossen. 34 Nachdem der König die Sache geprüft hatte, ließ er
den Ort umfrieden und für heilig erklären. 35 Auch nahm der König
viele kostbare Geschenke und verteilte sie unter die, denen er wohlge-
sinnt war. 36 Die Leute um Nehemia nannten das Wasser Neftar, das
heißt: Reinigung. Bei den meisten aber heißt es Neftai.
2^{1} In den Schriften steht, Jeremia, der Prophet sei es gewesen, der be-
fohlen habe, etwas von dem Feuer – wie schon gesagt – zu nehmen,

1^{36} Es gibt verschiedene Lesarten: εφθαρ, νεφθε, νεφθαει, νεφθα.

nige, der aus seinem Vermögen einen Chor besoldet, dann jeder, der für den notwendigen Unterhalt sorgt.

26 Zum Erbteil vgl. Dtn 32^{9}.

27 Dtn 30^{3-5} Ps 146^{2} Jer 23^{8}.

29 Das Mosewort ist Ex 15^{17} oder Dtn 30^{5}. Das ganze Gebet paßt schlecht zu der Situation, in die es eingefügt ist, von Einweihung und Feuer verlautet nichts.

32 Die lodernde Flamme des neuen Feuers vereinte sich mit der Flamme des Altars, so daß sie gleichsam vom Opferfeuer verzehrt wurde. Auch vom Opferfeuer des Elija heißt es, daß es »die Steine und die Erde verzehrte und das Wasser im Graben aufleckte« 1 Kön 18^{38}.

34–36 Hier mag die Kultätiologie eines persischen Heiligtums, eines Feueraltars, hineinspielen. Die Perser verehrten ja das Feuer als Sinnbild des Lichtgottes. Von hier aus ist es leicht zu verstehen, daß der König die Auffinder des Feuers großzügig belohnte. Der Ausdruck Neftar meint das leichtentzündliche »medische« Erdöl. »Neftar« als etymologische Ätiologie für »Reinigung« könnte an das hebräische Wort *ṭohar* oder an das griechische καθαρισμός (beide bedeuten »Reinigung«) erinnern.

1–2 Diese Schriften sind uns nicht überliefert. Der Brief des Propheten Jeremia in Bar 6 enthält ähnliche Anweisungen.

Bar 6 als sie in die Verbannung geführt wurden. 2 Der Prophet habe ferner
den Verbannten das Gesetz übergeben und ihnen eingeschärft, die
Gebote des Herrn nicht zu vergessen noch im Herzen irre zu werden,
wenn sie die goldenen und silbernen Götzen und ihren Prunk sähen.
3 Mit manchen Reden solcher Art ermahnte er sie, das Gesetz nicht
aus ihrem Herzen schwinden zu lassen. 4 In dem Buch stand weiter
zu lesen, daß der Prophet einen Gottesspruch empfangen habe und
daraufhin das Zelt und die Lade hinter sich hertragen ließ. Er sei hin-
Dtn 34 ausgegangen zu dem Berg, auf den Mose gestiegen war, um das von
Gott verheißene Erbteil zu sehen. 5 Dort fand Jeremia eine Höhle wie
ein Haus. Er trug das Zelt, die Lade und den Rauchopferaltar hinein;
dann verschloß er den Eingang. 6 Einige von seinen Begleitern gingen
hin, um sich den Weg zu markieren; aber sie konnten ihn nicht fin-
Jer 3^{16} den. 7 Als Jeremia davon hörte, schalt er sie und sagte: Die Stelle soll
unbekannt bleiben, bis Gott sein Volk wieder sammelt und ihm wie-
der gnädig ist. 8 Dann aber bringt der Herr dies alles wieder ans
Ex 24^{16} Licht, und die Herrlichkeit des Herrn wird erscheinen und auch die
40^{34-38} Wolke, genauso wie sie sich in den Tagen des Mose gezeigt hat und
1 Kön 8^{10f} in der Zeit, als Salomo betete, daß der Ort hochheilig werden möge.
9 Es wurde ferner erzählt, wie jener Weise bei der Einweihung und
bei der Vollendung des Tempels opferte. 10 So wie Mose zum Herrn
Lev 9^{23f} gebetet hatte – und dann war Feuer vom Himmel gefallen und hatte
2 Chr 7^{1} die Opferstücke verzehrt –, so betete auch Salomo, und das Feuer fiel
Lev 10^{16f} herab und verzehrte die Brandopfer. 11 Mose sagte: Weil man das
Sündopfer nicht gegessen hat, wurde es verbrannt. 12 Ebenso hat auch
1 Kön 8^{65f} Salomo acht Tage lang gefeiert.
13 Das gleiche wird auch in den Schriften und in den Erinnerungen

4–5 Nach 1 Kön 8^{4} waren Zelt, Lade und andere heilige Geräte in den salomonischen Tempel gebracht worden. Jeremia verbirgt Zelt, Lade und Rauchopferaltar in einer Höhle des Berges Nebo, der 7 km nordwestlich von Madeba aufragt. Nach einer anderen Tradition ist es der etwas tiefer gelegene, aber besseren Ausblick bietende *ras es-sijāgha* (Pisga) Dtn 32^{49} 34^{1}.

8 Im Gegensatz zu dieser Stelle will der historische Jeremia nichts von der Bundeslade in der Endzeit wissen Jer 3^{16}. Zur »Herrlichkeit des Herrn« und zur »Wolke« vgl. Ex 24^{16} 1 Kön 8^{10-11}.

9–10 Unter Mose und dem »weisen« König Salomo hat sich Gott nicht nur durch »Herrlichkeit« und »Wolke« geoffenbart, sondern auch durch »Feuer vom Himmel«, das die Opfer entzündete. Der Autor denkt dabei an Lev 9^{23-24} und 1 Kön 8^{62-64} 2 Chr 7^{1}.

11–12 Das Mosewort steht mit den Feuerwundern nicht mehr in Verbindung und stört insofern den Zusammenhang. Es findet sich so nicht im AT, es könnte höchstens Lev 10^{16-19} in Frage kommen, wo Mose die Söhne Aarons rügt, weil sie den Sündopferbock verbrannt und nicht verzehrt hatten. 12 schließt an das Tempelweihfest Salomos an, das wie das makkabäische acht Tage dau-

Nehemias erzählt; dort steht auch, wie er eine Bücherei anlegte und
die Bücher der Könige und der Propheten und die (Lieder) Davids
sammelte, auch königliche Urkunden über Weihegaben. [14] Genauso
hat auch Judas alle Bücher wieder gesammelt, die in dem Krieg, den 1 Makk 1^{56}
wir führen mußten, zerstreut worden waren. Sie befinden sich heute
bei uns. [15] Sollten euch einige davon fehlen, so laßt sie durch Boten
holen!
[16] Wir haben euch geschrieben, weil wir nun die Tempelreinigung be- 1 Makk 4^{59}
gehen wollen. Ihr werdet gut daran tun, diese Tage mitzufeiern.
[17] Gott hat sein ganzes Volk gerettet und allen das Erbe und die Kö- Ex 19^{5f}
nigsherrschaft und das Priestertum und die Heiligung verliehen,
[18] wie er es durch das Gesetz verheißen hat. Darum hoffen wir nun,
daß Gott bald mit uns Erbarmen hat und uns aus der ganzen Welt an
seinen heiligen Ort zusammenführt. Denn er hat uns schon aus gro-
ßen Gefahren gerettet und hat den heiligen Ort gereinigt.

DAS VORWORT DES VERFASSERS: 2^{19-32}

[19] Die Ereignisse um den Makkabäer Judas und seine Brüder – wie sie
den erhabenen Tempel reinigten und den Altar wieder einweihten;

erte: Sie feierten sieben Tage lang, und am achten Tag hielten sie eine Festversammlung 2 Chr 7^{8-9}.

$^{13-15}$ In den nicht erhaltenen Nehemia-Erinnerungen muß demnach auch gestanden haben, daß bei der Weihe des zweiten Tempels durch Nehemia Feuer vom Himmel die Opfer verbrannte. Zur Wiederherstellung des Tempels gehört auch die Erneuerung der Tempelbibliothek oder des -archivs. Und wie Nehemia nach den Wirren des Babylonischen Exils die heiligen Schriften sammelt, so tut es Judas nach der Verfolgung durch Antiochus Epiphanes, vgl. 1 Makk 1^{56}. Der Pentateuch wird – wie selbstverständlich – nicht erwähnt, bei den königlichen Urkunden könnte man an Esra 6^{2-12} 7^{12-26} denken. Diese Bibliothek des Judas wird den ägyptischen Juden zur Benutzung angeboten.

$^{17-18}$ Der Schluß des zweiten Briefes führt die 1^{27-29} 2^{7} ausgesprochenen messianischen Hoffnungen weiter. Israels Stellung, die es durch die Auserwählung erlangt hat, wird im Anschluß an Ex 19^{5-6} mit vier Gaben beschrieben: Israel ist Gottes Erbe (= Eigentum) und durch seinen Kult ein heiliges und priesterliches Reich. Die Befreiung vom syrischen Druck und die Reinigung des Tempels sind der Beginn der Erfüllung der Verheißungen von der Sammlung des ganzen Volkes an *einem* Kultort Dtn 30^{3-5} Jes 2^{2-3}.

2^{19-32} Viele griechische Schriftsteller pflegten ihrem Werk ein Vorwort beizugeben, in dem sie über Inhalt, Ziel, Stoffwahl und Quellen ihrer Schrift Mitteilung machten, vgl. auch die Proömien zu Sir Lk Apg. Der Autor von 2 Makk hat sein Vorwort folgendermaßen strukturiert: In $^{19-23}$ gibt er eine kurze Inhaltsangabe über den Stoff, den er aus dem fünfbändigen Werk des Jason von Zyrene ausgezogen hat. Gottes Hilfe

20 ferner die Kriege, die sie gegen Antiochus Epiphanes und seinen
Sohn Eupator führten; 21 die himmlischen Erscheinungen, die den
ruhmreichen und tapferen Verteidigern des Judentums halfen, so daß
es ihnen, obschon sie nur wenige waren, gelang, das ganze Land zu-
rückzuerobern, die Massen der Barbaren zu verjagen, 22 auch das auf
der ganzen Welt hochberühmte Heiligtum wiederzugewinnen, die
Stadt zu befreien, die Gesetze, die abgeschafft werden sollten, wieder
in Kraft zu setzen – denn der Herr war ihnen in seiner großen Güte
gnädig –, 23 all das hat Jason aus Zyrene in fünf Büchern genau be-
schrieben. Wir nun wollen versuchen, es hier in einem einzigen Buch
kurz zusammenzufassen. 24 Wir bemerkten nämlich die Flut der Zah-
len, und wie schwierig es wegen der Menge des Stoffes ist, sich in die
geschichtliche Darstellung einzuarbeiten. 25 So nahmen wir uns vor,
die, die gern lesen, zu unterhalten, denen, die mit Eifer auswendig
lernen, zu helfen, allen aber, die das Buch auf irgendeine Weise in die
Hand bekommen, zu nützen. 26 Uns ist es allerdings nicht leicht gefal-
len, in mühseliger Arbeit diesen Auszug anzufertigen; es hat vielmehr
Schweiß und durchwachte Nächte gekostet. 27 Wer ein Gastmahl an-
ordnet und den Nutzen anderer sucht, hat es ja auch nicht leicht.
Dennoch haben wir die Mühe gern auf uns genommen, um uns viele
zu Dank zu verpflichten. 28 Die Einzelheiten genau zu untersuchen,
überließen wir dem Geschichtsschreiber. Wir haben uns nur darum
bemüht, einen ordentlichen Auszug anzufertigen. 29 Wenn man ein
neues Haus baut, muß sich der Architekt um das ganze Gebäude

2^{27} εὐχαριστίαν (Dank) ist sicher dem gleichfalls überlieferten εὐχρηστίαν (Nutzen) vorzuziehen.

2^{29} Wörtlich: »Wir haben uns ... bemüht, nach den Mustern des Auszugs durchzumarschieren.«

und wunderbares Eingreifen seinem Volk Israel gegenüber leuchten hier durch. In $^{24-32}$ spricht er über seine Arbeitsweise. Ehrlich und selbstlos bekennt er, daß er nur nacherzählen und nicht wie ein Historiker berichten will. Die Lektüre des Buches soll allen Nutzen bringen.

$^{19-21}$ Simeon, Josef, Jonatan und Eleasar, die Brüder des Makkabäers Judas, werden nur kurz erwähnt in 8^{22-23} 10^{19-20} 14^{17}. Die beiden seleuzidischen Könige sind Antiochus IV. Epiphanes (175–164 v. Chr.) und Antiochus V. Eupator (164–162 v. Chr.). Nicht genannt werden Demetrius I. (162–150 v. Chr.), obwohl 14 und 15 den Kämpfen gegen ihn gewidmet sind, und Seleukus IV. (187–175 v. Chr.), der in 3^1–4^6 eine Rolle spielt. »Barbaren« werden nach griechischem Sprachgebrauch die Nichtgriechen genannt, hier aber die Griechen und alle Feinde des Judentums.

^{23} Jason war ein Gelehrter und gehörte der bedeutenden jüdischen Gemeinde in Zyrene (Nordafrika) an. Von seinem Schrifttum ist nichts mehr erhalten.

^{27} Vgl. Sir 32^{1-2}.

$^{28-31}$ Jason ist der Geschichtsschrei-

kümmern; Dekorateur und Maler dagegen müssen nur das prüfen,
was zur Ausschmückung nötig ist. Ähnlich beurteile ich auch unsere
Aufgabe. 30 Sich daran zu machen, die überlieferten Nachrichten kri-
tisch zu beurteilen und bis ins einzelne genau zu untersuchen, ist Sa-
che des Historikers. 31 Wer aber nur nacherzählen will, darf die Dar-
stellung straffen, auch wenn die genaue Ausarbeitung nach den Re-
geln der Geschichtsschreibung dabei zu kurz kommt.
32 Nun aber wollen wir sofort mit unserer Erzählung beginnen; wir
haben uns schon allzu lang mit dem Vorwort aufgehalten, und es
wäre ja unsinnig, vor der Erzählung viele Worte zu machen, die Er-
zählung selbst aber zu kürzen.

JERUSALEM UNTER GOTTES SCHUTZ: 3^{1-40}

Die Heilige Stadt: 3^{1-3}

3 1 Die Bewohner der Heiligen Stadt lebten in tiefem Frieden und hiel-
ten die Gesetze aufs treueste; denn der Hohepriester Onias war ein
frommer Mann und haßte alles Böse. 2 Darum ehrten sogar die Kö-
nige den Ort und schmückten das Heiligtum mit den kostbarsten
Weihegaben. 3 So bestritt Seleukus, der König Asiens, aus seinen ei-
genen Einkünften alle Kosten, die durch den Opferdienst entstanden.

2^{32} Wörtlich: »Hier aber wollen wir mit der Erzählung beginnen, dem zuvor Gesagten soviel anfügend«, d.h. nicht mehr als dies.

ber oder Historiker; er gleicht dem Architekt, der sich um den ganzen Neubau des Hauses kümmern muß. Der Verfasser gleicht als Epitomator dem Künstler, der anschaulich ausgestaltet. Der Vergleich hinkt freilich, denn der Künstler baut aus dem vorhandenen Haus kein Haus im kleinen!

3^{1-3} An den Anfang des Buches setzt der Erzähler eine Wunderlegende aus vormakkabäischer Zeit, die Gottes Eintreten für sein Heiligtum gegen den Tempelschänder Heliodor veranschaulichen soll. Ähnliche Erzählungen finden sich auch im außerbiblischen Schrifttum 4 Makk 3^{20}–4^{14} mit Apollonius und 3 Makk 1^{8}–2^{24} mit König Ptolemäus IV. (222–205 v. Chr.) als Tempelschänder. Zur Einführung wird deshalb über den »heiligen« Stadtstaat Jerusalem berichtet, der im Namen Gottes vom Hohenpriester regiert wird und dessen ganzer Stolz der selbst von heidnischen Königen reich dotierte Tempel ist.

1 Der Hohepriester ist Onias III. (192–175 v. Chr.), ein Sohn von Simeon II., der in Sir 50^{1-24} gepriesen wird. Onias ist die griechische Form von Johannes.

$^{2-3}$ Schon die Achämeniden hatten die Kosten für Tempelrestauration und Kultus wenigstens teilweise übernommen Esra 6^{8-11} $/^{21-24}$. Die Seleuziden waren sehr freigebig gegenüber den Tempeln ihres Reiches. Nach JA 12,3,3 beschloß Antiochus III., den Juden den Bedarf für

Der Verrat Simeons am Tempel: 3^{4-7}

[4] Ein gewisser Simeon aus dem Stamm Benjamin war als Tempelvor-
steher eingesetzt worden. Er entzweite sich jedoch mit dem Hohen-
priester wegen der Marktordnung in der Stadt. [5] Weil er sich gegen
Onias nicht durchsetzen konnte, ging er zu Apollonius, dem Sohn
des Tharseas, der damals Befehlshaber in Zölesyrien und Phönizien
war. [6] Er erzählte ihm, der Tempelschatz in Jerusalem sei voll von un-
vorstellbaren Reichtümern; unzählbar sei die Menge des Geldes. Sie
stehe in keinem Verhältnis zu dem, was man für die Opfer aufwen-
den müsse, und lasse sich leicht für den König beschlagnahmen. [7] Als
Apollonius mit dem König zusammentraf, berichtete er, was man ihm
über die Gelder hinterbracht hatte. Der aber bestimmte seinen Kanz-
ler Heliodor und schickte ihn auf den Weg mit dem Auftrag, sich die
erwähnten Gelder ausliefern zu lassen.

Der Anschlag auf den Tempelschatz: 3^{8-14a}

[8] Heliodor machte sich sofort auf die Reise, angeblich um die Städte
in Zölesyrien und Phönizien zu besuchen, in Wirklichkeit jedoch, um

die Opfer zu liefern. Seleukus IV. Philopator hat diese regelmäßigen Aufwendungen seines Vaters fortgesetzt. »Asien« ist hier Bezeichnung für den Vorderen Orient bzw. das Seleuzidenreich, vgl. 1 Makk 8^{6}.

3^{4-7} Es wird berichtet, wie der Tempel durch innerjüdische Verleumdung gefährdet wird. König Seleukus schenkt den Aussagen über die unvorstellbaren Reichtümer des Tempelschatzes Glauben und schickt seinen Kanzler nach Jerusalem, um die Gelder, die nicht für kultische Zwecke gebraucht werden, für die Staatskasse zu konfiszieren.

$^{4-5}$ Die genaue Funktion des »Tempelvorstehers« läßt sich nicht mehr feststellen, sicherlich zählte er zur Spitze der Hierarchie, zu den Oberpriestern. Die Benjaminiter waren aber weder Priester noch Leviten. Statt »Stamm« kann man auch »Familie« Benjamin übersetzen, φύλη bedeutet beides. Eine Priesterfamilie Benjamin wird z. B. in der Tosefta (Taanit 3) erwähnt. Ein Teil der lateinischen und armenischen Übersetzungen liest statt Benjamin »Balgea«. Bilga hieß die fünfzehnte Priesterklasse 1 Chr 24^{14}. Benjamin könnte auch verlesen sein aus Mijamin, der sechsten Priesterklasse 1 Chr 24^{9} Neh 12^{41}. Die Marktordnung betraf hauptsächlich die Waren-, Gewichte- und Preiskontrolle. Das Amt des Aufsehers über die Marktordnung war ehrenvoll und sehr begehrt. Apollonius läßt sich nicht mit dem von $4^{4.21}$ identifizieren. Zölesyrien ist die Senke zwischen den Quellen des Orontes und dem Toten Meer, das Hinterland von Phönizien. Auch Judäa gehörte zur »Strategie Zölesyrien und Phönizien«.

^{7} Heliodor war mit dem König zusammen erzogen worden und unter ihm bis zum Kanzler des Reiches aufgestiegen. Dieser Titel steht auch auf den Basen von drei Statuen, die man ihm zu Ehren auf der Insel Delos errichtet hat.

das Vorhaben des Königs auszuführen. 9 Als er nach Jerusalem kam,
wurde er vom Hohenpriester der Stadt freundlich empfangen. Da gab
er bekannt, welche Anzeige gemacht worden sei, und teilte den wah-
ren Grund seiner Anwesenheit mit. Er fragte, ob sich die Sache wirk-
lich so verhalte. 10 Der Hohepriester erklärte ihm, es handele sich um
hinterlegtes Gut von Witwen und Waisen; 11 ein Teil gehöre auch
Hyrkanus, dem Sohn des Tobija, einem sehr einflußreichen Mann. –
So hatte der ruchlose Simeon gelogen. – Alles zusammen belaufe sich
nur auf vierhundert Talente Silber und zweihundert Talente Gold.
12 Man dürfe aber doch denen nicht Unrecht tun, die ihr Vertrauen
auf die Heiligkeit des Ortes und auf die Würde und Unantastbarkeit
des weltberühmten Heiligtums gesetzt hätten. 13 Heliodor berief sich
jedoch auf die Befehle, die er vom König erhalten hatte, und bestand
darauf, alles für die königliche Schatzkammer zu beschlagnahmen.
14 Am festgesetzten Tag schickte er sich an hineinzugehen, um eine
Untersuchung der Schätze anzustellen.

Der Bittgottesdienst um die Rettung des Tempels: 3^{14b-22}

Da geriet die ganze Stadt in nicht geringe Bestürzung. 15 Die Priester
warfen sich in ihren heiligen Gewändern vor dem Altar nieder und
riefen den Himmel an: Er habe die Hinterlegung von Geld durch Ge-
setze geordnet; so solle er es jetzt denen, die es hinterlegt hatten, un-
versehrt bewahren. 16 Wer aber die Gestalt des Hohenpriesters sah,
dem blutete das Herz. Wie er aussah und wie sein Gesicht sich ver-
färbt hatte, verriet seine innere Qual. 17 Furcht und Zittern nämlich
hatten den Mann befallen, und er bebte am ganzen Leib. Allen, die

3^{13} EÜ hat für ὁ ἕτερος (der andere) »Heliodor« eingesetzt.

3^{8-14a} Der Erzähler läßt den Hohenpriester Onias mit Entschiedenheit und Mut die Heiligkeit des Tempels verteidigen. Der Tempel ist Ort des Gottesdienstes, aber auch Ort der Geldverwahrung, und man darf das Vertrauen der Armen und Reichen auf die Sicherheit des Heiligtums nicht enttäuschen.

$^{10-11}$ Für Witwen und Waisen zu sorgen, war für den Juden ein wichtiges Gebot. Diese »Armen« konnten freilich auch eigenes Vermögen besitzen. Mit dem Hinweis auf den reichen und angesehenen Hyrkanus möchte Onias den Heliodor zur Vorsicht mahnen. Die Summe erscheint allerdings nicht so gering: Da Gold 12,7mal soviel wert war wie Silber, käme man auf etwa 3000 Silbertalente (= 78 600 kg).

3^{14b-22} Die Sorge ums Geld und die Sorge ums Heiligtum lassen Priester und Volk eine Bittliturgie abhalten. Die Trauer des Hohenpriesters und der Frauen und Mädchen wird recht anschaulich und pathetisch geschildert.

^{15} Statt »Gott« steht hier wie öfter in den Schriften der Spätzeit »Himmel«. Ein Gesetz über Geldhinterlegung findet sich Ex 22^{6-7}.

ihn sahen, wurde der Schmerz seines Herzens offenbar. 18 Die Leute
stürzten in Scharen aus den Häusern heraus zum öffentlichen Gebet;
denn dem Tempel drohte Schande. 19 Die Frauen zogen Trauerklei-
der an, die die Brüste freiließen, und drängten sich auf die Straßen.
Von den jungen Mädchen aber, die man sonst eingeschlossen hielt,
liefen die einen an die Türen, die andern auf die Mauern; einige
beugten sich aus den Fenstern heraus. 20 Sie alle streckten die Hände
zum Himmel empor und beteten flehentlich. 21 Es war zum Erbar-
men, wie die Menge sich in heillosem Durcheinander zu Boden warf
und wie der Hohepriester sich in seinem Kummer so schrecklich äng-
stigte. 22 So riefen sie zum Herrn, dem Allherrscher, er möge das an-
vertraute Gut denen, die es hinterlegt hatten, unversehrt und ganz si-
cher bewahren.

Die Bestrafung des Tempelräubers: 3^{23-30}

23 Heliodor jedoch machte sich daran, seinen Entschluß auszuführen.
24 Schon stand er mit der Leibwache an der Schatzkammer. Da ließ

19–20 Trauerbräuche vollzieht man nicht nur bei einem Todesfall, sie können auch durch ein anderes bevorstehendes Unheil verursacht werden. Das »Trauerkleid« ist ein grober, aus dunklen Ziegenhaaren gewebter, mantelartiger Umhang (indoeuropäisch: σάκκος). Durch das Gürten um die Hüften bleiben die Brüste der Frauen frei. Dieser Trauerbrauch ist auch sonst im Alten Orient bezeugt, vgl. Est 4^{1} 2 Sam 13^{19}. Das Leben der jungen Mädchen beschreibt der Autor mit seinen jüdisch-hellenistischen Vorstellungen. Das Ausstrecken der Hände stammt ebenfalls aus dem Alten Orient und kommt auch im AT öfter vor Neh 8^{6} Jes 1^{15} Klgl 2^{19} Ps 28^{2} 63^{5} u.ö.

22 Nur hier wird in G Gott das Epitheton παγκρατής (»Allherrscher«) gegeben.

3^{23-30} Das Bittgebet von Priester und Volk wird erhört. Gottes Hilfe wird »offenbar«, und zwar im Stil der im Hellenismus beliebten erbaulichen Geschichtsschreibung. Zu dieser Epiphanie gehören Engelerscheinungen, die allerdings mit den Engeln der älteren biblischen Literatur wenig Ähnlichkeit haben. Diese Geister erscheinen auf herrlichen Pferden, in goldenen Waffenrüstungen und in strahlendem Licht. Während in der hellenistischen frommen Literatur diese Gestalten mit Namen angerufen werden und man sich vor ihnen fürchtet, haben die Engel in 2 Makk keine Namen, man kann sie deswegen nicht ansprechen und ihnen nicht danken. Aber man bricht in Freude und Jubel über ihr Erscheinen aus. Bei dieser Erzählung hat man weiter den Eindruck, daß zwei verschiedene Erscheinungen zusammengearbeitet wurden, die von dem himmlischen Reiter und die von den zwei Engeln, die dann 33–34 noch einmal – nur für Heliodor sichtbar – erscheinen. Mit 29–30 hat die Erzählung ihren Höhepunkt erreicht: Heliodor ist ohne Sprache, die Juden sind voller Jubel.

24 »Herr der Geister und aller Macht« ist wohl von Num 16^{22} 27^{16}

der Herr der Geister und aller Macht eine gewaltige Erscheinung
sichtbar werden. Alle, die ihn frech begleitet hatten, erschraken vor
Gottes Macht; ihre Kräfte verließen sie, und sie bekamen große
Angst. [25] Denn es erschien ihnen ein Pferd mit einem schrecklichen
Reiter darauf; das Pferd war mit prächtigem Geschirr geschmückt. Es
stürmte wild auf Heliodor ein und traf ihn heftig mit den Vorderhu-
fen. Sein Reiter aber trug eine goldene Rüstung. [26] Noch zwei andere
junge Männer erschienen, voll gewaltiger Kraft, in strahlender
Schönheit und herrlich gekleidet. Sie traten auf Heliodor zu und
peitschten von beiden Seiten auf ihn ein; pausenlos schlugen sie ihn
mit vielen Hieben. [27] Da stürzte er zu Boden, und es wurde ihm
schwarz vor den Augen. Man hob ihn schnell auf und legte ihn auf
eine Bahre. [28] Eben noch war er mit großem Gefolge und der ganzen
Leibwache zu der genannten Schatzkammer gekommen; nun trug
man ihn hilflos hinaus. Deutlich hatte man die Herrschermacht Got-
tes erkannt. [29] So lag er da, durch Gottes Macht gestürzt, der Sprache
beraubt, ohne jede Hoffnung auf Rettung. [30] Die Juden aber priesen
den Herrn, der an seinem Ort so herrlich seine Macht gezeigt hatte;
und das Heiligtum, das eben noch voll war von Angst und Verwir-
rung, war erfüllt von Freude und Jubel; denn der allmächtige Herr
hatte sich offenbart.

Die Bekehrung des Tempelräubers: 3[31–40]

[31] Sehr bald kamen ein paar Vertraute Heliodors zu Onias und baten
ihn, er möge doch den Höchsten anrufen und so dem das Leben
schenken, der in den letzten Zügen lag. [32] Aus Sorge, der König
könne der Meinung verfallen, Heliodor sei einem hinterhältigen An-
schlag der Juden zum Opfer gefallen, brachte der Hohepriester ein
Opfer dar, damit der Mann wieder gesund würde. [33] Während der

3[28] Hanhart hat eine andere, ebenfalls gut bezeugte Lesart übernommen: »Man trug ihn als einen in seinen Waffen (τοῖς ὅπλοις) Hilflosen fort, der Gottes Macht sichtbar erkannt hatte« (ἐπεγνωκότα).
3[29] Wörtlich: »Ohne jede Hoffnung *und* Rettung.«
3[30] Für »οἱ δέ« hat EÜ »die Juden aber« geschrieben.

inspiriert, vgl. auch Hebr 12[9] 1 Kor 15[24]. Gott erhält hier diese Beinamen im Hinblick auf die folgenden Engelerscheinungen.
3[31–40] Heliodors Niederlage wird gesteigert durch die Tatsache, daß seine Freunde die Gebetshilfe des Hohenpriesters in Anspruch nehmen. Dieser bringt für die versuchte Tempelschändung ein Versöhnungsopfer dar, freilich nicht nur aus Nächstenliebe, sondern auch, um den Verdacht eines Anschlags der Juden auf Heliodor zu entkräften. Die direkten Reden [33–34. 38–39] betonen zwei wichtige Erkenntnisse aus

Hohepriester noch mit dem Versöhnungsopfer beschäftigt war, er-
schienen dem Heliodor dieselben jungen Männer wie zuvor, in der
gleichen Kleidung. Sie traten zu ihm und sagten: Danke dem Hohen-
priester Onias vielmals; denn seinetwegen schenkt der Herr dir gnä-
dig das Leben. 34 Der Himmel hat dich gezüchtigt. Nun verkünde du
allen die gewaltige Kraft Gottes! Nach diesen Worten entschwanden
sie.
35 Da ließ Heliodor dem Herrn ein Opfer darbringen und machte ihm
große Gelübde, weil er ihn am Leben gelassen hatte. Er nahm Ab-
schied von Onias und zog mit seinen Truppen zum König zurück.
36 Vor allen Menschen bezeugte er die Taten des größten Gottes, die
er mit eigenen Augen gesehen hatte. 37 Als der König ihn fragte, wer
geeignet sei, noch einmal nach Jerusalem geschickt zu werden, gab er
zur Antwort: 38 Wenn du einen Feind oder einen Hochverräter weißt,
dann schick ihn dorthin! Du kannst sicher sein, daß er geprügelt zu-
rückkommt, wenn er überhaupt am Leben bleibt; denn an jenem Ort
wirkt wahrhaftig eine göttliche Kraft. 39 Er, der im Himmel wohnt, ist
selbst der Wächter und Schützer jenes Ortes; und wer in böser Ab-
sicht dorthin kommt, den schlägt er nieder.
40 Das waren die Ereignisse um Heliodor und um die Rettung des
Tempels.

DER EINBRUCH DER SÜNDE: 4^{1-50}

Neue Umtriebe Simeons: 4^{1-6}

4 1 Der oben genannte Simeon, der den Tempelschatz und das Vater-
land verraten hatte, verleumdete Onias, er sei es gewesen, der Helio-
dor habe schlagen lassen und der das Unheil ins Werk gesetzt habe.
2 Den Wohltäter der Stadt, den fürsorglichen Beschützer seiner Mit-
bürger und Eiferer für die Gesetze, wagte er einen Hochverräter zu

3^{40} Wörtlich: »Und um die Bewahrung der Schatzkammer.«

dieser Geschichte: 1. Der Heide Heliodor wird Verkünder des Gottesglaubens, vgl. Dan 3^{28-29} 4^{30-34} 6^{27-28}. 2. Der Jerusalemer Tempel steht unter Gottes besonderem Schutz.

35 Heiden konnten im Vorhof des Tempels beten und durch die Priester Opfer darbringen lassen. Inhalt der Gelübde Heliodors waren wahrscheinlich weitere Dankopfer, die er noch darbringen wollte.

40 Ähnliche Schlußformeln finden sich 7^{42} 10^{9} 13^{26} 15^{37}. Ob damit vielleicht auf den Schluß des jeweiligen Jason-Buches hingewiesen wird?

4^{1-6} Simeon setzt seine Intrigen gegen Onias fort. In einem Bericht, der nach Art der Anekdote die beiden Hauptpersonen charakterisiert, wird mitgeteilt, wie jede auf ihre Weise seleuzidische Hilfe beansprucht.

1 Vgl. $3^{4-6.32}$.

nennen. 3 Die Feindschaft verschärfte sich derart, daß einer von den Vertrauten Simeons mehrere Morde verübte. 4 Onias erkannte, daß der Streit unerträglich wurde und daß außerdem Apollonius, der Sohn des Menestheus, Befehlshaber von Zölesyrien und Phönizien, die Bosheit Simeons noch unterstützte. 5 Darum begab er sich zum König, nicht um die Mitbürger zu verklagen, sondern weil er das allgemeine und das besondere Wohl des ganzen Volkes im Auge hatte. 6 Er erkannte nämlich, daß ohne Einschreiten des Königs der öffentliche Friede nicht wiederherzustellen sei; denn Simeon würde nicht von seiner Raserei ablassen.

Die Einführung heidnischer Sitten in Jerusalem: 4^{7-22}

7 Seleukus starb, und Antiochus mit dem Beinamen Epiphanes übernahm die Herrschaft. Da erschlich sich Jason, der Bruder des Onias, das Hohepriesteramt. 8 Bei einer Unterredung versprach er dem König nämlich dreihundertsechzig Talente Silber, dazu noch aus anderen Einkünften achtzig Talente. 9 Außerdem wolle er sich schriftlich verpflichten, weitere hundertfünfzig Talente zu zahlen, wenn er die Vollmacht erhalte, eine Sportschule und einen Übungsplatz für junge

1 Makk 1^{10}

4 Apollonius, der Sohn des Menestheus, ist der Amtsnachfolger des in 3^5 bezeugten Apollonius, des Sohnes des Tharseas.

4^{7-22} Es wird berichtet, wie der unwürdige Jason sich das hohepriesterliche Amt erkauft und sein Hellenisierungsprogramm mit Energie betreibt. Jerusalem wird eine griechische Polis mit Gymnasium, in der selbst die Priester sich auf dem Sportplatz tummeln $^{7-15}$. In $^{16-17}$ reflektiert der Autor über sein Vergeltungsschema: Geradeso wie man gesündigt hat, wird man bestraft. Die Seleuziden, deren Lebensweise man nachahmt, werden in Kürze die Verfolger der jüdischen Religion werden. An einem Beispiel $^{18-20}$ wird die unjüdische Einstellung des Hohenpriesters demonstriert: Er spendet sogar Geld für ein Opfer des Herakles. Den Besuch des Königs Antiochus IV. benutzt er, um seine Königstreue und hellenistische Gesinnung erneut zu beweisen $^{21-22}$.

7 Seleukus stirbt 175 v. Chr. Der Geschichtsschreiber Appian (2. Jahrhundert n. Chr.) sagt (Syriake 233), der König sei von seinem Kanzler Heliodor ermordet worden, vgl. auch Dan 11^{20}. Antiochus Epiphanes, der jüngere Bruder des Seleukus, befand sich gerade auf der Heimreise von Rom, wo er als Geisel gelebt hatte und wo nun sein Neffe Demetrius, der Sohn des Seleukus, an seine Stelle getreten war. Antiochus hat also den Thron usurpiert, da dieser an sich Demetrius zustand, vgl. 1 Makk 1^{10}. Wie viele Juden seiner Zeit trägt der Hohepriester den aus Jesus, Josua gräzisierten Namen Jason.

9 Zur Sportschule (Gymnasium) hatten männliche Jugendliche und Erwachsene Zutritt, vgl. 1 Makk 1^{14}, während der Übungsplatz (ἐφηβία) zur Ausbildung des Nachwuchses bestimmt war. Gymnasium und Ephebie gehören zu einer in ihrer Kultur griechisch geprägten Ge-

Leute zu errichten – denn daran sei ihm sehr gelegen – sowie den
Einwohnern Jerusalems das antiochenische Bürgerrecht zu verleihen.
10 Der König war einverstanden.
1 Makk 1^{11-15} Sobald Jason das Amt an sich gebracht hatte, führte er unter seinen
Landsleuten die griechische Lebensart ein. 11 Er schaffte die günstigen
Privilegien ab, die die Juden durch Vermittlung des Johanan vom Kö-
1 Makk 8^{17} nig erhalten hatten. Dieser Johanan war der Vater des Eupolemus,
der als Gesandter nach Rom gegangen war, um dort ein Freund-
schaftsbündnis zu schließen. Jason hob die althergebrachte Verfas-
sung auf und führte neue, widerrechtliche Gebräuche ein. 12 Absicht-
lich ließ er unmittelbar unterhalb der Burg eine Sportschule errichten,
und die Söhne der besten Familien brachte er dazu, den griechischen
Hut aufzusetzen. 13 So kam das Griechentum in Mode; man fiel ab
zu der fremden Art. Schuld daran war die maßlose Schlechtigkeit des
ruchlosen Jason, der den Namen des Hohenpriesters zu Unrecht
trug. 14 Schließlich kümmerten sich die Priester nicht mehr um den
Dienst am Altar; der Tempel galt in ihren Augen nichts, und für die
Opfer hatten sie kaum mehr Zeit. Dafür gingen sie eilig auf den
Sportplatz, sobald die Aufforderung zum Diskuswerfen erging, um
an dem Spiel, das vom Gesetz verboten war, teilzunehmen. 15 Die Eh-
ren ihres Vaterlandes achteten sie gering, auf griechische Auszeich-
nungen dagegen waren sie ganz versessen. 16 Darum sollten sie auch
in große Not geraten. Gerade die, denen sie alles nachmachten und
denen sie ganz gleich werden wollten, wurden ihre Feinde und Peini-

meinde. Wenn daher Jason vom König die Lizenz erbittet, »die in Jerusalem als Antiochener aufzuschreiben«, dann ist damit weniger die Verleihung des antiochenischen Bürgerrechts gemeint als die Umwandlung Jerusalems in eine griechische Polis mit Namen »Antiochia in Jerusalem«. Für solche »Umwandlungen« gibt es genügend Beispiele: Antiochia in Hippos, Antiochia in Ptolemaïs, Antiochia in Mydonia (Nisibis) u. ä.

11 Die bestehenden Privilegien sind die von Antiochus III. gewährten, vgl. JA 12,3,3. Sie wurden seinerzeit von einer jüdischen Gesandtschaft unter Führung Johanans erwirkt. Der Hinweis auf Eupolemus 1 Makk 8^{17} läßt vermuten, daß seine Mission vom Jahre 161 v. Chr. noch in guter Erinnerung war bzw. daß Jason von Zyrene nicht lange danach sein Werk verfaßt hat.

12 Diese Burg (ἀκρόπολις) ist nicht identisch mit der syrischen Akra. Sie lag wahrscheinlich in der Nordwestecke des jetzigen Tempelplatzes. Bei Flavius Josephus heißt sie »Baris«. Herodes d. Gr. hat sie ausgebaut und in »Antonia« umbenannt JA 15,11,4. Der griechische Hut (πέτασος) war flach und breitrandig. Vielleicht ist aber die Wendung »den griechischen Hut aufsetzen« gleichbedeutend mit »in der Sportschule trainieren«.

14 Die Übersetzung »sobald die Aufforderung zum Diskuswerfen erging« ist möglich; wahrscheinlicher aber ist »sobald die Aufforderung des Diskusses erging«. Das Schlagen

ger. 17 Man kann sich nämlich nicht leichthin über die göttlichen Ge-
setze hinwegsetzen. Aber das wird die Folgezeit deutlich zeigen.
18 Als der König die Wettkämpfe besuchte, die alle fünf Jahre in Ty-
rus ausgetragen werden, 19 sandte der nichtswürdige Jason Männer
aus Jerusalem, die das antiochenische Bürgerrecht erworben hatten,
als Zuschauer dorthin und gab ihnen dreihundert Silberdrachmen mit
für das Opfer an Herakles. Doch baten die Überbringer, das Geld
nicht zum Opfer zu verwenden, weil sich das nicht zieme, sondern es
für einen anderen Zweck zurückzulegen. 20 Nach der Absicht des
Auftraggebers wäre es also für das Heraklesopfer bestimmt gewesen;
es lag allein an den Überbringern, daß man es zur Ausrüstung der
Galeeren verwendete.
21 Zur Thronbesteigung des Königs Philometor entsandte Antiochus
den Apollonius, den Sohn des Menestheus, nach Ägypten. Dabei
brachte er in Erfahrung, daß der ägyptische König seiner Politik
feindlich gegenüberstehe, und sorgte sich um seine Sicherheit. Er zog
deshalb nach Jafo und von dort nach Jerusalem. 22 Jason und die
Stadt bereiteten ihm einen großartigen Empfang; unter Fackelschein
und Freudengeschrei hielt er seinen Einzug. Dann brachte er seine
Truppen wieder nach Phönizien ins Quartier.

Das Hohepriesteramt in der Hand der Sünder: 4^{23-29}

23 Drei Jahre darauf schickte Jason den Menelaus, den Bruder des 3^{4} 4^{1}
vorhin erwähnten Simeon, zum König; er sollte ihm das Geld über-

4^{21} Die Hss schwanken zwischen τὰ πρωτοκλήσια (= τὰ ἀνακλητήρια = Fest der Proklamation des Königs) und τὰ πρωτοκλίσια (= Staatsbankett, bei dem der König präsidiert?). Nur lat Hss geben den vollen Namen des Königs: Ptolemäus Philometor.

der ehernen, runden, platten Scheibe des Diskusses war nämlich das Signal zum Beginn des Betriebes im Gymnasium.

18 Tyrus ist die alte Hauptstadt der Phönizier, durch einen Damm mit dem Festland verbunden. Möglicherweise handelt es sich um Wettspiele, die gestiftet wurden zur Erinnerung an die von Alexander d. Gr. in den Jahren 332 und 331 für Herakles-Melkart veranstalteten.

19–20 Für 300 Silberdrachmen konnte man ein Opferrind kaufen. Die Gesandten dachten dabei offensichtlich religiöser, als es ihre Auftraggeber taten.

21 Ptolemäus Philometor (180–145 v. Chr.) war als unmündiger Knabe auf den Thron gekommen, im Jahre 172 übernahm er die Regierung offiziell. Zu Apollonius vgl. 4^{4}. Hauptstreitpunkt zwischen Ägypten und Syrien war wohl Zölesyrien. Jafo ist eine wichtige Hafenstadt, vgl. 1 Makk 10^{75} u. ö.

4^{23-29} Die Lage in Jerusalem verwirrt sich weiter, und das Gesetz der Vergeltung schimmert wieder durch: Wie vor drei Jahren Jason seinen ei-

bringen und schwebende Verhandlungen über wichtige Staatsgeschäfte zum Abschluß bringen. [24] Menelaus verschaffte sich jedoch Empfehlungen an den König, trat als bedeutender Mann auf und schmeichelte ihm, überbot Jason um dreihundert Talente Silber und brachte so das Amt des Hohenpriesters an sich. [25] Mit der königlichen Ernennungsurkunde kam er zurück. Sonst hatte er nichts an sich, was des hohenpriesterlichen Amtes würdig gewesen wäre. Statt dessen besaß er die Leidenschaft eines rohen Tyrannen und die Wut eines wilden Tieres. [26] Jason, der seinen eigenen Bruder hinterlistig verdrängt hatte, wurde nun selbst durch einen anderen hinterlistig verdrängt und als Flüchtling ins Ammoniterland vertrieben.

[27] Menelaus hatte sich zwar der Herrschaft bemächtigt, machte jedoch keine Anstalten, das Geld aufzubringen, das er dem König versprochen hatte, [28] obschon Sostratus, der Befehlshaber der Burg, ihn wiederholt mahnte; dieser hatte nämlich die Gelder einzutreiben. Deswegen bestellte der König beide vor sich. [29] Menelaus ließ als Stellvertreter im Hohenpriesteramt seinen Bruder Lysimachus zurück, Sostratus aber Krates, den Befehlshaber der zyprischen Truppen.

Die Ermordung des rechtmäßigen Hohenpriesters: 4[30–38]

[30] In diesem Augenblick brach in den Städten Tarsus und Mallus ein Aufstand aus, weil sie Antiochis, der Nebenfrau des Königs, als Ge-

4[23] EÜ hat sich mit Recht V angeschlossen: χρηματισμούς »schwebende Verhandlungen« statt ὑπομνηματισμούς »Denkschriften, Dekrete«.

4[24] Wörtlich: »Dieser aber wurde dem König vorgestellt, rühmte ihn in der Pose einer bedeutenden Persönlichkeit und überbot ...«

genen Bruder aus dem Amt des Hohenpriesters verdrängte, so wird er jetzt selber aus dem gleichen Amt entlassen. Freilich gerät der neue Hohepriester Menelaus in Schwierigkeiten, als es um die Bezahlung des Kaufpreises für das hohe Amt geht.

[23] Die drei Jahre sind gerechnet ab der Ernennung Jasons zum Hohenpriester, d.i. das Jahr 174 v. Chr. Simeon ist 3[4] 4[1] erwähnt.

[26] Zu Jason vgl. [7]. Aus 5[8] kann man schließen, daß er zu den Nabatäern geflohen ist, östlich des Jordan.

[28–29] Hier wird unvermittelt ein syrischer Burgkommandant erwähnt. Möglicherweise gab es seit der Eroberung Jerusalems durch Antiochus III. in der Akra eine syrische Garnison, welche die vorher dort stationierte ptolemäische abgelöst hat, vgl. auch JA 12,3,3. Zu Lysimachus vgl. [39–42]. Krates war Befehlshaber von zyprischen Söldnertruppen.

4[30–38] Der rechtmäßige Hohepriester Onias erhebt Anklage wegen sakrilegischen Diebstahls. Der hinterhältige und von Menelaus bestochene königliche Beamte Andronikus läßt Onias ermorden ohne gerichtliches Verfahren und unter Verletzung des Asylrechts. Das ruft eine allgemeine Entrüstung hervor, und wiederum

schenk vermacht worden waren. [31] In großer Eile begab sich der Kö-
nig dorthin, um die Sache beizulegen, und ließ als seinen Stellvertre-
ter einen hohen Beamten, Andronikus, zurück. [32] Da glaubte Mene-
laus, eine günstige Gelegenheit gefunden zu haben: Er entwendete
aus dem Tempel einige goldene Geräte und schenkte sie Andronikus;
andere hatte er nach Tyrus und in die benachbarten Städte verkaufen
können. [33] Onias, der davon sichere Kenntnis erhalten hatte, tadelte
ihn scharf; er hatte sich in einen Asylort bei Daphne, einem Vorort
Antiochias, zurückgezogen. [34] Menelaus ging deswegen zu Androni-
kus, sprach mit ihm unter vier Augen und redete ihm zu, Onias aus
dem Weg zu schaffen. Andronikus suchte Onias auf. Da er sich zur
Hinterlist hatte verleiten lassen, erhob er die rechte Hand zum
Schwur, reichte sie dann Onias und überredete ihn, trotz seines Arg-
wohns den Ort zu verlassen. Dann ließ ihn Andronikus, ohne das Dan 9[26]
Recht zu scheuen, auf der Stelle umbringen. [35] Nicht nur die Juden,
sondern auch viele aus anderen Völkern entsetzten sich über dieses
Unrecht und waren empört über die Ermordung des Mannes.
[36] Als der König aus den Orten Ziliziens zurückkam, gingen die Ju-
den der Stadt zu ihm und beschwerten sich. Wie sie, waren auch die
Griechen sehr entrüstet, weil man Onias gegen alle Ordnung ermor-
det hatte. [37] Antiochus wurde von Herzen betrübt; es ergriff ihn Mit-
leid, und er vergoß Tränen, weil der Verstorbene ein so besonnener
und edler Mann gewesen war. [38] Dann entbrannte sein Zorn; er ließ
Andronikus sofort den Purpur abnehmen, die Kleider vom Leib rei-
ßen und ihn so durch die ganze Stadt führen, bis zu der Stelle, an der
er das Verbrechen gegen Onias begangen hatte. Dort ließ er den
Mörder hinrichten. So hat ihm der Herr mit der verdienten Strafe
vergolten.

4[38] Für »hinrichten« steht ἀπεκόσμησε = »er ließ ihn aus der Welt (κόσμος) schaffen«.

tritt das Gesetz der Vergeltung in Kraft: Der Mörder stirbt an der Stelle, an der er den Mord beging.

[30–31] Tarsus und Mallus sind Städte in Zilizien (Kleinasien). Antiochis ist sonst nicht bekannt. Zu Andronikus siehe die Anm. zu [38].

[33–34] In Daphne war ein berühmtes Heiligtum des Apollo und der Artemis, das von den seleuzidischen Königen besonders gepflegt wurde. Inhaftierung (»er sperrte ihn ein«) kann nach dem Zusammenhang nur Euphemismus für Tötung sein.

[36–37] Demnach gab es zu dieser Zeit auch in Antiochia eine jüdische Kolonie. Die Begeisterung des Autors für den sittlich integren Onias ist so groß, daß er über dessen Ermordung auch die Nichtjuden empört sein und selbst den syrischen König Tränen vergießen läßt. Auf das Ende des Onias spielt auch Dan 9[26] an.

[38] Nach anderen Zeugnissen hatte Antiochus IV. im Jahre 170 v. Chr. seinen Mitregenten, wahrscheinlich einen Sohn seines Vorgängers Seleukus IV., ermorden lassen. Dabei

Der Raub am Tempelschatz: 4^{39-50}

39 In der Stadt aber verging sich Lysimachus mit Wissen des Menelaus
mehrmals am Tempelschatz. Als sich das Gerücht davon weit verbrei-
tete, rottete sich das Volk gegen Lysimachus zusammen. Viele gol-
dene Geräte waren schon verschleppt worden. 40 Als nun die Menge
sich erhob und in heftigen Zorn geriet, bewaffnete Lysimachus fast
dreitausend Mann und begann, gewaltsam gegen die Leute vorzuge-
hen. Ein gewisser Auranus führte sie an, der ebenso alt wie wahnsin-
nig war. 41 Als die Leute merkten, daß Lysimachus angreifen ließ,
rafften sie Steine zusammen oder dicke Stöcke – ein paar füllten ihre
Hände sogar mit der Asche, die dort lag – und schleuderten alles
durcheinander gegen die Männer des Lysimachus. 42 So verwundeten
sie viele von ihnen, einige streckten sie nieder, alle aber jagten sie in
die Flucht. Den Tempelräuber selbst aber schlugen sie beim Schatz-
haus tot.
43 Wegen dieser Sache wurde gegen Menelaus ein gerichtliches Ver-
fahren eingeleitet. 44 Als der König nach Tyrus kam, erhoben drei
Männer, die vom Hohen Rat geschickt waren, vor ihm die Anklage.
8^8 45 Menelaus war schon verloren; da versprach er Ptolemäus, dem
1 Makk 3^{38} Sohn des Dorymenes, viel Geld, damit er den König zu seinen Gun-
sten überrede. 46 Ptolemäus nahm also den König in einen Säulen-
gang beiseite, als wolle er ihn etwas ausruhen lassen, und stimmte ihn
um. 47 Darauf sprach der König den Menelaus, der an dem ganzen
Unheil schuld war, von den Anklagepunkten frei; die Unglücklichen

hatte ihm Andronikus gute Dienste geleistet. Mit der Tötung des Andronikus schaffte der König also einen skrupellosen Menschen aus dem Wege, der zugleich Mitwisser seiner eigenen Schuld war.

4^{39-50} Die große Unzufriedenheit des strenggläubigen Volkes mit den hellenistischen Neuerern schafft sich Luft in einer Revolte gegen den Tempelschatzräuber Lysimachus, der dort gelyncht wird, wo er gestohlen hat $^{39-42}$. In einem korrupten Gerichtsverfahren läßt sich der König umstimmen. Er spricht den Vorantreiber des Hellenismus, den Hohenpriester Menelaus, frei und verurteilt drei jüdische Älteste zum Tod, ein Urteil, das den Unwillen der Juden und Heiden erregt $^{43-49}$. Eine Reflexion über die Habgier der Großen beschließt das Kapitel ^{50}.

39 Zu Lysimachus vgl. ^{29}. Der Vers ist die Fortsetzung von ^{32}: Menelaus hat Geld nötig, um seine Schulden an den König bezahlen zu können.

41 Da der Aufstand innerhalb des Tempelbezirkes stattfand, könnte man bei »Asche« oder Schutt an den »Platz der Fett-Asche« Lev 1^{16} denken.

45 Ptolemäus war der Nachfolger des Apollonius als Stratege von Zölesyrien und Phönizien ^{4}. Er war »Freund des Königs« und wurde später vom Kanzler Lysias mit dem Feldzug gegen die Juden betraut 8^{8-29} 1 Makk 3^{38}.

47 Die Skythen, ein Reitervolk nördlich des Schwarzen Meeres, waren

aber, die, selbst wenn sie vor Skythen gesprochen hätten, wegen er-
wiesener Unschuld freigesprochen worden wären, verurteilte er zum
Tod. 48 Unverzüglich mußten sie die ungerechte Strafe erleiden, sie,
die doch nur für ihre Stadt, ihr Volk und die heiligen Geräte einge-
treten waren. 49 Sogar Einwohner von Tyrus entrüsteten sich darüber
und gaben ihnen ein prunkvolles Begräbnis.
50 Menelaus aber blieb aufgrund der Habgier der Mächtigen im Amt.
Seine Bosheit nahm immer mehr zu, und er wurde zu einem großen
Feind seiner Mitbürger.

DER EINBRUCH DES UNHEILS: 5^{1}–7^{42}

Ein Vorzeichen: 5^{1-4}

5 1 Um diese Zeit unternahm Antiochus seinen zweiten Feldzug gegen 1 Makk 1^{17}
Ägypten. 2 Da erschienen fast vierzig Tage lang über der ganzen
Stadt Reiter, die durch die Lüfte jagten, in golddurchwirkten Gewän-
dern; Lanzenträger rückten in Abteilungen zum Kampf aus, Schwer-
ter zuckten. 3 Reiterscharen ordneten sich zur Schlacht, Angriffe
wurden gemacht, von beiden Seiten rannte man gegeneinander an,
Schilde bewegten sich, Speere gab es in Menge, Wurfgeschosse flo-
gen, goldener Waffenschmuck blitzte auf, und man sah Rüstungen
aller Art. 4 Alle beteten deshalb, die Erscheinung möge etwas Gutes
bedeuten.

Der Bürgerkrieg in Jerusalem: 5^{5-10}

5 Es kam aber das falsche Gerücht auf, Antiochus sei gestorben. Da
unternahm Jason mit nicht weniger als tausend Mann einen überra-

4^{48} Sowohl der Plural δήμων (Bevölkerung) als auch der Singular δήμου (Nation) sind gut beglaubigt.

5^{2-3} Die Worte καὶ μαχαιρῶν σπασμούς stehen in der lukianischen Rezension, den lat, syr und arm Übersetzungen nach καμάκων πλήθη, was besser in die Gesamtgliederung paßt.

im Altertum sprichwörtlich für starke Brutalität, vgl. 7^{4}.

5^{1-4} »Erscheinungen« gehören zum Stil des Autors, vgl. 3^{25}. Ihr chaotischer, unheimlicher Charakter läßt auf die Ankunft einer Krise für Jerusalem schließen. Auch mit der Zahl 40 soll der Ernst der Lage betont werden. Luftphänomene solcher Art finden sich auch in profaner Literatur als Unheil verkündende Vorzeichen.

1 Antiochus IV. hat zwei Feldzüge nach Ägypten unternommen, den ersten im November 170 bis zum Herbst 169, den zweiten 168, vgl. 1 Makk $1^{16-19.29}$.

5^{5-10} Der Putsch des Jason scheitert. Der Verfasser reflektiert über die Ungerechtigkeit des Bürgerkriegs

schenden Angriff auf die Stadt. Er drängte die Verteidiger auf der
Mauer rasch in die Enge; als er die Stadt ganz besetzt hatte, flüchtete
sich Menelaus in die Burg. 6 Jason aber richtete unter seinen Mitbür-
gern ein schonungsloses Blutbad an, ohne zu bedenken, daß Glück
gegenüber den eigenen Leuten das größte Unglück ist. Es sah aus, als
habe er Feinde und nicht Landsleute besiegt und ausgeplündert.
7 Dennoch konnte er die Herrschaft nicht an sich reißen. Sein An-
schlag brachte ihm am Schluß nur Schande, und er mußte zum zwei-
tenmal in das Ammoniterland fliehen.
8 Er nahm schließlich ein böses Ende. Aretas, der Fürst der Araber,
ließ ihn gefangen setzen; er aber entkam und floh von Stadt zu Stadt.
Von allen gehetzt, als Verräter der Gesetze verhaßt, verwünscht als
Henker des Vaterlandes und seiner Mitbürger, verschlug es ihn nach
Ägypten. 9 Und wie er viele Menschen aus ihrem Vaterland in die
Fremde getrieben hatte, so kam er selbst in der Fremde um, nämlich
bei den Spartanern, zu denen er übers Meer gefahren war, um bei ih-
1 Makk 12^{7} nen Schutz zu finden; die Spartaner waren ja mit den Juden ver-
wandt. 10 So wie er viele ohne Grab hatte daliegen lassen, so trauerte
jetzt auch niemand um ihn; auch er erhielt keinerlei Begräbnis und
kein Grab bei seinen Vätern.

Der Überfall des heidnischen Königs: 5^{11-20}
1 Makk 1^{20-24}

11 Als dem König zu Ohren kam, was geschehen war, glaubte er, Ju-
däa wolle von ihm abfallen. Wütend wie ein wildes Tier brach er da-

5^{5} Statt ἐφυγάδευσεν »er lebte in der Verbannung« liest man besser mit V u. a. Hss ἔφυγεν »er flüchtete sich«.

5^{8} Viele (auch Rahlfs) entscheiden sich für die Konjektur ἐγκληθείς πρὸς Ἀρέταν »verklagt bei Aretas«.

und die Entsprechung zwischen Vergehen und Strafe, die sich besonders in Jasons Flucht und Tod offenbart.

5 Jason denkt bei sich: Der König ist tot, die wichtigste Stütze für Menelaus ist damit gefallen, also kann ich den Platz des Hohenpriesters wieder einnehmen. Doch er hat sich verrechnet. Menelaus flüchtet in die Akra, und der König wird bald zurückkehren und Jerusalem einnehmen 11.

8–9 Gemeint ist der Nabatäerkönig Aretas I., der hier zum erstenmal geschichtlich bezeugt ist. Zu den Nabatäern vgl. 1 Makk 5^{25}. Über die fingierte Verwandtschaft der Juden mit den Spartanern vgl. 1 Makk 12^{1-23}.

10 Nicht im Grab der Vorfahren beigesetzt zu werden, galt den Juden als schlimme Strafe Gottes 1 Makk 7^{17} 1 Kön 13^{22}.

5^{11-20} Pathetisch übertrieben wird die Einnahme Jerusalems durch Antiochus IV. geschildert. Mit einem wilden Tier wird der König verglichen, der befiehlt, auch die nicht Wider-

her mit seinem Heer von Ägypten auf und nahm die Stadt mit Waf-
fengewalt ein. 12 Er befahl seinen Soldaten, alle, die ihnen begegne-
ten, rücksichtslos niederzuhauen und auch die zu erschlagen, die sich
auf das Dach ihrer Häuser geflüchtet hätten. 13 Sie richteten unter
jung und alt ein großes Blutbad an; junge Männer, Frauen und Kin-
der kamen um, man erstach Mädchen und Säuglinge. 14 In nur drei
Tagen verlor die Stadt achtzigtausend Einwohner; vierzigtausend
fanden im Kampf den Tod, ebensoviele, wie man ermordet hatte,
wurden in die Sklaverei verkauft.
15 Doch das genügte dem König noch nicht; in seiner Frechheit betrat
er den heiligsten Tempel der ganzen Erde unter der Führung des Me-
nelaus, der die Gesetze und sein Vaterland verraten hatte. 16 Seine
blutbefleckten Hände griffen nach den heiligen Geräten, und was an-
dere Könige gestiftet hatten, um Glanz und Würde des Ortes zu er-
höhen, raffte er mit unreinen Händen zusammen.
17 In seinem Übermut erkannte Antiochus nicht, daß der Herr nur für
eine kurze Zeit zornig war, weil die Einwohner der Stadt gesündigt 6^{12-17}
hatten, und deswegen nicht auf den Ort achtete. 18 Hätten sich die Ju-
den damals nicht in viele Sünden verstrickt, dann wäre ihm, sobald er
sich vorwagte, seine Frechheit durch Peitschenhiebe ausgetrieben
worden, ähnlich wie dem Heliodor, der von König Seleukus zur
Durchsuchung der Schatzkammer ausgeschickt worden war. 19 Aber
der Herr hat nicht das Volk erwählt wegen des Ortes, sondern den

5^{16} Die Lesart ἀνατεθέντα »als Weihegeschenk aufgestellt« ist der anderen ἀνασταθέντα »aufgestellt« vorzuziehen.

5^{18} Das von einem Teil der Überlieferung gebotene καὶ οὗτος ist sinnvoll: »dann wäre *auch* ihm ... ausgetrieben worden, ähnlich wie ...«

stand Leistenden einschließlich der Kinder zu töten. Die Zahlen der Gemordeten und der in die Sklaverei Verkauften sind zu hoch $^{11-16}$. In $^{17-20}$ reflektiert der Autor die theologische Frage, warum Gott den Heliodor bestrafte, die Beraubung des Tempels durch Antiochus IV. aber zugelassen habe. Als Antwort findet er: Das Volk ist durch seine hellenistische Lebensweise vor Gott schuldig geworden, und das Schicksal des Tempels richtet sich nach dem Verhalten des Volkes. Schon Jeremia hatte 7^{1-15} vor dem Glauben an die Unverletzlichkeit des Tempels gewarnt. Die Neueinweihung des Heiligtums wird deshalb die Aussöhnung zwischen Gott und Volk voraussetzen.

11 Der König kehrte 168 aus Ägypten zurück. Es besteht heute weithin Übereinstimmung darüber, daß Antiochus IV. – vgl. Dan $11^{28.30}$ – auch zweimal in Jerusalem gewesen ist, 169 und 168, daß er beim ersten Besuch den Tempel beraubt ^{15} und beim zweiten die Stadt nach Kriegsrecht behandelt hat. In $^{11-16}$ sind beide Besuche in einen zusammengezogen. Vgl. den Parallelbericht 1 Makk 1^{20-24}.

19 Nach Form und Inhalt ist dieser Vers mit dem Jesuswort verwandt:

Ort wegen des Volkes. [20] Deswegen litt auch der Ort mit unter den Unglücksschlägen, die das Volk trafen, wie er später Anteil hatte an seinem Glück. Als der Allherrscher zürnte, lag der Ort verlassen da; als aber der große Herr sich wieder versöhnen ließ, wurde er in aller Pracht wiederhergestellt.

Jerusalem in der Hand der Heiden: 5^{21-27}

[21] Antiochus also ließ tausendachthundert Talente aus dem Tempel schaffen und zog eilig ab nach Antiochia. In seiner Vermessenheit glaubte er, das Land schiffbar und das Meer gangbar machen zu können – so überheblich war er. [22] Er ließ bei seinem Abzug mehrere Befehlshaber zurück, die das Volk unterdrücken sollten. In Jerusalem war es Philippus, seiner Herkunft nach ein Phrygier, seiner Gesinnung nach ein Barbar, noch wilder als der, der ihn eingesetzt hatte; [23] auf dem Berg Garizim war es Andronikus. Dazu kam Menelaus, der sich seinen Mitbürgern gegenüber noch herrischer aufführte als die anderen; denn er haßte die jüdischen Bürger.

1 Makk 1^{29f} [24] Außerdem schickte der König den Anführer der Mysier, Apollonius, mit einem Heer von zweiundzwanzigtausend Mann; er hatte ihm befohlen, alle wehrfähigen Männer umzubringen, die Frauen und Kinder aber in die Sklaverei zu verkaufen. [25] Als Apollonius in Jerusalem ankam, spielte er zunächst den Friedfertigen. Er wartete bis zum heiligen Sabbattag. Als er nun bemerkte, daß die Juden sich

5^{21} διὰ τὸν μετεωρισμὸν τῆς καρδίας ist wohl in den Text eingedrungene Randglosse zu ἀπὸ τῆς ὑπερηφανίας.

5^{23} Ein Teil der Überlieferung bezieht die letzten Worte von [23] – wie die EÜ – auf Menelaus, der andere Teil faßt sie als Aussage über den König [24] auf.

»Der Sabbat ist für den Menschen da, nicht der Mensch für den Sabbat« Mk 2^{27}.

5^{21-27} Antiochus IV. nimmt immer mehr die Züge des überheblichen Herrschers an, der die Unterdrückung der Bewohner Judäas und Samarias fortsetzt [21–23]. Exemplarisch wird ein Blutbad geschildert, das Apollonius im Auftrag des Königs an einem Sabbat unter der Bevölkerung anrichtet [24–26]. Etwas verfrüht erscheint eine Notiz über den Makkabäer Judas, der wegen des Zwangs, von der jüdischen Religion abzufallen, in die Wüste flieht [27].

[21] 1800 Silbertalente entsprechen etwa 47 000 kg. Zur Beschreibung der Sinnesart des Antiochus benutzt der Autor »Unmöglichkeiten«, die sich auch sonst in der griechischen Literatur finden, vgl. zudem $9^{8.10}$.

[22] »Barbar« bedeutet eigentlich »von nichtgriechischer Abkunft«, hier ist es im Sinn von »ungebildet und rauh« gebraucht.

[23] Der Garizim, ein Berg bei Sichem, ist das kultische Zentrum von Samaria.

[24] Zu Apollonius und seinem Kommando vgl. 1 Makk 1^{29-37}.

[26] Am Sabbat waren viele Juden in

jeder Arbeit enthielten, gab er seinen Leuten Befehl, zu den Waffen
zu greifen und auszurücken. 26 Alle, die zum festlichen Gottesdienst
gegangen waren, ließ er niederstechen. Dann fielen sie mit der blan-
ken Waffe in die Stadt ein und erschlugen viele Menschen.
27 Judas aber, mit dem Beinamen der Makkabäer, schloß sich mit 1 Makk 2^{28}
neun Gefährten zusammen und zog sich in die Wüste zurück. Er Hebr 11^{38}
lebte mit seinen Leuten in den Bergen wie die Tiere. Sie ernährten
sich die ganze Zeit nur von Pflanzen, um nicht ebenfalls unrein zu
werden.

Die Verfolgung der jüdischen Religion: 6^{1-11} 1 Makk 1^{45-59}

6 1 Nicht lange darauf schickte der König einen alten Athener; der
sollte die Juden zwingen, die Gesetze ihrer Väter aufzugeben und ihr
Leben nicht mehr durch Gottes Gesetze lenken zu lassen. 2 Auch
sollte er den Tempel zu Jerusalem schänden und ihn Zeus, dem Herr-
scher des Olymp weihen; ähnlich sollte er den Tempel auf dem Berg
Garizim nach Zeus, dem Hüter des Gastrechts, benennen, was der
(gastfreundlichen) Art der Einwohner jenes Ortes entgegenkam.

5^{27} Hanhart hält die Worte εἰς τὴν ἔρημον nicht für ursprünglich und läßt sie aus.

6^{2} Die Überlieferung hat einheitlich ἐτύγχανον, was schwierig zu übersetzen ist, vgl. EÜ. Sinnvoll dagegen ist die Korrektur ἐνετύγχανον = wie es die den Platz Bewohnenden *beantragt* hatten.

den Vorhof des Tempels gekommen, um dem liturgischen Schauspiel (θεωρία) beizuwohnen. Diese Tempelbesucher ließ Apollonius zuerst töten, um dann das Blutbad auf die ganze Stadt auszudehnen. Andere verstehen θεωρία von einer Truppenschau außerhalb der Stadt, zu der viele Juden hinausgeeilt waren. Hier wie an anderen Stellen bleibt der Text unklar; das mag mit der Verkürzung des Berichtes durch den Epitomator zusammenhängen.

27 Der Autor will die Geschichte der Heldentaten des Judas erzählen. Er erwähnt darum nicht die Namen seiner Gefährten, einschließlich seines Vaters und seiner Brüder. Zur Wüste vgl. 1 Makk 2^{31}. Sich dort von tierischem Fleisch zu ernähren, war für einen Juden gemäß Lev 11 schwierig.

6^{1-11} Der Autor schildert, auf welche Weise und mit welchen Sanktionen man versucht, die jüdischen Altgläubigen zum Abfall zu zwingen. Im Mittelpunkt steht die Schändung des Tempels. Auch die Abschaffung des Sabbats und der Feiertage und die Einführung neuer Feste sollen die griechische Lebensweise vorantreiben 1–9, vgl. 1 Makk 1^{45-59}. Die eigentliche Verfolgung wird exemplarisch durch zwei Märtyrer-Kurzgeschichten beleuchtet 10–11.

1 Für »einen alten Athener« lesen andere »den Athener Geron«. Antiochus IV. hatte eine gewisse Schwäche für Athen, das er als die wahre Quelle des Hellenismus betrachtete. Er finanzierte dort auch die Fortset-

3 Der Ansturm der Bosheit war kaum zu ertragen und allen zuwider.
4 Denn die Heiden erfüllten das Heiligtum mit wüstem Treiben und
mit Gelagen. Sie gaben sich mit Dirnen ab und ließen sich in den hei-
ligen Vorhöfen mit Frauen ein. Auch brachten sie vieles hinein, was
nicht hineingehörte. 5 Auf den Brandopferaltar häuften sie unerlaubte
und vom Gesetz verbotene Dinge. 6 Man konnte weder den Sabbat
halten noch die alten Feste begehen, ja, man durfte sich überhaupt
nicht mehr als Jude bekennen. 7 Zu ihrer Erbitterung mußten die Ein-
wohner sich jeden Monat am Geburtstag des Königs zum Opfermahl
führen lassen, und am Fest der Dionysien zwang man sie, zu Ehren
des Dionysos mit Efeu bekränzt in der Prozession mitzugehen. 8 Auf
Vorschlag der Einwohner von Ptolemaïs wurde in den benachbarten
griechischen Städten ein Beschluß bekanntgegeben, sie sollten mit
den Juden ebenso verfahren und Opfermahlzeiten veranstalten. 9 Wer
sich aber nicht entschließen wolle, zur griechischen Lebensweise
überzugehen, sei hinzurichten.
Da konnte man nun das Elend sehen, das hereinbrach. 10 Man führte
1 Makk 1^{60} nämlich zwei Frauen vor, die ihre Kinder beschnitten hatten. Darauf
hängte man ihnen die Säuglinge an die Brüste, führte sie öffentlich in
der Stadt umher und stürzte sie dann von der Mauer. 11 Andere wa-
1 Makk 2^{29-38} ren in der Nähe zusammengekommen, um heimlich in Höhlen den
Sabbat zu begehen. Sie wurden an Philippus verraten, und da sie sich
wegen der Würde des heiligen Tages scheuten, sich zu wehren, wur-
den sie alle zusammen verbrannt.

Eine Geschichtsbetrachtung des Verfassers: 6^{12-17}

5^{17-20} 12 An dieser Stelle möchte ich die Leser des Buches ermahnen, sich
$7^{18f.2f.38}$ durch die schlimmen Ereignisse nicht entmutigen zu lassen. Sie mö-

6^{11} Wörtlich: »Um die Woche zu begehen.«

zung der Bauarbeiten am großen Tempel des Zeus Olympios.

4 Bei den griechischen Gastmählern gehörten zur Unterhaltung auch die Hetären. Hierodulen und Prostitution gab es auch schon zu anderen Zeiten in Israels Heiligtümern 1 Kön 14^{24} 2 Kön 23^{7}, und öfter mußten die Propheten dagegen einschreiten Hos 4^{14} Jer 3^{2}. Zu dem, »was nicht in den Tempel hineingehörte«, ist wohl in erster Linie das Fleisch von Tieren zu rechnen, die den Juden als unrein verboten waren.

7 Dionysos, der griechische Gott des Weins, hatte als besonderes Zeichen das Efeublatt 3 Makk 2^{29}.

8 Die EÜ hat den Text nach Vg korrigiert in »die Einwohner von Ptolemaïs«. Diese haben in der Tat öfter ihre antijüdische Gesinnung bekundet, vgl. 13^{25} 1 Makk 5^{15} 12^{48}. Viele Exegeten lesen »auf Vorschlag des Ptolemäus« und denken dabei an den Strategen von Zölesyrien und Phönizien 4^{45} 1 Makk 3^{38}.

10–11 Zu 10 vgl. 1 Makk 1^{60-61}. Zu 11 vgl. die ähnliche Geschichte in

gen bedenken, daß die Strafen unser Volk nicht vernichten, sondern
erziehen sollen. 13 Denn wenn die Sünder nicht lange geschont, son- Weish 11^{9f}
dern sofort bestraft werden, ist das ein Zeichen großer Güte. 14 Bei 12$^{2.22}$
den anderen Völkern wartet der Herr geduldig, bis das Maß ihrer
Sünden voll ist; dann erst schlägt er zu. Mit uns aber beschloß er, an-
ders zu verfahren, 15 damit er uns nicht am Ende verurteilen müsse,
wenn wir es mit unseren Sünden bis zum Äußersten getrieben hätten.
16 Daher entzieht er uns nie sein Erbarmen, sondern er erzieht sein
Volk durch Unglück und läßt es nicht im Stich. 17 Das soll uns zur
Beherzigung gesagt sein. Nach dieser kurzen Abschweifung aber wol-
len wir mit der Erzählung fortfahren.

Das Martyrium des Eleasar: 6$^{18-31}$

18 Unter den angesehensten Schriftgelehrten war Eleasar, ein Mann 1 Makk 1$^{62-64}$
von hohem Alter und edlen Gesichtszügen. Man sperrte ihm den Hebr 11^{35}
Mund auf und wollte ihn zwingen, Schweinefleisch zu essen. 19 Er Lev 11^{7}

1 Makk 2$^{31-38}$. Philippus ist der 5^{22} genannte Befehlshaber von Jerusalem.

6$^{12-17}$ Ähnlich wie 5$^{17-20}$ schaltet der Verfasser hier eine theologische Reflexion ein: Warum treffen diese soeben geschilderten schlimmen Ereignisse unser Volk? Als Antwort findet er: Das Unglück ist Erziehungsstrafe, und der zunächst unbegreifliche erweist sich als der fürsorgende und liebende Gott.

$^{13-14}$ Wenn Gott mit der Bestrafung zuwartet, bis das Sündenmaß voll ist, kann am Ende nur das Verderben stehen. Frühzeitige Bestrafung aber bringt Umkehr, vgl. Jes 54$^{7-8}$. Bemerkenswert ist der kollektive Charakter der Strafe und die harte Auffassung gegenüber den heidnischen Völkern.

6$^{18-31}$ Die Erzählung ist eine Märtyrerakte. Es gehört zu dieser Gattung, daß in ihr das tapfere Sterben für den Glauben besonders hervorgekehrt wird, um die Lebenden zu erbauen und die Märtyrer zu verherrlichen. Viele Kirchenväter haben Eleasar als einen vorchristlichen Märtyrer gepriesen. Nach der Schilderung der Situation (Opfermahl und Schweinefleischessen) läßt der Erzähler die ihm besonders wichtigen Dinge den Helden Eleasar in direkter Rede aussprechen $^{24-28.30}$: 1. Eine Tat wird nicht nur für sich allein beurteilt, sondern auch nach der Wirkung, die sie auf andere hat. 2. Auf religiösem Gebiet gibt es keinen Kompromiß, keine Heuchelei und Verstellung. Ein äußerer Glaubensabfall ist stets unerlaubt, da man auch zum offenen Bekenntnis seiner religiösen Überzeugung verpflichtet ist. 3. Auch jenseits des Todes erwartet den Abtrünnigen noch Gottes gerechter Richterspruch.

$^{18-20}$ Eleasar ist sonst unbekannt. Nach Lev 11$^{7-8}$ zählt das Schwein zu den unreinen Tieren, deren Fleisch man nicht essen darf, vgl. Jes 65^{4}. τύμπανον heißt »Pauke«, wird aber auch für die Folter verwendet, die ursprünglich die Form eines Rades hatte, auf das der zu Folternde gespannt wurde wie das Fell auf den Paukenreifen. Der Verfasser möchte noch herausstellen, daß Eleasar nur

aber zog den ehrenvollen Tod einem Leben voll Schande vor, ging
freiwillig auf die Folterbank zu [20] und spuckte das Fleisch wieder aus.
In solcher Haltung mußten alle herantreten, die sich standhaft wehr-
ten zu essen, was man nicht essen darf – nicht einmal um des gelieb-
ten Lebens willen. [21] Die Leute, die bei dem gesetzwidrigen Opfer-
mahl Dienst taten und die den Mann von früher her kannten, nahmen
ihn heimlich beiseite und redeten ihm zu, er solle sich doch Fleisch
holen lassen, das er essen dürfe, und es selbst zubereiten. Dann solle
er tun, als ob er von dem Opferfleisch esse, wie es der König befohlen
habe. [22] Wenn er es so mache, entgehe er dem Tod; weil sie alte
Freunde seien, würden sie ihn mit Nachsicht behandeln.
[23] Er aber faßte einen edlen Entschluß, wie es sich gehörte für einen
Mann, der so alt und wegen seines Alters angesehen war, in Würde
ergraut, der von Jugend an vorbildlich gelebt und – was noch wichti-
ger ist – den heiligen, von Gott gegebenen Gesetzen gehorcht hatte.
So erklärte er ohne Umschweife, man solle ihn ruhig zur Unterwelt
schicken. [24] Wer so alt ist wie ich, soll sich nicht verstellen. Viele
junge Leute könnten sonst glauben, Eleasar sei mit seinen neunzig
Jahren noch zu der fremden Lebensart übergegangen. [25] Wenn ich
jetzt heucheln würde, um eine geringe, kurze Zeit länger zu leben,
würde ich sie irreleiten, meinem Alter aber Schimpf und Schande
bringen. [26] Vielleicht könnte ich mich für den Augenblick der Bestra-
fung durch die Menschen entziehen; doch nie, weder lebendig noch
tot, werde ich den Händen des Allherrschers entfliehen. [27] Darum
will ich jetzt wie ein Mann sterben und mich so meines Alters würdig
zeigen. [28] Der Jugend aber hinterlasse ich ein leuchtendes Beispiel,
wie man mutig und mit Haltung für die ehrwürdigen und heiligen
Gesetze eines schönen Todes stirbt. Nach diesen Worten ging er ge-
radewegs zur Folterbank.
[29] Da schlug die Freundlichkeit, die ihm seine Begleiter eben noch er-
wiesen hatten, in Feindschaft um; denn was er gesagt hatte, hielten
sie für Wahnsinn. [30] Als man ihn zu Tod prügelte, sagte er stöhnend:
Der Herr mit seiner heiligen Erkenntnis weiß, daß ich dem Tod hätte

ein Beispiel des Märtyrermutes ist, daß in Wirklichkeit jeder, der zum Martyrium bestimmt ist, diese Opfergesinnung in sich trägt.

[21] Zum gesetzwidrigen Opfermahl vgl. [7].

[23] Die Unterweltsvorstellung des gläubigen Juden ist hier durch den Ausdruck »zum Hades schicken« stark griechisch gefärbt.

[29–30] Eleasars Worte waren auch ein stummer Vorwurf gegen seine »alten Freunde«, welche die neue Lebensart angenommen hatten. Sie erklärten daher seine Rede als die eines verrückten alten Mannes, wollten aber damit nur ihr eigenes schlechtes Gewissen beruhigen. Für Eleasar ist die Ehrfurcht vor dem heiligen Gott der tiefste Grund für seine Bereitschaft zum Martyrium.

7[1–42] Der Märtyrergeschichte von

entrinnen können. Mein Körper leidet qualvoll unter den Schlägen,
meine Seele aber erträgt sie mit Freuden, weil ich ihn fürchte. [31] So
starb er; durch seinen Tod hinterließ er nicht nur der Jugend, sondern den meisten aus dem Volk ein Beispiel für edle Gesinnung und
ein Denkmal der Tugend.

Das Martyrium der sieben Brüder und ihrer Mutter: 7^{1-42}

7[1] Ein andermal geschah es, daß man sieben Brüder mit ihrer Mutter
festnahm. Der König wollte sie zwingen, entgegen dem göttlichen
Gesetz Schweinefleisch zu essen, und ließ sie darum mit Geißeln und Lev 11^{7f}
Riemen peitschen. [2] Einer von ihnen ergriff für die andern das Wort
und sagte: Was willst du uns fragen und von uns wissen? Eher sterben
wir, als daß wir die Gesetze unserer Väter übertreten. [3] Da wurde der
König zornig und befahl, Pfannen und Kessel heißzumachen. [4] Kaum
waren sie heiß geworden, ließ er ihrem Sprecher die Zunge abschneiden, ihm nach Skythenart die Kopfhaut abziehen und Nase, Ohren,
Hände und Füße stückweise abhacken. Dabei mußten die anderen

7^{4} Wörtlich: »... ihm nach Skythenart die Kopfhaut abziehen und verstümmeln. Dabei mußten ...«

dem Greis Eleasar fügt der Autor eine weitere hinzu. Sie handelt von den namenlosen sieben Brüdern und ihrer Mutter und spielt sich an einem nicht näher bezeichneten Ort unter den Augen des Königs Antiochus IV. ab. Der Verfasser möchte dadurch zum Ausdruck bringen, daß jedes Alter und jedes Geschlecht in dieser Zeit Märtyrerbeispiele gab. In $^{1-19}$ wird das Martyrium von sechs Brüdern erzählt, wobei jeder sterbend und in direkter Rede Glaubensaussagen zu seinem Martyrium macht. Hervorstechend ist die Hoffnung auf leibliche Auferstehung, die mit der Macht Gottes als König der Welt begründet wird. Diese Auferstehung wird freilich dem Frevler nicht zuteil. Bemerkenswert ist auch die Auffassung des Martyriums als Sühnetod für eigene Sünden. In $^{20-24a}$ läßt der Autor die Mutter über die Auferstehung nachdenken: Die Auferstehung wird bewirkt durch Gottes Macht als Schöpfer. In der Märtyrergeschichte des Jüngsten der Brüder $^{24b-40}$ werden die theologischen Aussagen klarer und steigernd herausgestellt: Gott hat alles, auch den Menschen, aus dem Nichts erschaffen; er kann daher auch alles wieder lebendig machen. Gott ist aber auch ein gerechter Richter, der den Übermut des Königs nicht ungestraft lassen wird. Das Sühneleiden der Märtyrer ist auch ein stellvertretendes; es erstreckt sich auf die Sünden des ganzen Volkes. 4 Makk 8–18 will mit der gleichen Märtyrergeschichte in predigtmäßigem Vortrag beweisen, daß die Vernunft die Herrin über die Affekte ist.

^{1} Vgl. 6^{18}. Der Name des Königs wird erst ^{24} mitgeteilt.

$^{3-4}$ Die Kessel werden als normale Ergänzung zu den Pfannen angeführt, spielen aber im Lauf der Erzählung keine Rolle. Zu den Skythen vgl. 4^{47}.

Brüder und die Mutter zuschauen. 5 Den gräßlich Verstümmelten,
der noch atmete, ließ er ans Feuer bringen und in der Pfanne braten.
Während sich der Dunst aus der Pfanne nach allen Seiten verbreitete,
sprachen sie und ihre Mutter einander Mut zu, in edler Haltung zu
sterben. Sie sagten: 6 Gott der Herr schaut auf uns, und gewiß hat er
Erbarmen mit uns. Denn so hat es Mose klar gesagt in dem Lied, in
dem er öffentlich das Volk anklagte: Und er wird mit seinen Dienern
Dtn 32^{36} Erbarmen haben.
7 Als der erste der Brüder auf diese Weise gestorben war, führten sie
den zweiten zur Folterung. Sie zogen ihm die Kopfhaut samt den
Haaren ab und fragten ihn: Willst du essen, bevor wir dich Glied für
Glied foltern? 8 Er antwortete in seiner Muttersprache: Nein! Deshalb wurde er genauso wie der erste gefoltert. 9 Als er in den letzten
Zügen lag, sagte er: Du Unmensch! Du nimmst uns dieses Leben;
V. 11.14.23.29.36 aber der König der Welt wird uns zu einem neuen, ewigen Leben auf-
12^{43f} 14^{46} erwecken, weil wir für seine Gesetze gestorben sind.
Dan 12^{2}
10 Nach ihm folterten sie den dritten. Als sie seine Zunge forderten,
streckte er sie sofort heraus und hielt mutig die Hände hin. 11 Dabei
sagte er gefaßt: Vom Himmel habe ich sie bekommen, und wegen seiner Gesetze achte ich nicht auf sie. Von ihm hoffe ich sie wiederzuerlangen. 12 Sogar der König und seine Leute staunten über den Mut
des jungen Mannes, dem die Schmerzen nichts bedeuteten.
13 Als er tot war, quälten und mißhandelten sie den vierten genauso.
14 Dieser sagte, als er dem Ende nahe war: Gott hat uns die Hoffnung
gegeben, daß er uns wieder auferweckt. Darauf warten wir gern,
wenn wir von Menschenhand sterben. Für dich aber gibt es keine
Auferstehung zum Leben.
15 Anschließend nahmen sie sich den fünften vor und mißhandelten
ihn. 16 Der sah den König an und sagte: Du bist ein vergänglicher
Mensch, und doch hast du die Macht unter den Menschen zu tun,
was du willst. Aber glaub nicht, unser Volk sei von Gott verlassen.

7^{14} Wörtlich: »Es ist wünschenswert, daß die von den Menschen Scheidenden die Verheißung Gottes erwarten, durch ihn wieder aufzuerstehen.«

6 Hier wird Dtn 32^{36} zitiert. Das ganze Moselied Dtn 32 handelt von der Bestrafung des sündigen Israel durch die Heiden, dem neuen Erbarmen Gottes und der göttlichen Strafe für die Heiden, Gedanken, die auch der Gesinnung der Märtyrer entsprechen.

8–9 Der Gebrauch der hebräischen und aramäischen Sprache ist Ausdruck des nationalen Stolzes 21.27 12^{37} 15^{29}. Hier und an anderen Stellen des Buches wird die Hoffnung auf die Auferstehung zu einem ewigen Leben ausgesprochen 11.14.23.29.36 12^{43-44} 14^{46}, vgl. Dan 12^{2}. Die Märtyrer glauben, daß sie das Leben und den um ihres Glaubens willen verstümmelten Leib einst gesund wiedererhalten.

17 Mach nur so weiter! Du wirst seine gewaltige Kraft spüren, wenn
er dich und deine Nachkommen züchtigt.
18 Nach ihm holten sie den sechsten. Sterbend sagte er: Laß dich nicht
täuschen! Du wirst nichts ausrichten. Denn wir sind selbst schuld an
unserem Leid, weil wir gegen unseren Gott gesündigt haben. Darum
konnte so Unfaßbares geschehen. 19 Glaub aber ja nicht, daß du heil
davonkommst; denn du hast es gewagt, mit Gott zu kämpfen.
20 Auch die Mutter war überaus bewundernswert, und sie hat es ver-
dient, daß man sich an sie mit Hochachtung erinnert. An einem einzi-
gen Tag sah sie nacheinander ihre sieben Söhne sterben und ertrug es
tapfer, weil sie dem Herrn vertraute. 21 In edler Gesinnung stärkte sie
ihr weibliches Gemüt mit männlichem Mut, redete jedem von ihnen
in ihrer Muttersprache zu und sagte: 22 Ich weiß nicht, wie ihr in mei-
nem Leib entstanden seid, noch habe ich euch Atem und Leben ge- Ijob 10^{8-12}
schenkt; auch habe ich keinen von euch aus den Grundstoffen zusam- Ps 139^{13-15}
mengefügt. 23 Nein, der Schöpfer der Welt hat den werdenden Men-
schen geformt, als er entstand; er kennt die Entstehung aller Dinge.
Er gibt euch gnädig Atem und Leben wieder, weil ihr jetzt um seiner
Gesetze willen nicht auf euch achtet. 24 Antiochus aber glaubte, sie
verachte ihn, und er hatte den Verdacht, sie wolle ihn beschimpfen.
Nun war nur noch der Jüngste übrig. Auf ihn redete der König nicht
nur mit guten Worten ein, sondern versprach ihm unter vielen Eiden,
ihn reich und sehr glücklich zu machen, wenn er von der Lebensart
seiner Väter abfalle; auch wolle er ihn zu seinem Freund machen und
ihn mit hohen Staatsämtern betrauen. 25 Als der Junge nicht darauf
einging, rief der König die Mutter und redete ihr zu, sie solle dem
Knaben doch raten, sich zu retten. 26 Erst nach langem Zureden wil-
ligte sie ein, ihren Sohn zu überreden. 27 Sie beugte sich zu ihm nie-
der, und den grausamen Tyrannen verspottend, sagte sie in ihrer
Muttersprache: Mein Sohn, hab Mitleid mit mir! Neun Monate habe
ich dich in meinem Leib getragen, ich habe dich drei Jahre gestillt,
dich ernährt, erzogen und für dich gesorgt, bis du nun so groß ge-
worden bist. 28 Ich bitte dich, mein Kind, schau dir den Himmel und
die Erde an; sieh alles, was es da gibt, und erkenne: Gott hat das aus

7^{27} EÜ hat das am Ende des Satzes stehende καὶ τροφοφορήσασαν »erzogen« vorgezogen und hinter das fast gleichbedeutende ἐκθρέψασαν »ernährt« gesetzt.

17 Hier bricht noch einmal der atl diesseitige Vergeltungsglaube durch, vgl. auch $^{19.31.35-37}$.

22–23 Zum Geheimnis der Entstehung des Kindes im Mutterschoß vgl. Ijob 10^{8-12} Ps 139^{13-15}.

24 Antiochus verspricht ihm den Titel »Freund des Königs«, d.h. die Aufnahme in die Zahl der führenden Staatsbeamten. Die Brüder des Judas und deren Nachkommen erhielten später mehrmals diesen Titel von den seleuzidischen Königen und Thronanwärtern.

Ijob 26[7] dem Nichts erschaffen, und so entstehen auch die Menschen. [29] Hab keine Angst vor diesem Henker, sei deiner Brüder würdig, und nimm den Tod an! Dann werde ich dich zur Zeit der Gnade mit deinen Brüdern wiederbekommen.

[30] Kaum hatte sie aufgehört, da sagte der Junge: Auf wen wartet ihr? Dem Befehl des Königs gehorche ich nicht; ich höre auf den Befehl des Gesetzes, das unseren Vätern durch Mose gegeben wurde. [31] Du aber, der sich alle diese Bosheiten gegen die Hebräer ausgedacht hat, du wirst Gottes Händen nicht entkommen. [32] Denn wir leiden nur, weil wir gesündigt haben. [33] Wenn auch der lebendige Herr eine kurze Zeit lang zornig auf uns ist, um uns durch Strafen zu erziehen, so wird er sich doch mit seinen Dienern wieder versöhnen. [34] Du Ruchloser aber, du größter Verbrecher der Menschheit, überheb dich nicht, und werde nicht durch falsche Hoffnung übermütig, wenn du deine Hand gegen die Kinder des Himmels erhebst. [35] Denn noch bist du dem Gericht des allmächtigen Gottes, der alles sieht, nicht entronnen. [36] Unsere Brüder sind nach kurzem Leiden mit der göttlichen Zusicherung ewigen Lebens gestorben; du jedoch wirst beim Gericht Gottes die gerechte Strafe für deinen Übermut zahlen. [37] Ich gebe wie meine Brüder Leib und Leben hin für die Gesetze unserer Väter und rufe zu Gott, er möge seinem Volk bald wieder gnädig sein; du aber sollst unter Qualen und Schlägen bekennen müssen, daß nur er Gott ist. [38] Bei mir und meinen Brüdern möge der Zorn des Allherrschers aufhören, der sich zu Recht über unser ganzes Volk ergossen hat.

[39] Da wurde der König zornig und verfuhr mit ihm noch schlimmer als mit den anderen – so sehr hatte ihn der Hohn verletzt. [40] Auch der Jüngste starb also mit reinem Herzen und vollendetem Gottvertrauen. [41] Zuletzt starb nach ihren Söhnen die Mutter.

[42] Soviel sei über die Opfergelage und die schlimmen Mißhandlungen berichtet.

7[28] Varianten zu οὐκ ἐξ ὄντων sind ἐξ οὐκ ὄντων und »ex nihilo«.

7[36] Andere lassen ἀενάου ζωῆς von πόνον abhängig sein: »Nach kurzem Leiden (als Preis) für ewiges Leben sind unsere Brüder zwar unter Gottes Verheißung gefallen, du jedoch ...«

[28] Auch in Ijobs Rede zu seinen Freunden heißt es: »Gott hängt die Erde auf an Nichts« Ijob 26[7].

[34] Mit den »Kindern des Himmels« (wörtlich: »himmlischen Kindern«) sind zunächst die Märtyrer gemeint, für die das Glück des Himmels bestimmt ist; im weiteren Sinn umfaßt der Ausdruck das Volk Gottes auf Erden.

[41] In einem Lobpreis auf die heldenhafte Mutter wird 4 Makk 17[1] mitgeteilt, die Mutter habe sich, als man sie zum Tode schleppen wollte, selbst in den Scheiterhaufen gestürzt, damit niemand ihren Leib berührte. In der christlichen Überlieferung gelten die sieben makkabäischen Brüder als Märtyrer, denen man im Mittelmeerraum viele Kir-

DIE WIEDERHERSTELLUNG JERUSALEMS: 8^{1}–10^{8}

Der Aufstand des Makkabäers Judas: 8^{1-7}
1 Makk 2^{42-48}

8 1 Judas aber, den man auch Makkabäer nennt, und seine Leute schli- 5^{27}
chen sich heimlich in die Dörfer und holten ihre Verwandten zu sich;
auch gewannen sie die treugebliebenen Juden, so daß sie etwa sechs-
tausend Mann zusammenbrachten. 2 Sie riefen zum Herrn, er möge
auf das von allen geschundene Volk schauen und Mitleid haben mit
dem Tempel, den ruchlose Menschen entweiht hätten, 3 er möge auch
der Stadt gnädig sein, die zerstört werde und bald dem Erdboden
gleichgemacht sei, und auf das unschuldig vergossene Blut hören, das
(anklagend) zu ihm aufschreie. 4 Er solle daran denken, daß man ent-
gegen jedem Recht unschuldige Kinder ermordet und seinen Namen
gelästert habe, und zeigen, daß er das Böse hasse.
5 Sobald der Makkabäer eine Streitmacht aufgestellt hatte, konnten
ihn die Heiden nicht mehr aufhalten; denn der Herr hatte seinem
Zorn Gnade folgen lassen. 6 Er überfiel Städte und Dörfer und
steckte sie in Brand. Da er günstige Stellungen bezog, jagte er nicht
wenige Feinde in die Flucht. 7 Meist nutzte er die Nächte zu solchen
Unternehmungen, und der Ruf seiner Kühnheit verbreitete sich über-
all.

Der Sieg des Judas über Nikanor und andere Feinde: 8^{8-36}
1 Makk 3^{38}–4^{25}

8 Philippus merkte, daß der Mann rasch an Macht gewann und von 5^{22}
Tag zu Tag erfolgreicher wurde; er schrieb daher an Ptolemäus, den

chen weihte. Reliquien dieser Märtyrer wurden im 6. Jahrhundert nach Rom übertragen, zur Zeit Friedrich Barbarossas auch nach Köln (einstige Benediktinerkirche zu den Makkabäern). Dort befindet sich auch der 1520–27 geschaffene Makkabäer-Schrein.

8^{1-7} Der Bericht über den Aufstand des Judas schließt an 5^{27} an. In der Form eines indirekten Gebetes wird auf den entweihten Tempel, die Zerstörungen und ungerechten Tötungen in Jerusalem hingewiesen und Gottes Erbarmen angerufen $^{2-4}$. Die Unbesiegbarkeit des Makkabäers wird demonstriert bei plötzlichen Überfällen auf syrische Kolonien, in denen auch hellenistische Juden saßen. Der Verfasser möchte andeuten, daß Gott durch die Blutzeugen mit seinem Volk wieder versöhnt ist $^{5-7}$.

^{1} Der Formulierung »Judas und seine Leute« entspricht in 1 Makk »Judas und seine Brüder« 1 Makk $3^{25.42}$ $4^{36.59}$ 5^{10} u.ö.

$^{2-4}$ Vgl. auch 5^{13-16} 6^{2-10} 1 Makk 1^{23-63}. Die Lästerung des Namens Gottes bezieht sich auf alle Angriffe der Heiden gegen die religiösen Gebräuche der Juden und ihre gottesdienstlichen Einrichtungen.

$^{5-7}$ Vgl. 1 Makk 2^{42-48} 3^{8-9}.

4^{45} Befehlshaber von Zölesyrien und Phönizien, er solle der Sache des
Königs zu Hilfe kommen. 9 Dieser benannte sofort Nikanor, den
Sohn des Patroklus, der zu den ersten Freunden des Königs gehörte,
und ließ ihn an der Spitze eines Heeres von mindestens zwanzigtau-
send Mann aus aller Herren Länder ausrücken, mit dem Auftrag, die
gesamte Bevölkerung Judäas auszurotten. Er gab ihm auch Gorgias
mit, einen im Kriegswesen erfahrenen Befehlshaber.
10 Der König mußte den Römern noch zweitausend Talente Kriegs-
schulden auszahlen; Nikanor beschloß, diese Summe aus dem Ver-
kauf gefangener Juden aufzubringen. 11 Unverzüglich ließ er durch
Boten in den Hafenstädten bekanntgeben, man könne zu ihm kom-
men und jüdische Sklaven kaufen; für ein Talent versprach er
neunzig Personen zu liefern. Er ahnte nicht, daß ihn bald die Strafe
des Allherrschers ereilen würde.
12 Judas hörte vom Anmarsch Nikanors und ließ seinen Leuten be-
kanntgeben, daß jener mit seinem Heer in der Nähe ein Lager aufge-
schlagen habe. 13 Die Feiglinge und die, die dem Urteil Gottes miß-
trauten, liefen weg und machten sich davon. 14 Die anderen aber ver-

8^{8-36} In der ersten größeren Schlacht stehen sich das Heer des syrischen Feldherrn Nikanor mit 20000 Mann und das des Judas mit 6000 Mann gegenüber. Nikanor rechnet mit vielen jüdischen Gefangenen. Die Leute des Judas aber rufen zum Herrn. Sie motivieren ihr Bittgebet mit dem Hinweis auf Gottes Bundesschlüsse mit den Vätern und auf die Ehre seines heiligen Namens; denn durch die Ausrottung der jüdischen Religion wird Jahwe selbst bedroht. Judas redet seinen Soldaten Mut zu. Seine Erinnerung an Gottes wunderbare Hilfe in der Vergangenheit bringt der Erzähler in direkter Rede $^{18-20}$. Der Kampf selbst wird nur kurz beschrieben; dafür aber wird hervorgehoben, daß die siegreichen Makkabäer den Sabbat halten, die Beute an Bedürftige verteilen und einen Sühnegottesdienst feiern. Der Parallelbericht steht 1 Makk 3^{38}–4^{25}. In den folgenden Einzelberichten über feindliche Heerführer $^{30-33}$ betont der Verfasser die göttliche Vergeltung, die darin besteht, daß man mit dem bestraft wird, in dem man gesündigt hat. So muß auch Nikanor, der die Juden als Sklaven verkaufen wollte, wie ein entlaufener Sklave nach Antiochia fliehen und obendrein den außerordentlichen Gottesschutz anerkennen, den die Juden erfuhren $^{34-36}$.

$^{8-9}$ Zu Philippus vgl. 5^{22}, zu Ptolemäus vgl. 4^{45}. Zum Titel »Freund des Königs« vgl. 1 Makk 2^{18}. In 1 Makk 3^{38}–4^{25} ist Gorgias, nicht Nikanor, die Hauptfigur.

$^{10-11}$ Der Verfasser denkt an eine Restsumme, die der König gemäß dem Friedensvertrag von Apamea (188 v. Chr.) noch zu zahlen hätte, vgl. 1 Makk 8^{7}. Der Kaufpreis für die jüdischen Sklaven ist sehr niedrig angesetzt; normalerweise rechnete man fünfzehn Sklaven für ein Talent.

^{13} Zu den Feiglingen vgl. Dtn 20^{8}. Ihnen werden die Soldaten gleichgestellt, denen das unerschütterliche Gottvertrauen fehlte.

^{14} Wahrscheinlich verkaufen sie den restlichen Besitz aus der Beute, um

kauften alles, was sie noch hatten; zugleich baten sie den Herrn, sie
zu retten; denn der verruchte Nikanor habe sie schon verkauft, bevor
er ihnen überhaupt begegnet sei,
15 und wenn er es schon nicht ihretwegen tun wolle, dann doch wegen der Bündnisse, die er mit ihren
Vätern geschlossen habe, und weil über ihnen selbst sein heiliger und Jer 14[9]
herrlicher Name ausgerufen worden sei.
16 Der Makkabäer ließ seine Leute zusammenkommen, sechstausend
an der Zahl. Er redete ihnen zu, sich von den Feinden nicht aus der
Fassung bringen zu lassen und nicht ängstlich zu werden, weil die
Heiden in solchen Massen ohne jeden Grund gegen sie heranrückten.
Sie sollten tapfer kämpfen
17 und sich stets vor Augen halten, mit
welch frechem Übermut man entgegen allem Recht den heiligen Ort
behandelt habe, wie übel man der Stadt mitgespielt und wie schlimm
man sie zugerichtet habe und daß die von den Vorfahren ererbte Verfassung aufgelöst worden sei.
18 Er sagte: Sie verlassen sich auf ihre
Waffen und auf die Kühnheit, mit der sie angreifen; wir aber verlassen uns auf den allmächtigen Gott, der unsere Angreifer und die
ganze Welt mit einem einzigen Wink vernichten kann.
19 Weiter
zählte er ihnen auf, wie oft Gott ihren Vorfahren geholfen habe, etwa 2 Kön 19[35]
gegen Sanherib, als hundertfünfundachtzigtausend Mann den Tod
fanden.
20 Er erwähnte auch die Schlacht mit den Galatern in Babylon: Da waren sie, zusammen mit viertausend Mazedoniern nur achttausend Mann stark, zum Kampf angetreten, und als die Mazedonier
in eine verzweifelte Lage gerieten, schlugen sie, weil der Himmel ihnen half, mit sechstausend Mann hundertzwanzigtausend vernichtend und machten reiche Beute.
21 So machte er ihnen Mut, damit sie bereit wären, für die Gesetze
und das Vaterland zu sterben. Dann teilte er sein Heer in vier Abteilungen ein.
22 An die Spitze der einzelnen Gruppen stellte er seine
Brüder Simeon, Josef und Jonatan, denen er je fünfzehnhundert

mit dem Erlös die militärische Ausrüstung zu vervollständigen.

19–20 Auch in seiner Ansprache in 15[22] weist Judas auf die Niederlage Sanheribs vor den Mauern Jerusalems im Jahre 701 v. Chr. hin, vgl. 1 Makk 7[41]. Gemeint ist hier 2 Kön 19[35–36] Jes 37[36–37]. Über die Galaterschlacht ist keine Sicherheit zu gewinnen. Antiochus I. hat in der sog. Elefantenschlacht 275 v. Chr. die Galater besiegt, aber nicht in Babylon, sondern bei Kaysari in Kappadozien. Seleukus II. hat 240–238 gegen seinen von Galatern unterstützten Bruder Antiochus Hierax in Babylonien Krieg geführt. Antiochus III. hat in Babylonien 220 den aufständischen Satrapen Molo besiegt, in dessen Heer viele galatische Söldner kämpften. An all diesen Kämpfen könnten auch jüdische Söldner aus Babylon oder Kleinasien teilgenommen haben.

22–23 In 1 Makk 2[2–5] werden die fünf Söhne des Mattatias aufgezählt: Johanan, Simeon, Judas, Eleasar, Jonatan. Es ist möglich, daß Johanan

Mann zuwies, 23 und außerdem den Eleasar. Er selbst las aus der Hei-
ligen Schrift vor und gab die Losung aus: Mit Gottes Hilfe! Dann trat
er vor die erste Reihe und griff Nikanor an.
24 Da ihnen der Allherrscher im Kampf half, machten sie mehr als
neuntausend Feinde nieder, verwundeten und verstümmelten den
größten Teil des Heeres Nikanors und zwangen alle übrigen zur
Flucht. 25 Dabei erbeuteten sie auch das Geld der Leute, die gekom-
men waren, um sie zu kaufen. Sie verfolgten sie eine Strecke weit,
kehrten dann aber um, weil sie keine Zeit mehr hatten. 26 Es war näm-
lich am Tag vor dem Sabbat; darum setzten sie ihnen nicht länger
nach. 27 Sie nahmen den Feinden die Waffen weg und zogen ihnen
die Rüstungen aus. Dann feierten sie den Sabbat; begeistert priesen
sie den Herrn und lobten seine Taten. Durch seinen Schutz hatten sie
diesen Tag erleben können, an dem er ihnen von neuem seine Gnade
zugewandt hatte.
28 Nach dem Sabbat verteilten sie die Beute. Zuerst gaben sie davon
den Mißhandelten und den Witwen und Waisen; den Rest verteilten
sie unter sich selbst und ihre Kinder. 29 Danach hielten sie einen Bitt-
gottesdienst ab und baten den barmherzigen Herrn, er möge sich mit
seinen Dienern wieder völlig aussöhnen.
1 Makk 5^6 7^8 30 Sie kämpften auch gegen die Truppen des Timotheus und des Bak-
chides, töteten von ihnen über zwanzigtausend Mann und eroberten
einige hoch in den Bergen gelegene Festungen. Die reiche Beute ver-
teilten sie zu gleichen Teilen unter sich und unter die Mißhandelten,
die Waisen und Witwen und unter die alten Leute. 31 Sie sammelten
die Waffen der Erschlagenen ein und bewahrten sie sorgfältig an ge-
eigneten Orten auf. Die übrige Beute schafften sie nach Jerusalem.

8^{27} EÜ hat für τάξαντος »τάξαντι« gesetzt und es dem διασώσαντι gleichgeordnet. Andere Übersetzer ziehen außerdem »für diesen Tag« noch zu τάξαντι; wieder andere schließen sich der Überlieferung ἐλέους στάξαντος an: »indem seine Gnade von neuem auf sie niedertropfte«.

noch den Beinamen Josef trug. In 23 ist Eleasar wahrscheinlich von einem Glossator zugefügt, um die Fünfzahl zu erhalten. Die Schriftlesung diente auch der Auffindung der Kampfparole 1 Makk 3^{48}. »Hilfe Gottes« ist in 1 QM 4,13 eine der Feldzeichen-Aufschriften der aus dem Kampf zurückkehrenden Söhne des Lichtes.

28 Die »Mißhandelten« sind in erster Linie die Verwundeten und dann die durch die syrische Besatzung Geschädigten.

30 In 1 Makk 4 und 5 werden nach der Niederlage des Nikanor noch der Sieg über Lysias, die Reinigung und Weihe des Tempels und der Feldzug gegen die Idumäer berichtet. Dann erst ist die Rede von einem Sieg über ammonitische Truppen unter der Führung des Timotheus und von der Eroberung der Stadt Jaser 1 Makk 5^{6-8}. Einen Feldherrn mit Namen Bakchides schickt erst König Demetrius I. gegen Judas 1 Makk 7^{8-20}. Gegen Timotheus wird Judas

32 Auch Phylarches, einen ganz ruchlosen Mann aus der Umgebung
des Timotheus, töteten sie; er hatte den Juden viel Böses getan. 33 Bei
der Siegesfeier in der Vaterstadt verbrannten sie die Männer, die die 1^8
heiligen Tore angezündet hatten, sowie den Kallisthenes; er hatte
sich in ein kleines Haus geflüchtet. So erhielt er den verdienten Lohn
für seine Verruchtheit.
34 Der dreimal verfluchte Nikanor aber, der die tausend Händler mit-
gebracht hatte, um die Juden zu verkaufen, 35 wurde von denen, die
er verachtet hatte, mit Hilfe des Herrn gedemütigt. Er mußte sein
Prachtgewand ausziehen und sich wie ein entlaufener Sklave mitten
durch das Land allein nach Antiochia durchschlagen, wo er völlig nie-
dergeschlagen über den Verlust seines Heeres ankam. 36 Er, der sich
unterfangen hatte, den Tribut für die Römer aus den Gefangenen Je-
rusalems aufzubringen, mußte nun verkünden, daß die Juden jeman-
den hätten, der für sie kämpfe, und daß sie deshalb unverwundbar
seien; denn sie achteten auf die Gesetze, die jener erlassen hatte.

8^{32} φυλάρχην wird von vielen nicht als Eigenname aufgefaßt, sondern als »Reiterführer«.

8^{33} Ein Teil der Hss fügt zu Kallisthenes καί τινας ἄλλους und setzt die Verben in den Plural (πεφευγότας ... ἐκομίσαντο).

8^{35} EÜ hat – ähnlich wie andere Hss – die ursprüngliche Lesart ὑπὲρ ἅπαν εὐημερηκώς (völlig erfolgreich) mit »völlig niedergeschlagen« wiedergegeben. Das Wort ist ironisch zu verstehen. Zudem ist Nikanor persönlich heil davongekommen.

noch einmal antreten müssen, und Timotheus wird in diesem Kampf den Tod finden 10^{24-38}.

$^{32-33}$ Der Verfasser hat hier die Vorlage des Jason stark verkürzt. Über Phylarches und Kallisthenes ist nämlich sonst nichts bekannt. Zu den anderen Übeltätern vgl. 1^8; ihre Bestrafung ist in Jerusalem situiert und fand wohl vor der Tempeleinweihung statt.

^{36} Zu Nikanors Vorsatz hinsichtlich des Tributs vgl. ^{10}.

9^{1-29} In $^{1-17.28-29}$ wird sehr frei und phantastisch übertrieben über den Tod des Gottesfeindes und Judenverfolgers Antiochus IV. erzählt. Der König muß aus Persien fliehen, er erfährt gleichzeitig von den Niederlagen seiner Heere in Palästina und wütet deshalb gegen die Juden, die nach seiner Meinung an allem schuld sind. Gott bestraft ihn dafür mit schrecklichen, unerklärbaren und unheilbaren Krankheiten. Der körperlichen und moralischen Niederlage des Judenfeindes folgt seine völlige Sinnesänderung, die in dem Vorsatz gipfelt, selbst Jude zu werden. Er muß aber trotzdem Gottes gerechtes Gericht über sich ergehen lassen und fern der Heimat jämmerlich zugrunde gehen. In diese volkstümliche Erzählung ist ein Brief des Königs an die guten und anhänglichen Juden eingeschoben $^{18-27}$. Hauptinhalt des Briefes ist die Vorstellung des Königssohnes Antiochus Eupator als neuer König. Man hat den Eindruck, der biblische Verfasser habe hierbei einen für die Hofbeamten Antiochias bestimmten Brief

Das Gottesgericht über den heidnischen König: 9^{1-29}
1 Makk 6^{1-16} 2 Makk 1^{11-17}

9 1 Etwa zur selben Zeit mußte Antiochus mit Schimpf und Schande
aus Persien abziehen. 2 Er war in die Stadt, die man Persepolis nennt,
einmarschiert. Bei dem Versuch, den Tempel auszurauben und eine
Besatzung in die Stadt zu legen, erhob sich die Bevölkerung in Massen und griff zu den Waffen. Die Truppen wurden geschlagen und
Antiochus von den Einwohnern verjagt; er mußte schmählich den
Rückzug antreten.
3 In der Gegend von Ekbatana erhielt er die Nachricht von der Niederlage Nikanors und der Truppen des Timotheus. 4 Da geriet er in
heftigen Zorn und glaubte, seine Wut über die unglückliche Flucht an
den Juden auslassen zu können. Darum befahl er dem Wagenlenker,
ohne Unterbrechung bis zum Ziel durchzufahren. Aber schon drohte
ihm das Gericht des Himmels; denn in seiner Vermessenheit sagte er:
Sobald ich in Jerusalem bin, mache ich die Stadt zu einem Friedhof
für alle Juden.
5 Doch der Herr, der alles sieht, Israels Gott, traf ihn, ohne daß er jemand sehen konnte, mit einem Schlag, für den es keine Heilung gab.
Apg 12^{20-23} Kaum hatte er zu reden aufgehört, da spürte er in seinen Eingeweiden quälende Schmerzen, die kein Arzt lindern konnte. 6 Damit geschah ihm ganz recht, hatte er doch die Eingeweide anderer durch
zahllose ausgefallene Foltern gequält. 7 Dennoch blieb sein Stolz ungebrochen; die Vermessenheit hatte ihn ganz und gar in Besitz genommen. Glühende Wut gegen die Juden verzehrte ihn, und er befahl dem Wagenlenker, noch schneller zu fahren. Doch dann geschah
es: In voller Fahrt fiel er aus dem dahinrasenden Wagen und stürzte

9^{5} Wörtlich: »Da ergriffen ihn unheilbarer Schmerz in den Eingeweiden und bittere Qualen der inneren Organe.«

über die Nominierung des Antiochus Eupator als Mitregent zu einem Schreiben an die Juden umstilisiert.

$^{2-3}$ Die Volkserzählung setzt gern bekannte und klingende Namen ein. Persepolis und Ekbatana waren einstmals Hauptstädte von Persien und Medien. Zu Ekbatana (heute Hamadan) vgl. Jdt $1^{1-2.14}$ Tob 3^{7} 5^{6} u.ö. Esra 6^{2}. Auch 4 Makk 18^{5} läßt Antiochus nach Πέρσαι marschieren, d.i. nach der Stadt (»πόλις«), die persisch »Parsa« heißt. Zu Nikanor und Timotheus vgl. 8.

$^{4-5}$ In 1 Makk 6^{5-8} machen die schlechten Nachrichten aus Judäa den König schwach und niedergeschlagen. Im Gegensatz dazu läßt der Erzähler hier den König eilig nach Jerusalem reisen, um persönlich sein abscheuliches Vorhaben auszuführen. Die Art der Krankheit des Königs medizinisch bestimmen zu wollen, ist müßig. Vgl. Herodes Agrippa I., der auch von einer plötzlichen Krankheit getroffen wird, »weil er nicht Gott die Ehre gegeben hatte« Apg 12^{20-23}.

so schwer, daß er sich alle Glieder verrenkte. 8 Eben noch hatte er in
maßloser Aufgeblasenheit geglaubt, er könne den Wogen des Meeres Ps 65^{7f}; Jes 40^{12}
gebieten und die Gipfel der Berge auf einer Waage wiegen. Nun lag
er auf der Erde, und man mußte ihn auf eine Bahre legen. So zeigte
sich an ihm sichtbar Gottes Macht. 9 Aus den Augen des Verruchten
krochen Würmer; während er noch lebte, verfaulte sein Fleisch unter Apg 12^{23}
Schmerzen und Qualen, und der Verwesungsgeruch, der von ihm Sir 7^{17}
ausging, verpestete das ganze Lager. 10 Kurz zuvor hatte er noch ge-
glaubt, er könne nach den Sternen des Himmels greifen; jetzt konnte
es niemand mehr bei ihm aushalten, so unerträglich war der Gestank.
11 Da endlich begann der Gepeinigte, von seinem maßlosen Hochmut
abzulassen und unter Gottes Schlägen zur Einsicht zu kommen; denn
seine Schmerzen wurden immer schlimmer. 12 Als er seinen Geruch
selbst nicht mehr ertragen konnte, sagte er: Wenn man nur ein sterb-
licher Mensch ist, soll man sich Gott unterordnen und nicht überheb-
lich sein. 13 Der Verbrecher rief sogar den Herrn an, fand aber bei
ihm kein Erbarmen mehr. Er gelobte, 14 die Heilige Stadt, die er kur-
zerhand hatte dem Erdboden gleichmachen und in einen Friedhof
umwandeln wollen, in den Rang einer freien Stadt zu erheben.
15 Hatte er zuerst beschlossen, die Juden nicht einmal eines Grabes zu
würdigen, sondern sie samt den Säuglingen den Raubvögeln und den
wilden Tieren zum Fraß vorzuwerfen, so wollte er sie nun alle den
Bürgern von Athen gleichstellen. 16 Er versprach, den heiligen Tem-
pel, den er zuvor geplündert hatte, mit den schönsten Weihegeschen-
ken auszuschmücken, die heiligen Geräte um ein Vielfaches zu erset-
zen und die nötigen Aufwendungen für die Opfer aus eigenen Mit-

9^{9} Andere Hss haben ἐκ τοῦ σώματος oder ἐκ τῶν τοῦ σώματος ὀφθαλμῶν.

8 In Ps 65^{8} stillt Gott das Brausen der Meere, und in Jes 40^{12} wiegt Gott die Berge mit seiner Waage. Vgl. auch die ähnlichen Adynata in 5^{21} zur Kennzeichnung der Vermessenheit Antiochus IV.

9 Das Motiv vom Tod des Gotteslästerers durch Würmerfraß und Fäulnis ist in der vor- und nachchristlichen Literatur öfter bezeugt (z.B. Herodot, Historia 4,205; Lactanz, De mortibus persecutorum 33,7–8). Vgl. Apg 12^{23} Sir 7^{15}.

10 Vgl. Jes 14$^{13-14}$.

14–15 Schon in 4 hatte der König gedroht, Jerusalem zu einem »Friedhof für alle Juden« zu machen. Was er unter der »freien« Stadt Jerusalem versteht, ist nicht ganz klar. Im Lichte von 1 Makk 10^{31} könnte das bedeuten, daß die Einkünfte, besonders die des Tempels, unversteuert bleiben. Bei der Gleichstellung mit den »Bürgern von Athen« denkt der Autor vermutlich an die Autonomie und demokratische Verfassung dieser Stadt. Die Wendung »den Vö geln und wilden Tieren zum Fraß geben« findet sich öfter im AT: Dtn 28^{26} 2 Sam 21^{10} Ps 79^{2} Jer 7^{33} 16^{4}.

17 Daß ein Heide die Größe des

teln aufbringen. [17] Ja, er wollte sogar selbst Jude werden und überall
hingehen, wo Menschen wohnen, um Gottes Macht zu verkünden.
[18] Trotzdem ließen seine Schmerzen nicht nach; denn das gerechte
Gericht Gottes war über ihn gekommen. Da gab er alle Hoffnung auf
und schrieb den Juden einen Brief, der eigentlich eine Bittschrift war.
Der Brief hatte diesen Inhalt:
[19] Seinen guten jüdischen Bürgern wünscht Antiochus, König und Be-
fehlshaber, viel Freude, Gesundheit und Wohlergehen. [20] Ich danke
Gott sehr, wenn ihr gesund seid und wenn es auch euren Kindern
und eurem Besitz nach Wunsch ergeht. Dafür setze ich meine Hoff-
nung auf den Himmel. [21] Ich erinnere mich in Liebe an die Achtung
und freundliche Hochschätzung, die ihr mir entgegengebracht habt.
Bei meiner Rückkehr aus Persien zog ich mir eine Krankheit zu, die
mich sehr belastet. Darum hielt ich es für nötig, für die öffentliche Si-
cherheit aller Bürger zu sorgen. [22] Nicht daß ich mich schon aufgege-
ben hätte – ich habe vielmehr gute Hoffnung, wieder gesund zu wer-
den. [23] Aber ich dachte daran, daß schon mein Vater jedesmal einen
Nachfolger bestimmte, wenn er sich mit seinem Heer im Osten auf-
hielt. [24] Falls dann etwas Unvorhergesehenes eintrat oder ein Mißge-
schick gemeldet wurde, wußten die Bewohner des Reiches, wem die
Regierung übertragen worden war, und sie brauchten sich nicht zu
beunruhigen. [25] Auch sehe ich, wie die Machthaber an den Grenzen
unseres Landes, unsere Nachbarn, nur auf eine günstige Gelegenheit
lauern und die kommende Entwicklung abwarten. Darum habe ich in
aller Form meinen Sohn Antiochus zum Nachfolger bestimmt; ihn
habe ich den meisten von euch ja schon oft anvertraut und empfoh-
len, wenn ich plötzlich in die östlichen Provinzen hinaufziehen
mußte. An ihn habe ich einen Brief geschrieben, den ich beilege.
[26] Ich bitte euch eindringlich: Denkt daran, wieviel Gutes ich eurer

höchsten Gottes preist, ist ein beliebtes Thema in jüdischen Erzählungen, vgl. z. B. Heliodors Zeugnis 3^{36}, des Nebukadnezzars Verkündigung Dan $3^{98(31)-100(33)}$ 4^{34} und den Schutzbrief des Ptolemäus Philopator 3 Makk $7^{2.6}$.

[19] Der Autor bezeichnet die Juden öfter mit πολῖται im Sinne von »Glieder der jüdischen Gemeinschaft« = »Mitbürger« $4^{5.50}$ $5^{6.8.23}$ 14^{8} 15^{30}; er will damit nicht zum Ausdruck bringen, daß alle Juden in den Gemeinden des Seleuzidenreiches das Bürgerrecht besessen hätten.

[23] Antiochus III. hat zweimal vor Ostfeldzügen seinen Nachfolger designiert: im Jahre 210 seinen Sohn Antiochus, der aber vor seinem Vater (193) starb, und im Jahre 189 seinen Sohn Seleukus.

[25] Die mehr oder weniger unabhängigen Grenzgebiete wie Ägypten, Parthien, Pergamon, Pontus und Bithynien nutzten jede Schwäche der Zentralgewalt, um ihre Unabhängigkeit oder ihren Einflußbereich zu vergrößern. Zum Sohn Antiochus Eupator vgl. 1 Makk 6^{15}. Der angekündigte Brief ist nicht beigefügt.

[28] Als Sterbeort wird Tabä in der

Gemeinschaft und jedem einzelnen von euch erwiesen habe, und be-
wahrt mir und meinem Sohn euer Wohlwollen! [27] Ich bin überzeugt,
daß er meine Politik der Güte und Freundschaft weiterführen und in
gutem Einvernehmen mit euch bleiben wird.
[28] Der Menschenmörder und Gotteslästerer endete also fern seiner
Heimat im Gebirge auf jämmerliche Weise, unter entsetzlichen
Schmerzen, ganz wie er sie anderen zugefügt hatte. [29] Sein Jugend-
freund Philippus ließ den Leichnam überführen; dann begab er sich
nach Ägypten zu Ptolemäus Philometor, weil er dem Sohn des Antio-
chus nicht traute.

Die Reinigung des entweihten Tempels: 10[1–8]
1 Makk 4[36–61]

10[1] Der Makkabäer aber und seine Leute konnten unter der Führung
des Herrn das Heiligtum und die Stadt wieder in Besitz nehmen. [2] Sie
rissen die Altäre ein, die die Heiden auf dem Tempelplatz errichtet
hatten, und legten die Umfriedungsmauern nieder. [3] Den Tempel
selbst reinigten sie und bauten einen neuen Brandopferaltar. Sie

10[2] Für »Tempelplatz« heißt es wörtlich »Markt«.

Nähe von Isfahan in Persien angegeben. In dem qualvollen und fern der Heimat in einsamer Gebirgsgegend erlittenen Tod sieht der Verfasser das Gesetz der diesseitigen Vergeltung verwirklicht: Der Religionsverfolger hatte ja viele Menschen aus ihrer Heimat verjagt, die in der Wüste und im Gebirge Schutz suchen mußten.

[29] Antiochus hatte Philippus kurz vor seinem Tode zum Regenten und Vormund seines Sohnes eingesetzt. Der junge König aber befand sich in der Hand des Kanzlers Lysias. Es kam zwischen beiden Würdenträgern zum Krieg, Philippus unterlag und floh nach Ägypten. Nach JA 12,9,7 ließ Antiochus V. ihn hinrichten.

10[1–8] Es ist nicht ersichtlich, warum der Verfasser gerade hier den Bericht über die Besitznahme Jerusalems und die Einweihung des Tempels einfügt. Wollte er die erste Hälfte des Buches genau so enden lassen wie die zweite: mit dem Tod des Verfolgers und der Einführung eines Festes (Nikanortag)? Alles wird der besonderen Gnade des Herrn zugeschrieben und deutlich gegliedert: Errichtung des Brandopferaltars und Aufstellen der Geräte des Heiligtums; ein Gebet (nie mehr Glaubensverfolgung!); eine neue Liturgie (ähnlich der des Laubhüttenfestes); das für die Entweihung und Einweihung gleiche Monatsdatum, das auf die göttliche Vergeltung im Diesseits hindeutet. Gegenüber 1 Makk 4[36–59] mutet der Bericht wie ein dürftiger Auszug an.

[2] Gemeint sind wohl auch Altäre und eingefriedete heilige Bezirke an anderen Plätzen der Stadt, vgl. 1 Makk 1[47.54].

[3] Nach 1 Makk 1[54] 4[52] dauert die Entweihung des Tempels wohl von Dezember 168 bis Dezember 165, also drei Jahre. Vielleicht läßt sich

schlugen Feuer aus Steinen und zündeten so die Opfer an, die sie
nach zweijähriger Unterbrechung wieder darbringen konnten. Auch
bemühten sie sich um Räucherwerk, Leuchter und Schaubrote.
4 Dann warfen sie sich auf die Erde nieder und flehten zum Herrn,
daß sie nie wieder in solches Unglück gerieten. Für den Fall, daß sie
2 Sam 24^{14} noch einmal sündigen sollten, wollten sie lieber von ihm selbst in
1 Chr 21^{13} Güte gezüchtigt werden als in die Hände frecher und barbarischer
Heiden fallen.
5 Es traf sich, daß die Reinigung des Tempels auf den gleichen Tag
fiel, an dem ihn die Fremden entweiht hatten, nämlich auf den fünf-
undzwanzigsten Kislew. 6 Sie feierten acht Tage lang ein fröhliches
Fest nach Art des Laubhüttenfestes; dabei dachten sie daran, daß sie
5^{27} noch vor kurzem das Laubhüttenfest wie wilde Tiere in den Höhlen
der Berge verbracht hatten. 7 Sie nahmen Stäbe, die sie mit grünen
Blättern umwunden hatten, in die Hand und Laubzweige – auch
Palmzweige – und brachten dem Loblieder dar, der den Weg zur Rei-
nigung des Ortes bereitet hatte, der sein Eigentum ist. 8 Sie setzten
durch eine öffentliche Entschließung und Abstimmung fest, daß das
ganze jüdische Volk jedes Jahr diese Tage festlich zu begehen habe.

DIE EREIGNISSE UNTER ANTIOCHUS EUPATOR: 10^{9}–13^{26}

Der Regierungsantritt des Antiochus Eupator: 10^{9-13}

9 So starb Antiochus, den man Epiphanes nannte. 10 Jetzt wollen wir
noch berichten, was unter Antiochus Eupator geschah, dem Sohn die-
ses ruchlosen Menschen. Dabei fassen wir kurz zusammen, welches
Unheil aus den kriegerischen Verwicklungen entstand.

10^{10} Anstelle von γενόμενον liest EÜ γενόμενα.

die »zweijährige« Unterbrechung von dem »vorverlegten« Todesdatum des Antiochus Epiphanes her verstehen.

4 Eine Anlehnung an Davids Wort zu Gad ist hier nicht zu verkennen 2 Sam 24^{14} 1 Chr 21^{13}.

6 Vgl. 5^{27}.

7 Lev 23^{40} nennt bei der Feier des Laubhüttenfestes neben Baumfrüchten auch Palmwedel und Zweige von Bäumen und Weiden. Als neue Zeremonie scheint man die aus dem Dionysoskult bekannten Thyrsosstäbe übernommen zu haben.

10^{9-13} Der Verfasser wählt aus der Zeit des »Scheinkönigs« Antiochus Eupator Ereignisse, die ihm interessant erscheinen, ohne im einzelnen auf die geschichtlichen Verflochtenheiten Rücksicht zu nehmen. Die Episode von Ptolemäus Makron

11 Als Eupator seine Herrschaft antrat, ernannte er einen Mann na- 1 Makk 3^{32f}
mens Lysias zum Reichsverweser; außerdem machte er ihn zum Be- 1 Makk 6^{17}
fehlshaber über Zölesyrien und Phönizien und zum Oberkommandie-
renden über die dort liegenden Truppen. 12 Ptolemäus, mit dem Zu- 4^{45}
namen Makron, hatte als erster den Juden Gerechtigkeit widerfahren
lassen, weil ihnen soviel Unrecht geschehen war; er hatte versucht,
den Streit mit ihnen friedlich beizulegen. 13 Seine Vertrauten verklag-
ten ihn deswegen bei Eupator. Schon vorher hatte er allerorten als
Verräter gegolten; denn er hatte Zypern, das ihm von Philometor an-
vertraut worden war, verlassen und war zu Antiochus Epiphanes
übergelaufen. Da er seine ehrenvolle Stellung nicht mehr in Ehren
verwalten konnte, machte er seinem Leben durch Gift ein Ende.

Die Kämpfe mit den Idumäern und mit Timotheus: 10^{14-38}

14 Gorgias wurde Befehlshaber in dieser Gegend; er warb Söldner an 1 Makk 3^{38}
und führte Krieg gegen die Juden, wo er nur konnte. 15 Außer ihm
machten auch die Idumäer, die eine Reihe gut gelegener Festungen 1 Makk 5^{3}
besaßen, den Juden zu schaffen. Sie hatten Flüchtlinge aus Jerusalem
bei sich aufgenommen und begannen, Krieg zu führen.
16 Die Männer um den Makkabäer hielten einen Bittgottesdienst ab
und baten Gott, ihr Bundesgenosse zu sein. Dann berannten sie die
Festungen der Idumäer. 17 Sie eroberten sie im Sturm, schlugen die
Verteidiger auf den Mauern in die Flucht und machten jeden nieder,
der ihnen in die Hände fiel. Dabei töteten sie mindestens zwanzigtau-
send Mann. 18 Nicht weniger als neuntausend Mann konnten sich in 1 Makk 5^{4f}

10^{11} EÜ verdeutlicht οὗτος durch »Eupator«.

steht hier ohne rechten Zusammenhang, sie will von der judenfeindlichen Strömung unter den Syrern zeugen.

^{10} Zu Eupator vgl. 1 Makk 6^{17}.

^{11} Vgl. 1 Makk 3^{32-33}.

$^{12-13}$ Ptolemäus Makron war einst von Ptolemäus VI. Philometor (180–145) als Statthalter auf Zypern eingesetzt worden. Als Antiochus Epiphanes im Jahre 168 auf der Insel landete, war er zu diesem übergelaufen. Die Syrer betrachteten ihn als unzuverlässig. Möglicherweise hat seine Sympathie für das jüdische Volk in den Briefen $11^{16-21.27-33}$ einen Niederschlag gefunden.

10^{14-38} Nach einem kurzen Hinweis auf Gorgias, der dauernd Streit sucht ^{14}, folgen zwei Berichte über Gefechte mit den Idumäern $^{16-23}$ und mit Timotheus $^{24-38}$. Zwei Wahrheiten sollen hier aufgezeigt werden: Die Männer des Judas bitten vor jedem Kampf Gott, ihr Bundesgenosse zu sein, und sind deshalb unbesiegbar; wenn sie aber sündigen, werden sie vom Makkabäer sofort und streng bestraft.

^{14} Zu Gorgias, dem Befehlshaber von Idumäa, vgl. 8^{9} 1 Makk 3^{38}–4^{25} u. ö.

$^{15-16}$ Bei den Flüchtlingen handelt es sich um hellenistisch gesinnte Juden. Die Namen der Festungen werden – ebenso wie in 1 Makk 5^{3-5} – nicht genannt.

zwei stark befestigte Burgen flüchten, die für eine Belagerung mit allem aufs beste ausgerüstet waren. 19 Der Makkabäer zog ab, da seine Anwesenheit an einem anderen Ort dringend notwendig war. Doch ließ er Simeon und Josef zurück, ferner Zachäus mit seinen Leuten; sie reichten aus, um die Burgen zu belagern. 20 Simeons Soldaten nahmen jedoch aus Habgier Bestechungsgelder an und ließen für siebzigtausend Drachmen einige Leute aus den Burgen entweichen. 21 Sobald der Makkabäer davon erfuhr, rief er die Führer des Volkes zusammen und erhob Anklage: Man habe die Brüder um Geld verkauft, da man zu deren Schaden die Feinde freigelassen habe. 22 Er ließ die Verräter hinrichten und eroberte die beiden Burgen auf der Stelle. 23 Mit seinen Waffen hatte er überall Erfolg, und so vernichtete er in den beiden Festungen über zwanzigtausend Mann.

1 Makk 5^{6f} 24 Timotheus – derselbe, den die Juden schon einmal geschlagen hat-
8^{30} ten – sammelte ein großes Söldnerheer und brachte auch ziemlich viel
$12^{10.21-25}$ Reiterei aus der Provinz Asien zusammen. Damit rückte er an, um Judäa zu erobern. 25 Als er schon in der Nähe war, riefen die Männer des Makkabäers Gott um Hilfe an, streuten sich Erde auf das Haupt und zogen Bußgewänder an. 26 Sie warfen sich vor den Stufen des
Ex 23^{22} Brandopferaltars nieder und baten den, der ihnen wieder gnädig war, ihren Feinden feindlich gesinnt zu sein und ihren Widersachern zu widerstehen, wie das Gesetz sagt. 27 Nach diesem Gebet nahmen sie ihre Waffen, verließen die Stadt und rückten Timotheus entgegen. Als sie sich den Feinden näherten, hielten sie sich zunächst zurück. 28 Sobald aber die Sonne aufging und es hell wurde, stießen die beiden Heere aufeinander. Die einen hatten als Bürgschaft für einen glücklichen Sieg neben ihrer Tapferkeit nur ihr Gottvertrauen; die anderen ließen sich im Kampf durch ihre wilde Wut treiben. 29 Schon war die Schlacht heftig entbrannt, da erschienen den Kämpfenden vom Himmel her fünf herrliche Reiter auf goldgezäumten Pferden und stellten sich an die Spitze der Juden. 30 Zwei von ihnen nahmen den Makkabäer in ihre Mitte, deckten ihn mit ihren Rüstungen und schützten ihn vor jeder Verwundung; auf die Feinde aber schossen sie

10^{24} »Reiterei«, wörtlich »Pferde«.
10^{27} Der Schluß lautet wörtlich: »waren sie für sich« ἐφ' ἑαυτῶν ἦσαν.
10^{30} EÜ hat sich für die Lesart οἱ δύο καί entschieden; aber auch οἵ καὶ ist gut bezeugt.

$^{19-20}$ Zu Simeon und Josef als Brüder Judas' vgl. 8^{22-23}. 70000 attische Drachmen sind etwas mehr als 300 kg Silber.
^{24} Der Autor verweist auf 8^{30}, vgl. auch $12^{10.21-25}$ 1 Makk 5^{6-7}. Die Söldner kamen zum größten Teil aus arabischen Stämmen 12^{10}, die Reiterei wahrscheinlich aus dem Iran.
^{26} Hier zitiert der Autor unter Umsetzung von der direkten in die indirekte Rede die griechische Fassung von Ex 23^{22}.
$^{29-30}$ Für ähnliche Erscheinungen vgl.

Pfeile und Blitze. Diese wurden geblendet und flohen verwirrt nach
allen Seiten. 31 So kamen zwanzigtausendfünfhundert Mann und
sechshundert Reiter um.
32 Timotheus selbst flüchtete sich mit anderen in eine Festung namens
Geser, die sehr stark befestigt war; ihr Kommandant war Chäreas.
33 Die Truppen des Makkabäers belagerten vier Tage lang voll Begei-
sterung die Festung. 34 Die Verteidiger, die sich in ihren Befestigun-
gen sicher fühlten, führten lästerliche Reden und schrien freche
Worte herunter. 35 Am Morgen des fünften Tages packte zwanzig
junge Männer aus dem Heer des Makkabäers der Zorn, als sie die
Lästerreden hörten. Sie stürmten mutig auf die Mauer los und schlu-
gen in wilder Wut jeden nieder, der sich ihnen in den Weg stellte.
36 Andere umgingen die Stadt und erzwangen sich mit demselben
Mut den Zugang zu den Verteidigern; sie legten Feuer an die Türme
und steckten sie in Brand und verbrannten so die Lästerer bei lebendi-
gem Leib. Wieder andere brachen die Tore auf, ließen die übrigen
Truppen ein und eroberten die Stadt im Handstreich. 37 Timotheus,
der sich in einer Zisterne versteckt hatte, stachen sie nieder, ebenso
seinen Bruder Chäreas und den Apollophanes. 38 Darauf priesen sie
mit Lob- und Dankliedern den Herrn, der so Großes für Israel getan
und ihnen den Sieg geschenkt hatte.

10^{36} Habicht übersetzt: »An der entblößten Stelle aber stiegen andere ebenso hinauf gegen die Eingeschlossenen...«. περισπασμός kann neben Abschwenkung, Verwirrung auch »das Losgelöste« heißen.

3^{25-26} 5^{2-3}. Die Blitze weisen auf ein schweres Gewitter hin, das den Kampf zugunsten der Juden entschied, vgl. auch Ex 9^{24} Jos 10^{11} Jes 30^{30-31} Hab 3^{2-15}.
^{32} Geser liegt etwa 30 km nordwestlich von Jerusalem; die Schlacht wird demnach in der Nähe stattgefunden haben. Der Festungskommandant war ein Bruder des Timotheus ^{37}. Nach 1 Makk 13^{43} wurde Geser endgültig erst durch Simeon genommen.
$^{35-37}$ Judas wendet hier eine im AT öfter bezeugte Taktik an: Er verteilt seine Leute auf drei Gruppen, denen für die Eroberung der Stadt verschiedene Aufgaben zugeteilt sind, vgl. Ri 9^{43-44} 1 Sam 13^{17-18} 2 Sam 18^{2}. Die trockene Zisterne als Versteck ist beliebt, vgl. Gen 37^{24} 2 Sam 17^{18}. Apollophanes ist ansonsten nicht mehr bekannt.
11^{1-12} Dieser legendenhaft ausgeschmückte Bericht unterscheidet sich in vielen Einzelheiten von 1 Makk 4^{26-38}. Es läßt sich nicht entscheiden, ob das gleiche Ereignis gemeint ist oder ein anderer, in 1 Makk nicht erwähnter Feldzug des Lysias. Auf jeden Fall will der Bericht zeigen, daß die Siege des Makkabäers gewaltige Ausmaße annehmen und nicht zuletzt deswegen, weil die Leute des Judas zum Bittgebet ihre Zuflucht nehmen und Judas selbst ihnen mit hinreißendem Beispiel vorauszieht. Zudem hilft Gott wunderbar durch den guten Engel, der als Reiter in weißem Gewand mit in den Kampf eilt.

Der Sieg des Judas über Lysias: 11^{1-12}
1 Makk 4^{26-35}

11 1 Der Reichsverweser Lysias, des Königs Vormund und Verwand-
ter, war über diese Ereignisse sehr verärgert. 2 Er zog daher in kürze-
ster Zeit an die achtzigtausend Mann zusammen, dazu seine ganze
Reiterei, und marschierte gegen die Juden. Er hatte vor, aus der Stadt
Jerusalem eine griechische Siedlung zu machen, 3 das Heiligtum
ebenso wie die heidnischen Kultstätten zu besteuern und das Amt des
Hohenpriesters jedes Jahr für Geld auszuschreiben. 4 Doch rechnete
er überhaupt nicht mit der Macht Gottes, sondern stützte seine Über-
legungen allein auf die Zehntausende von Fußtruppen, die Tausende
von Reitern und seine achtzig Elefanten. 5 Er drang in Judäa ein,
rückte vor die Festung Bet-Zur, die hundertfünfzig Stadien von Jeru-
salem entfernt liegt, und bestürmte sie.
6 Als die Leute des Makkabäers von der Belagerung der Festung er-
fuhren, flehten sie mit dem ganzen Volk unter Klagen und Weinen
Ex 23^{20} den Herrn an, er möge doch einen guten Engel schicken, um Israel
zu retten. 7 Der Makkabäer griff als erster nach den Waffen und hielt
eine anfeuernde Rede an die anderen: Sie sollten, zusammen mit ihm,
die Gefahr auf sich nehmen und ihren Brüdern zu Hilfe eilen. Ge-
schlossen und voll Kampfesmut brachen sie auf.
8 Sie waren noch in der Nähe von Jerusalem, da erschien ihnen ein
Reiter und zog in einem weißen Gewand und einer blinkenden golde-

11^{5} Der schwierigeren Lesart ὡσεὶ σχοίνους πέντε »ungefähr fünf Schoinen« entsprechen die »hundertfünfzig Stadien«. Bezeugt sind merkwürdigerweise σταδίους πέντε, σταδίους πέντε πρὸς τοῖς μυρίοις (= 10 005) und σταδίους πεντακοσίους πρὸς τοῖς μυρίοις (= 10 500).

1 Von Lysias war schon 10^{11} die Rede; nach 1 Makk 3^{32-33} war er von Antiochus IV. zu seinem Statthalter und zum Erzieher seines Sohnes Antiochus bestellt worden. Nach dem Tod Antiochus' IV. hatte der noch unmündige Antiochus V. diese Statthalterschaft bestätigt. Lysias führt zudem den Ehrentitel »Verwandter«, vgl. 1 Makk 11^{31}.

3 Im Prinzip waren im Seleuzidenreich die Tempel, mindestens aufgrund ihrer Besitzungen, steuerpflichtig. Es gab aber auch Heiligtümer, die gewisse Vorrechte besaßen, vgl. 3^{3} 1 Makk 10^{31}.

4–5 Zu den Elefanten vgl. 1 Makk 3^{34} 6^{34-37}. Auch Flav. Josephus läßt Antiochus Eupator mit 50 000 Mann zu Fuß, ungefähr 5000 Reitern und 80 Elefanten gegen Bet-Zur ziehen (Jüd. Krieg 1,1.5). Bet-Zur liegt 28 km südlich von Jerusalem, vgl. 1 Makk 4^{29}. EÜ hat die Lesart »hundertfünfzig Stadien« übernommen, das entspricht etwa 27 km.

6 Der von Gott geschickte Engel erinnert an Ex 23^{20} Jos 5^{13-15} Ri 6^{11} 2 Kön 19^{35} u. ö. Er heißt 15^{23} Tob 5^{21} auch »guter« Engel, weil er für die ihm Anvertrauten sorgt.

8–9 Auch im NT gehört das »weiße« Gewand zur Engelserscheinung ebenso wie zum verklärten Jesus

nen Waffenrüstung vor ihnen her. 9 Gemeinsam priesen sie den barm-
herzigen Gott, und ihr Mut wurde so groß, daß sie bereit gewesen
wären, nicht nur Menschen, sondern auch die wildesten Tiere und ei-
serne Mauern zusammenzuschlagen. 10 Sie rückten mit ihrem himmli-
schen Bundesgenossen, zum Kampf bereit, vor; denn der Herr hatte
Erbarmen mit ihnen. 11 Sie stürzten sich wie Löwen auf die Feinde
und erschlugen elftausend von ihnen, dazu sechzehnhundert Reiter.
Alle übrigen jagten sie in die Flucht; 12 die meisten davon waren ver-
wundet und konnten nur das nackte Leben retten. Auch Lysias selbst
konnte sich nur durch eine schimpfliche Flucht retten.

Der Friedensschluß des Lysias mit den Juden: 11^{13-38}
1 Makk 6^{55-63}

13 Da Lysias jedoch nicht ohne Verstand war und über die erlittene
Niederlage nachdachte, begriff er, daß die Hebräer unbesiegbar wa-
ren, weil der starke Gott auf ihrer Seite kämpfte. 14 Darum schickte er
Unterhändler, die auf einen Friedensvertrag drängen und jeder an-

Mt 28^{3} 17^{2} Mk 16^{5} 9^{3} Joh 20^{12} Lk 9^{29}. Der »barmherzige« Gott ist ein Lieblingsthema des Verfassers; sein »Lobpreis« findet sich auch 8^{27}.

12 Gemeint ist: Sie konnten sich nur durch das Wegwerfen der Waffen und durch die Flucht retten.

11^{13-38} Der Abschnitt beginnt mit einem Kurzbericht über Friedensverhandlungen zwischen Lysias und Judas: Lysias ist von der »Unbesiegbarkeit« der Hebräer überzeugt und drängt auf einen Friedensvertrag $^{13-15}$. Es folgen vier Briefe, die zwar – mit Ausnahme des zweiten Briefes – nicht eindeutig die gleiche Zeit und Situation betreffen, die aber alle zeigen sollen, daß man mit den Juden durchaus in Frieden leben kann, wenn man nur ihre heiligen Güter nicht antastet. Der erste Brief des Lysias an die Juden weist auf bereits geführte Verhandlungen und von jüdischer Seite gestellte Forderungen hin und kündigt weitere Erörterungen über Einzelheiten an $^{16-21}$. Der zweite an Lysias adressierte Brief $^{22-26}$ ist eine Art Amnestieschreiben des Antiochus V. Eupator, wohl aus Anlaß seiner Thronbesteigung verfaßt. In ihm wird den Juden die Hand zum Frieden angeboten und gestattet, wieder nach ihren alten Gewohnheiten zu leben. Den dritten Brief $^{27-33}$ könnte man als einen »Schutzbrief« bezeichnen. König Antiochus IV. wendet sich an die dem Hohenpriester Menelaus verbundenen Juden und verspricht allen, die den Frieden des Reiches gestört haben, Freiheit und Sicherheit. In dem vierten Brief $^{34-38}$ bieten die Römer dem jüdischen Volk in den Friedensverhandlungen mit Antiochia ihre Unterstützung an.

13 Mit »Hebräer« akzentuiert der Autor das religiöse Moment, d.h. Gottes besondere Hilfe für die Juden, vgl. 7^{31} 15^{37}.

$^{14-15}$ Diese Verse sind als Einleitung für die folgenden Briefe gedacht. Der Autor möchte hervorheben: Lysias und der König Antiochus Eupator betrachten die Juden nicht mehr

nehmbaren Bedingung zustimmen sollten; er ließ sagen, er wolle auch
dem König sehr zureden, mit ihnen Freundschaft zu schließen. [15] Der
Makkabäer ging auf alle Vorschläge des Lysias ein, ohne indes seinen
Vorteil zu vernachlässigen. Alle Forderungen, die er für die Juden
stellte und dem Lysias schriftlich vorlegte, nahm der König an.
[16] Lysias schrieb an die Juden einen Brief, der folgenden Inhalt hatte:
Lysias grüßt das jüdische Volk. [17] Eure Abgesandten Johanan und
Abschalom haben euer Antwortschreiben vorgelegt, das unten beige-
fügt ist, und mich gebeten, die darin geäußerten Forderungen zu ge-
nehmigen. [18] Was in die Zuständigkeit des Königs fällt, habe ich ihm
dargelegt; er ist auf jede annehmbare Bedingung eingegangen.
[19] Wenn ihr weiterhin die Politik der Regierung wohlwollend auf-
nehmt, werde ich mich bemühen, euch Vorteile zu verschaffen.
[20] Was die Einzelheiten betrifft, habe ich euren und meinen Unter-
händlern aufgetragen, mit euch zu verhandeln. [21] Lebt wohl! Im Jahr
148, am Vierundzwanzigsten des Monats Dioskorus.
[22] Im Brief des Königs stand dies:
König Antiochus grüßt seinen Bruder Lysias. [23] Nachdem unser Vater
zu den Göttern hinübergegangen ist, wollen wir, daß die Untertanen

11^{14} »sehr zureden« ist die Wiedergabe von πείσει ... ἀναγκάζων oder πείσειν ... ἀναγκάζειν. Das Nebeneinander von »überreden« und »zwingen« ist sekundär. ἀναγκάζειν ist wohl die ursprüngliche Lesart, und πείσειν ist als Glosse hierzu in den Text eingedrungen.

11^{18} Andere übersetzen den zweiten Teil: »Was möglich war, habe ich zugestanden.« συνεχώρησα ist ebenfalls gut überliefert.

11^{19} ὑμῖν nach παραίτιος steht nicht in allen Hss, ist aber äußerst sinnvoll.

11^{21} Der Monatsname ist korrupt. Die Hss bieten: Διὸς Κορινθίου, Dioscori, Dioscordi, Dioscoridi(s), Deoscolori.

als Aufständische oder Abtrünnige; sie sind sogar mit Judas als dem »Führer der Juden« in Verhandlungen eingetreten. Der Ausdruck »schriftlich« weist auf [17].

[16–17] Der Gruß ist im Gegensatz zu [27–28] sehr kurz gehalten. Welche Forderungen das Antwortschreiben enthielt, wird nicht mitgeteilt. Vermutlich hatten die Juden vor allem die ganz freie Ausübung ihrer Religion und die Räumung der Akra verlangt.

[18] Gemäß dem am Briefende angegebenen Datum kann Lysias nur den abwesenden König Antiochus IV. informiert haben.

[21] Bei offiziellen Schreiben wurde das Datum stets an das Briefende gesetzt. Dem seleuzidischen Jahr 148 entspricht Oktober 165 bis September 164 v. Chr. Der Monatsname ist uneinheitlich überliefert (s. textkrit. Anmerkungen). Wie in [33.38] erwartet man einen syrisch-mazedonischen Namen. Von den in Betracht kommenden Namen ist Dios (November) wahrscheinlicher als Dystros (März) und Daisios (Juni).

[22] Die Anrede »Bruder« von seiten der seleuzidischen Könige für hohe Würdenträger ist nicht ungewöhnlich, vgl. 1 Makk 10^{18} 11^{30}.

[23–25] Wie [23] bezeugt, ist Antiochus V. Eupator der Schreiber des Briefes.

des Reichs ungestört ihren Beschäftigungen nachgehen können.
24 Andererseits haben wir erfahren, daß die Juden mit der von meinem Vater gewünschten Übernahme griechischer Sitten nicht einverstanden sind, es vielmehr vorziehen, auf ihre eigene Art zu leben, und verlangen, daß man ihnen wieder gestattet, ihren Gewohnheiten zu folgen.
25 Wir beschließen darum, daß auch dieses Volk ungestört bleibt, und verfügen, daß man ihnen ihr Heiligtum zurückgibt, und daß sie ihr Leben so einrichten können, wie es schon zur Zeit ihrer Vorfahren Brauch war.
26 Du wirst nun am besten zu ihnen Gesandte schicken und ihnen die Hand zum Frieden reichen, damit sie die Grundlinien unserer Politik erkennen, Vertrauen fassen und ihre Angelegenheiten zu ihrer Zufriedenheit regeln können.
27 Der Brief des Königs an das Volk lautete so:
König Antiochus grüßt den Rat und alle übrigen Juden.
28 Wir hoffen, daß es euch gut geht; auch wir erfreuen uns guter Gesundheit.
29 Menelaus hat uns wissen lassen, daß ihr nach Hause zu eurer Arbeit zurückkehren wollt.
30 Jedem also, der bis zum dreißigsten Tag des Monats Xanthikus heimkehrt, wird Friede angeboten mit der Zusicherung,
31 daß die Juden ihre gewohnten Speisevorschriften und Gesetze befolgen dürfen; keiner von ihnen darf dabei irgendwie be-

Er weist auf seinen verstorbenen Vater Antiochus IV. mit einer Formel hin, die an Apotheose denken läßt. Vergöttlichung und kultische Verehrung der Herrscher war bei den Seleuziden ebenso üblich wie bei den Lagiden in Ägypten. Der König gebraucht den Pluralis majestatis in einer Satzperiode, in der drei Partizipien (»wollend, erfahren habend, beschließend«) parallel nebeneinanderstehen und die verschiedenen Gesichtspunkte der königlichen Verfügung (»wir verfügen«) begründen. Durch diese Verfügung werden den Juden praktisch alle Privilegien zurückgegeben, die sie unter den Vorgängern des Königs Antiochus Epiphanes besaßen. Durch die offizielle Zurückerstattung des Tempels wird den Juden ihre religiöse Freiheit bestätigt.

26 Der Brief trägt kein Datum; er kann schon kurz nach dem Tod Antiochus IV. (Ende 164 v. Chr.) verfaßt sein.

27 Dieser Brief muß, wenn seine Datierung in 33 richtig ist, von Antiochus IV. geschrieben sein. Der Autor von 2 Makk weist ihn freilich Antiochus V. Eupator zu, d.h. für ihn gehören alle vier Briefe der Ära Lysias-Antiochus V. an.

28 Der Gesundheitswunsch hat hier seine klassische Form.

29 Der Hohepriester Menelaus ist im Präskript nicht zusammen mit dem Rat der Ältesten genannt, weil er persönlich vor Antiochus IV. erschienen war, um die Wünsche der Juden vorzubringen; vgl. 32, wo seine Zurückschickung bestätigt wird.

30–31 Der 30. Xanthikus der syrisch-mazedonischen Benennung entspricht etwa Ende März. Die hier eingeräumte Frist von fünfzehn Tagen (vgl. 33) erscheint kurz, selbst wenn man als Ausfertigungsort des Briefes Antiochia annimmt. Der König selbst weilt ja zu dieser Zeit schon in Mesopotamien. Vom Vergeben aller aus Unkenntnis begange-

langt werden für Vergehen, die er in Unkenntnis der Verhältnisse be-
gangen hat. 32 Ich habe Menelaus zu eurer Beruhigung zu euch ge-
schickt.
33 Lebt wohl! Im Jahr 148, am Fünfzehnten des Monats Xanthikus.
34 Auch die Römer schickten ihnen einen Brief; er hatte folgenden In-
halt:
Die römischen Gesandten Quintus Memmius und Titus Manius grü-
ßen das jüdische Volk. 35 Auch wir sind einverstanden mit den Bedin-
gungen, die Lysias, der Verwandte des Königs, mit euch ausgehan-
delt hat. 36 Laßt uns die Vorschläge, die er dem König unterbreiten
will, zukommen, sobald ihr sie geprüft habt, damit wir eure Sache
vortragen können, wie es für euch am günstigsten ist; wir sind näm-
lich auf dem Weg nach Antiochia. 37 Teilt uns deswegen auch umge-
hend durch Boten eure Meinung darüber mit.
38 Lebt wohl! Im Jahr 148, am Fünfzehnten des Monats Xanthikus.

Die Rache an den Judenverfolgern in Jafo und Jamnia: 12^{1-9}

12 1 Nach dem Abschluß der Verträge kehrte Lysias zum König zu-
rück. Die Juden begannen, wieder ihre Felder zu bestellen. 2 Die Be-

nen Fehler spricht auch König Demetrius II. in einem schriftlichen Friedensangebot an Simeon 1 Makk 13^{39}.

33 Zum Jahr 148 siehe ^{21}.

34–35 Von den Römern war schon 4^{11} $8^{10.36}$ die Rede, vgl. 1 Makk 8. Hier wird zum ersten Mal von einer schriftlichen Begegnung zwischen römischen Senatsgesandten und dem jüdischen Volk berichtet. Rom hat von den Zugeständnissen des Lysias bereits Kunde erhalten. Obwohl es mit dem seleuzidischen König befreundet ist, scheut es sich nicht, die Unabhängigkeitsbestrebungen eines seiner Untertanen zu unterstützen. Die Gesandten selbst sind sonst nicht bekannt.

36–37 Die Römer möchten die wichtigeren Ansprüche der Juden, über die noch verhandelt werden soll, genau erfahren, damit sie am Hof in Antiochia ihren Einfluß im Sinne der Juden besser geltend machen können. Die Gesandten halten sich vermutlich in einer phönizischen Hafenstadt auf und erwarten dort die Antwort der Juden.

38 Das Datum stimmt auffallenderweise mit dem des vorausgehenden Briefes überein ^{33}. Es soll auf jeden Fall andeuten, daß die Römer erst nach dem Brief des Lysias an das jüdische Volk schrieben, vgl. ^{21}.

12^{1-9} Der Verfasser berichtet über eine Judenverfolgung in Jafo und eine nach damaligem Brauch übliche Vergeltungsmaßnahme des Judas. Die Einwohner von Jafo haben zweihundert Juden auf Schiffe geladen und im Meer versenkt. Judas betet zu Gott, dem gerechten Richter, als dessen Werkzeug er sich betrachtet, verbrennt die Hafenanlage und Schiffe und tötet alle, die dort ihre Zuflucht genommen haben. Da er von einem beabsichtigten Judenpogrom in Jamnia erfährt, kommt er diesem zuvor und steckt dort ebenfalls Hafen und Flotte in Brand.

1–2 Die Verse sollen zu neuen

fehlshaber in jener Gegend aber, Timotheus, Apollonius, der Sohn
des Gennäus, ferner Hieronymus, Demophon und auch Nikanor, der
Statthalter von Zypern, ließen die Juden nicht in Ruhe und Frieden
leben.
3 Die Einwohner von Jafo begingen folgendes entsetzliche Verbre-
chen: Sie luden die Juden, die unter ihnen wohnten, ein, mit ihren
Frauen und Kindern in Schiffe, die sie zur Verfügung stellten, einzu-
steigen. Sie taten, als ob sie nichts Böses gegen sie im Schild führten,
4 sondern aufgrund eines öffentlichen Beschlusses der Stadt handel-
ten. Die Juden nahmen das Angebot an, da sie den Frieden wollten
und keinen bösen Verdacht hegten. Aber als sie auf dem offenen
Meer waren, wurden die Boote versenkt; mindestens zweihundert
Menschen ertranken. 5 Als Judas von der schrecklichen Tat gegen die
Angehörigen seines Volkes erfuhr, gab er sie seinen Männern be-
kannt, 6 rief Gott, den gerechten Richter, an und überfiel die Mörder,
die sich mit dem Blut seiner Brüder befleckt hatten. In der Nacht
zündete er den Hafen an, verbrannte die Schiffe und stach alle nie-
der, die sich dorthin geflüchtet hatten. 7 Die Stadt selbst hatte ihre
Tore verrammelt. So mußte er abziehen, aber er nahm sich vor, wie-
derzukommen, und die ganze Stadt Jafo zu vernichten. 8 Als er er-
fuhr, daß die Bürger von Jamnia mit den Juden, die bei ihnen lebten,
dasselbe tun wollten, 9 überfiel er auch die Leute von Jamnia bei

Kampfberichten überleiten. Nach der Auffassung des Verfassers kehrt Lysias zu König Antiochus V. zurück. Zwei der syrischen Kommandanten tragen Beinamen, um sie von früher aufgetretenen Personen gleichen Namens zu unterscheiden. »Statthalter von Zypern« (Κυπριάρχης) bedeutet nur, daß Nikanor eine Abteilung von zyprischen Söldnern befehligt. Timotheus ist wohl derselbe wie in $8^{30.32}$ $10^{24.32}$. Den Verfasser stört es wenig, daß er in 10^{37} bereits des Timotheus Tod mitgeteilt hat. Er bringt in $^{17-31}$ ein Ereignis, das einer früheren Zeit des Feldherrn angehört, vgl. 1 Makk 5^{24-45}. Die übrigen Personen sind nicht näher bekannt.

$^{3-4}$ Zu Jafo vgl. 4^{21} 1 Makk 10^{75} 12^{33-34} u. ö. In dieser alten Philisterstadt, in der die Juden nicht Vollbürger, sondern nur ortsansässige Fremde waren, konnte der Judenhaß leicht angestachelt werden. Der Verfasser hat die Jasonvorlage offensichtlich stark verkürzt, so daß die eigentliche Situation etwas unklar bleibt. Wahrscheinlich feiert man auf Beschluß der Stadt ein Volksfest, und dazu gehört auch eine Seefahrt, zu der Bürger und Fremde eingeladen sind. Auf See werden dann die Schiffe, auf denen sich die Juden aufhalten, versenkt.

^{7} Judas hat durch seine Vergeltungstat dem Außenhandel Jafos sehr geschadet. Eine Erstürmung der stark befestigten Stadt war ihm allerdings noch nicht möglich. Sie wurde erst unter seinem Bruder Simeon 142 v. Chr. erobert 1 Makk 13^{11} 14^{5}.

$^{8-9}$ Jamnia lag 17 km südlich von Jafo, aber nicht direkt am Meer. Sein Hafen befand sich 8 km nordwestlich der Stadt. Die Angabe von

Nacht und steckte den Hafen samt der Flotte in Brand. Der Feuerschein war zweihundertvierzig Stadien weit bis nach Jerusalem zu sehen.

Die erfolgreichen Feldzüge des Judas jenseits des Jordan: 12^{10-31} 1 Makk 5^{24-54}

10 Von dort zogen sie weiter gegen Timotheus. Sie waren gerade neun Stadien weit marschiert, da griffen fünftausend Araber mit fünfhundert Reitern Judas an. 11 Nach hitzigem Kampf gewannen die Männer des Judas die Oberhand; denn Gott half ihnen. Die bedrängten Nomaden baten Judas um Frieden, versprachen, ihm und seinen Leuten Vieh zu liefern und ihnen auch sonst gute Dienste zu erweisen. 12 Da Judas der Ansicht war, ihre Hilfe könne ihnen tatsächlich bei vielen Gelegenheiten von Nutzen sein, war er damit einverstanden, mit ihnen Frieden zu schließen. Die Araber verpflichteten sich durch Handschlag und zogen sich zu ihren Zelten zurück.
13 Judas griff auch eine Stadt namens Kaspin an; sie war ringsum mit

240 Stadien (= etwa 44 km) entspricht fast der Wirklichkeit.
12^{10-31} Dieser Abschnitt enthält – ähnlich wie die Parallele 1 Makk 5^{24-54} – fast nur Kampfberichte, lediglich $^{29-31}$ sind eine Danksagung des Judas an die Einwohner von Skythopolis für die freundliche Behandlung des jüdischen Volkes. Im einzelnen schlagen sich Judas und seine Männer erfolgreich im transjordanischen Gebiet: bei einem Zug gegen die Araber $^{10-12}$, bei der Eroberung von Kaspin $^{13-16}$, bei Kämpfen mit Timotheus $^{17-25}$ und bei der Eroberung von Karnajim und Efron $^{26-28}$. Immer wieder wird betont, daß Gott geholfen, daß er es so gefügt hat $^{11.16}$. Den Herrn selbst rufen die Leute des Judas an als »den großen Herrn der Welt, der Jericho zu Boden geschmettert hat« ^{15} Jos 6^{6-21}, als den, »der alles überschaut und eine Erscheinung sichtbar werden ließ« ^{22} und »der den Ansturm der Feinde mit Macht zermalmt« ^{28}. An den Gegnern aber wird besonders getadelt, daß sie Gott lästerten und unflätige Worte schrien ^{14}. Judas beachtet auf seinen Feldzügen nicht nur den Sabbat 8^{26} 12^{38}, er richtet sich auch nach dem Festkalender; das Pfingstfest möchte er unbedingt in Jerusalem feiern ^{31}.
^{10} schließt nicht an ^{9} an. Mit »von dort« wird bereits ein Ort in Transjordanien bezeichnet, und die Juden – hier nur durch das Personalpronomen eingeführt – befinden sich bei ihrem Marsch gegen Timotheus auf nabatäischem Gebiet, vgl. 1 Makk 5^{25}.
$^{11-12}$ Die nabatäischen Araber werden hier als viehzüchtende und in Zelten wohnende Hirten vorgestellt, die im Gegensatz zu 1 Makk 5^{25} 9^{35} den Makkabäern zunächst gar nicht freundlich gesinnt sind.
^{13} Kaspin könnte das heutige Khisfin sein, 15 km östlich des Sees Gennesaret, vgl. 1 Makk 5^{26}. Andere möchten es weiter südöstlich verlegen und mit dem modernen *el-muzeirib* identifizieren, weil sich bei diesem Ort ein kleiner See mit einer Insel befindet, die durch einen Damm mit dem

Wällen und Mauern befestigt. Ihre Bevölkerung setzte sich aus Men-
schen verschiedenster Völker zusammen. 14 Weil sie sich auf ihre ho-
hen Mauern und auf ihre Vorräte verließen, wurden sie immer unver-
schämter gegen die Leute des Judas, beschimpften sie, lästerten Gott
und schrien unflätige Worte. 15 Die Männer des Judas riefen den gro-
ßen Herrn der Welt an, der Jericho zur Zeit Josuas ohne Rammböcke Jos 6[20]
und Belagerungsmaschinen zu Boden geschmettert hatte. Dann
stürmten sie mit dem Mut von Löwen gegen die Mauern an, 16 und
weil Gott es so wollte, konnten sie die Stadt einnehmen. Sie richteten
in ihr ein unbeschreibliches Blutbad an, so daß ein zwei Stadien brei-
ter See, der neben der Stadt lag, von dem Blut, das in ihn geflossen
war, angefüllt zu sein schien.
17 Dann marschierten sie siebenhundertfünfzig Stadien weiter, bis sie
zum Charax kamen, wo die sogenannten Tubianer-Juden wohnten.
18 Timotheus trafen sie dort nicht an; denn er war, ohne etwas unter-
nommen zu haben, von dort abgezogen. Aber er hatte in einem stark
befestigten Ort eine Garnison zurückgelassen. 19 Dositheus und Sosi-
pater, zwei Offiziere aus dem Stab des Makkabäers, rückten aus und
töteten die über zehntausend Mann starke Besatzung, die Timotheus
in der Festung zurückgelassen hatte. 20 Dann teilte der Makkabäer
sein Heer in mehrere Gruppen auf, übertrug jeweils einem seiner Of-
fiziere den Befehl über eine Gruppe und zog in Eilmärschen gegen
Timotheus, der über hundertzwanzigtausend Mann an Fußtruppen
und zweitausendfünfhundert Reiter verfügte.

12[13] Wörtlich: »mit Dämmen (γεφύραις) befestigt und ringsum von Mauern umschlossen.«

Festland verbunden ist. Die Größe des Sees entspricht ungefähr der in [16] angegebenen. Gemeint ist dort wohl ein Rundsee von etwa 370 m Durchmesser. Man muß allerdings sagen, daß ein See kein sicheres Kriterium für die Lokalisierung einer Ortschaft ist; denn in hellenistischer Zeit besaßen viele Orte größere Becken für die Wasserversorung.

[14–16] Vgl. die ähnliche Schilderung in 10[34–35]. Daß nach einem solchen Blutbad sich das Wasser rot färbt, ist ein verständliches literarisches Motiv 2 Kön 3[22–23] Ex 7[17–21].

[17] Charax (= »Spitzpfahl, Palisade«) ist der Name der Gegend, in der die Tubianer wohnen. Zu Tubi vgl. 1 Makk 5[13]. Da der Weg von Kaspin nach Tubi – je nach der Lokalisierung von Kaspin – höchstens 40 oder 80 km beträgt, ist die Entfernungsangabe von etwa 140 km viel zu groß. Der Bericht stammt wahrscheinlich aus einem anderen Zusammenhang, der hier weggelassen ist.

[18–19] Timotheus wollte wahrscheinlich gegen die Tubianer-Juden vorgehen, mußte aber vor Judas nach Nordwesten ausweichen und ließ nur eine Besatzung in einem nicht genannten Garnisonsort zurück.

[20–21] Judas bleibt Timotheus auf den Fersen, und es kommt östlich von Karnajim zur Schlacht. 1 Makk 5[37] nennt die Gegend von Rafon. Kar-

21 Als Timotheus vom Anmarsch des Judas erfuhr, schickte er Frauen,
Kinder und den übrigen Troß in eine Stadt namens Karnajim voraus.
Diesen Ort konnte man kaum belagern, da er wegen zahlreicher Eng-
pässe fast unzugänglich war. 22 Kaum zeigte sich die erste Abteilung
des Judas, da gerieten die Feinde in Furcht und Schrecken, denn der,
der alles überschaut, ließ eine Erscheinung sichtbar werden. Sie rann-
ten in wilder Flucht davon, jeder in eine andere Richtung. Dabei füg-
ten sie vielfach einander selbst Schaden zu, ja, sie durchbohrten sich
gegenseitig mit den Spitzen ihrer Schwerter. 23 Doch Judas setzte ih-
nen stürmisch nach und erschlug von den Verruchten gegen dreißig-
tausend Mann. 24 Timotheus selbst fiel den Leuten des Dositheus und
des Sosipater in die Hände. Er flehte mit schönen, doch falschen
Worten, ihn unbehelligt freizulassen; die Eltern und Brüder sehr vie-
ler Juden seien in der Gewalt seiner Leute, und es könne sein, daß
man auf sie keine Rücksicht nehme. 25 Mit vielen Worten brachte er
sie dazu, seinen Versprechungen, er werde diese Menschen unver-
sehrt zurückgeben, zu glauben. Um die Brüder zu retten, ließen sie
ihn laufen.
26 Darauf zog Judas gegen Karnajim und das Heiligtum der Atargatis
und erschlug fünfundzwanzigtausend Menschen. 27 Als sie geschlagen
und vernichtet waren, rückte Judas vor das stark befestigte Efron,
dessen große Einwohnerschaft sich aus vielen Völkern zusammen-
setzte. Junge und kräftige Männer standen vor den Mauern und
wehrten sich tapfer. In der Stadt selbst war eine große Anzahl von

12^{22} Die beabsichtigte Parallelität γενομένου δέους – φόβου ... γενομένου verdient den Vorzug gegenüber der Lesart ἐπιφανείας γενομένης.

12^{27} Gut bezeugt ist auch die Lesart »Efron, wo Lysias wohnte und vielerlei Volk«.

najim (heute *Seih-Saad*) liegt etwa 40 km östlich des Sees Gennesaret in einem Weidegebiet. Die »Engpässe« können das Bett des Jarmuk und seiner Nebenflüsse sein, die man passieren muß, bevor man Karnajim erreicht. Vielleicht hat der Autor auch an die in 1 Makk $5^{37.40-43}$ erwähnten Schluchten gedacht.

22 Der Autor sagt nicht, worin die Erscheinung bestand. Aber der Gebrauch desselben Wortstammes bei der »Erscheinung« des Judasheeres und der »Erscheinung« des »alles Überschauenden« (vgl. 9^{5}) läßt an himmlische Reiter denken wie 10^{29}. Der Untergang der Feinde durch panischen Schrecken findet sich öfter, vgl. 10^{30} Ri 7^{21-22} 1 Sam 14^{15}.

24–25 1 Makk 5^{13} z. B. wird mitgeteilt, daß man Frauen und Kinder der Juden von Tubi gefangengenommen hat. Die Zahl der gefangenen Angehörigen wird jedoch nicht allzu groß gewesen sein. Timotheus betrachtet sie als Geiseln und droht mit ihrer Ermordung, falls man ihn nicht freiläßt.

26 Zu Atargatis vgl. 1 Makk 5^{43-44}.

27 Zu Efron vgl. 1 Makk 5^{46}, für seine gemischte Bevölkerung vgl. die ähnliche Situation in Kaspin ^{13}.

Wurfmaschinen mit Geschossen aufgestellt. [28] Da riefen die Juden zum Herrn, der den Ansturm der Feinde mit Macht zermalmt; sie brachten die Stadt in ihre Gewalt und töteten in ihr etwa fünfundzwanzigtausend Menschen.
[29] Dann brachen sie auf und zogen in Eilmärschen von dort nach Skythopolis, das sechshundert Stadien von Jerusalem entfernt liegt. [30] Die
Juden, die dort wohnten, stellten jedoch den Einwohnern von Skythopolis das Zeugnis aus, sie seien freundlich zu ihnen und hätten ihnen in der bösen Zeit ihr Mitgefühl bewiesen. [31] Da bedankten sie
sich und forderten sie auf, auch in Zukunft dem jüdischen Volk wohlgesinnt zu bleiben. Darauf begaben sie sich nach Jerusalem, da das Wochenfest unmittelbar bevorstand.

Die bestrafte Untreue einiger Juden und das Sühnopfer für die Toten: 12^{32-45}

[32] Nach dem sogenannten Pfingstfest zogen sie in Eilmärschen gegen
Gorgias, den Befehlshaber der Idumäer. [33] Er rückte mit dreitausend 10^{14}

12^{28} τὰς ὁλκάς »die Wucht« ist gegenüber τὰς ἀλκάς »die Kraft« vielleicht als schwierigere Lesart vorzuziehen.

$^{29-31}$ Der Autor bringt hier den griechischen Namen der Stadt; offenbar war sie unter diesem Namen besser bekannt. Bet-Schean liegt etwa 110 km von Jerusalem entfernt. Daß ihre Bewohner den Juden freundlich gesinnt waren, hängt vielleicht mit der »Handels«stadt zusammen, die viele Freunde und keine Feinde braucht. Das Wochenfest ist, wie aus ^{32} hervorgeht, das Pfingstfest, vgl. Ex 34^{22-24} Dtn 16^{9-12}.
12^{32-45} Zunächst wird über ein schweres Gefecht gegen Gorgias, den Befehlshaber von Idumäa, berichtet $^{32-37}$. Die Juden kämpfen bis zur Erschöpfung, und Judas muß mit Psalmengesang Gottes Hilfe herabflehen, damit der Sieg gelingt. In einem Kurzbericht $^{38-39}$ werden zwei religiöse Themen angeschlagen: die Feier des Sabbats und die Fürsorge für die Gefallenen. Besonders hervorgehoben wird die in Num 31^{19-24} nach einer Schlacht befohlene Reinigung der Person, der Kleidungsstücke und Gebrauchsgegenstände. Die Toten bestattet man am folgenden Tag an Ort und Stelle oder überführt sie – wo es möglich ist – in ihre Familiengräber. Israels Familien-Solidarität geht über den Tod hinaus. Die Entdeckung von heidnischen Amuletten bei den Gefallenen führt zu einer Reflexion über den Tod als Strafe für die Sünde und zu einem Bittgottesdienst, in dem das gleiche Thema paränetisch verwertet und um die vollständige Vergebung der Sünden der Gefallenen gebetet wird $^{40-42}$. Weiter wird mitgeteilt, daß Judas Geld für ein Sündopfer sammeln läßt. Das bewegt den Verfasser, über den Auferstehungsglauben nachzudenken, vgl. Dan 12^{1-3}. Ebenso sind das Fürbittgebet für die Toten und ihre Entsühnung Gegenstand seiner theologischen Betrachtung $^{43-45}$.
^{32} Gorgias ist zusammen mit Idumäa

Fußsoldaten und vierhundert Reitern aus. 34 Als sie zum Kampf antra-
ten, fielen einige von den Juden. 35 Dositheus, ein Reiter von den
Leuten Bakenors, ein sehr starker Mann, packte Gorgias fest am
Mantel und zog mit allen Kräften an ihm. Aber als er den Verfluch-
ten lebendig gefangennehmen wollte, preschte ein thrakischer Reiter
heran und schlug ihm den Arm ab. Gorgias konnte sich nach Mare-
scha flüchten. 36 Die Leute Esris kämpften weiter bis zur Erschöp-
fung. Da rief Judas zum Herrn, er solle als ihr Bundesgenosse und
Bahnbrecher im Kampf erscheinen. 37 In der Sprache seiner Väter er-
hob er das Kriegsgeschrei und stimmte Preislieder an, drang unverse-
hens auf die Leute des Gorgias ein und schlug sie in die Flucht.
38 Daraufhin führte Judas das Heer in die Stadt Adullam. Als der
siebte Tag der Woche anbrach, reinigten sie sich, wie es bei ihnen
Brauch war, und begingen dort den Sabbat. 39 Am nächsten Tag ka-
men die Leute des Judas, um die Leichen der Gefallenen zu überfüh-
ren – es war inzwischen höchste Zeit geworden – und sie inmitten
ihrer Angehörigen in den Familiengräbern zu bestatten. 40 Da ent-
deckten sie, daß alle Toten unter ihren Kleidern Amulette der Götter
Dtn 7^{25} von Jamnia trugen, obwohl das den Juden vom Gesetz her verboten
ist. Da wurde allen klar, daß die Männer deswegen gefallen waren,

in 10^{14} erwähnt. Zu Idumäa vgl. 1 Makk $5^{3.58-59}$.

35 Dositheus ist nicht der mit Sosipater zusammen genannte Offizier des jüdischen Heeres $^{19.24}$. Bakenor war wohl der Führer einer Reiterschwadron. Berittene thrakische Söldner sind auch sonst in den hellenistischen Heeren bezeugt. Thrakien erstreckt sich zwischen Mazedonien und dem Schwarzen Meer. Zu Marescha vgl. 1 Makk 5^{66}.

36–37 Esri ist wohl gleichzusetzen mit Asarja 1 Makk $5^{18.56-60}$. Hebräischer Psalmengesang als Kriegsgeschrei, um die Feinde einzuschüchtern, paßt zur phantasiereichen Sprache des Verfassers von 2 Makk.

38 Die Stadt Adullam liegt etwa 15 km nordöstlich von Marescha. Schon David hatte sich in der Höhle von Adullam in Sicherheit gebracht 1 Sam 22^{1}. Nur an dieser Stelle wird von der Reinigung des Judas und seiner Männer gesprochen. Auf den Feldzügen waren sie ja mit manchem Unreinen in Berührung gekommen, mit Toten und Unbeschnittenen, mit Stätten, wo heidnische Götter verehrt wurden. Man reinigt sich deshalb für die Feier des Sabbats. Die Gefallenen selbst ließ man auf dem Schlachtfeld liegen bis nach dem Ruhetag.

40 Sie entdeckten »Weihegegenstände«, heißt es wörtlich. Diese müssen klein gewesen sein, da sie unter den Kleidern getragen wurden. Möglicherweise waren es aus Holz geschnitzte Figürchen von Melkart und Horon, den Lokalgöttern Jamnias. Man trug sie auf der Brust zum Schutz gegen Stich und Stoß. Dtn 7^{25} verbietet, Götterbilder an sich zu nehmen, die mit Silber oder Gold überzogen sind. Die Soldaten konnten diese heidnischen Amulette auf dem Feldzug gegen Jamnia 12^{8-9} erworben haben. Im übrigen war den Juden das Tragen von Phylakterien mit den zehn Geboten nicht fremd Dtn 6^{8}.

41 und sie priesen nun alle das Wirken des Herrn, des gerechten Rich-
ters, der das Verborgene ans Licht bringt. 42 Anschließend hielten sie
einen Bittgottesdienst ab und beteten, daß die begangene Sünde wie-
der völlig ausgelöscht werde. Der edle Judas aber ermahnte die
Leute, sich von Sünden rein zu halten; sie hätten ja mit eigenen Au-
gen gesehen, welche Folgen das Vergehen der Gefallenen gehabt
habe. 43 Er veranstaltete eine Sammlung, an der sich alle beteiligten,
und schickte etwa zweitausend Silberdrachmen nach Jerusalem, da-
mit man dort ein Sündopfer darbringe. Damit handelte er sehr schön
und edel; denn er dachte an die Auferstehung. 44 Hätte er nicht er-
wartet, daß die Gefallenen auferstehen werden, wäre es nämlich
überflüssig und sinnlos gewesen, für die Toten zu beten. 45 Auch hielt
er sich den herrlichen Lohn vor Augen, der für die hinterlegt ist, die
in Frömmigkeit sterben. Ein heiliger und frommer Gedanke! Darum
ließ er die Toten entsühnen, damit sie von der Sünde befreit werden.

41 Zum Epitheton Gottes »Der das Verborgene ans Licht bringt« vgl. Sir 42^{18-20} Dan $2^{28-29.47}$ 1 Kor 4^{5}.

42 Trotz ihres sündhaften Aberglaubens hatten diese Soldaten aber für eine gute Sache gekämpft, und deshalb kann mit um so mehr Vertrauen um die Vergebung ihrer Sünden gebetet werden.

43–45 Die Summe erscheint ziemlich hoch, denn für 300 Silberdrachmen konnte man schon ein Opferrind kaufen 4^{19}. Das Sündopfer hat ganz allgemein zum Ziel, den durch Vergehen eines einzelnen oder einer Gemeinschaft gebrochenen Bund mit Gott wiederherzustellen. Das Opfertier richtet sich ja nach dem Rang des Sünders, vgl. 2^{11} Lev 4^{13-21}. Der Glaube an die leibliche Auferstehung des einzelnen ist wohl in der Zeit der Verfolgung der jüdischen Religion durch Antiochus IV. Epiphanes entstanden. Man kommt zu der Überzeugung, daß die heldenhafte Haltung und der Märtyrertod so mancher Juden nicht unbelohnt bleiben können. In dem alten Wort »Suchet und ihr werdet leben« Lev 18^{5} Dtn 4^{1} entdeckt man einen tieferen Sinn: Glaubenshelden und Verfolger werden auferstehen, damit sie ihren verdienten Lohn oder ihre entsprechende Strafe empfangen. Wie aber steht es mit den Glaubenshelden, die noch kurz vor ihrem Tod eine Schuld auf sich geladen haben? Der Verfasser hat das feste Vertrauen, daß auch sie zum Leben auferstehen werden. Durch Fürbittgebet und Opfer können sie von ihrer Sündenschuld befreit werden. Man darf darum in ^{45} den einzigen atl Hinweis auf einen Zwischenzustand erblikken, aus dem es für die Toten eine Erlösung gibt.

13^{1-26} Dieses Kapitel enthält vier Berichte, die inhaltlich zum Teil 1 Makk 6^{28-63} entsprechen. In einer kurzen Einleitung wird das Heer des Antiochus V. Eupator und des Lysias vorgestellt und auf das Kriegsziel hingewiesen: die Eroberung Jerusalems $^{1-2}$. Nicht ganz durchsichtig ist die Verbindung zur Episode von der grausamen Hinrichtung des Menelaus. Daß er beim König in Ungnade fällt, wird auf göttliches Wirken zurückgeführt, und das Gesetz der Vergeltung erfüllt sich an ihm, insofern er, der gegen die Asche des Altares gefehlt hat, seinen Tod in glühender Asche findet $^{3-8}$. Beim Überfall der Juden auf das Lager des Kö-

Ein erfolgloser Angriff auf Jerusalem: 13^{1-26}
1 Makk 6^{28-63}

13[1] Im Jahr 149 erfuhren die Leute des Judas, daß Antiochus Eupator
mit einem großen Heer gegen Judäa marschierte. [2] Er wurde begleitet
von dem Reichsverweser Lysias, seinem Vormund. Jeder führte ein
Heer von hundertzehntausend griechischen Fußsoldaten, fünftau-
senddreihundert Reitern, zweiundzwanzig Elefanten und dreihun-
dert Sichelwagen. [3] Ihnen schloß sich auch Menelaus an; er redete
heuchlerisch auf den König ein, nicht um das Vaterland zu retten,
sondern weil er glaubte, er habe Aussicht, wieder in sein Amt (als Ho-
herpriester) eingesetzt zu werden. [4] Der höchste König über allen
Königen aber ließ Antiochus zornig werden auf den Verruchten, und
als Lysias andeutete, dieser sei an allem Unglück schuld, befahl er,

nigs wird die religiöse Seite stark betont. Durch Gebet, Fasten und eine fromme Kampfparole wird der besondere Gottesschutz herabgerufen $^{9-17}$. Der dritte Bericht $^{18-22}$ schildert die Belagerung der Festung Bet-Zur durch den König, dem es – nach zweimaligem vergeblichem Versuch – gelingt, die Festung zu nehmen, wie aus 1 Makk 6^{48-50} deutlich hervorgeht. In ^{22} wird allerdings nur sehr zurückhaltend von einem Vertrag des Königs mit der Besatzung von Bet-Zur gesprochen. Der Ausgang dieses Feldzuges ist für die Juden wieder günstig. Die Versöhnung des Königs mit ihnen wird poesievoll ausgemalt: Der König ehrt den Tempel, indem er u. a. dort ein Opfer darbringen läßt, und zudem gibt er für Judas einen Empfang. Die Einwohner von Ptolemaïs aber sind darüber sehr erbost $^{23-26}$.

$^{1-2}$ Das geschah wahrscheinlich im Spätsommer des Jahres 163 v. Chr. Eupator war damals etwa zwölf Jahre alt. Zu Lysias vgl. 11^{1}. Daß der König und Lysias über zwei gleichstarke Heeresgruppen befohlen hätten, ist höchst unwahrscheinlich; auch 1 Makk 6^{30} spricht nur von *einem* ungefähr gleichstarken Heer. Deswegen liest man mit einigen griechischen und lateinischen Handschriften statt ἕκαστον ἔχοντα (»jeder führte«) besser ἐκτὸς ἔχοντα (»der herausführte«). Die Fußsoldaten sind griechische Söldner. Persischen Ursprungs sind die Sichelwagen; das sind zweirädrige Kriegswagen, deren Räder mit scharfen, sichelartigen Messern bespickt sind; sie sollen verhindern, daß die Infanteristen zu nahe an die auf den Wagen postierten Bogenschützen herankommen.

$^{3-4}$ Menelaus ist der Hohepriester von 4^{24-50}, der wohl wegen der Erfolge des Judas das hohepriesterliche Amt nicht mehr effektiv ausüben konnte. Warum Lysias gegen ihn Anklage erhebt, wird nicht ersichtlich; vielleicht war er enttäuscht, daß Menelaus die Partei der Makkabäer nicht beschwichtigen konnte $11^{29.32}$. Nach Flav. Josephus kommt alles Unheil von Menelaus, »weil er den Vater des Königs veranlaßt habe, die Juden zum Abfall von der Gottesverehrung ihrer Väter zu zwingen« (JA 12,9,7). Der Verfasser begründet die Katastrophe des Menelaus transzendental, dabei legt er Gott die persische Königstitulatur zu, als ob er sagen wollte: Der Gott»könig« gibt dem irdischen »König« sein Verhal-

ihn nach Beröa zu schaffen und dort umzubringen. So ist es Brauch
in jener Gegend. 5 Es gibt dort nämlich einen fünfzig Ellen hohen
Turm, der mit glühender Asche gefüllt ist. In ihm ist eine drehbare
Maschine angebracht, die sich nach allen Seiten schräg zur Asche
neigt. 6 Wer des Tempelraubes schuldig ist oder ein anderes schweres
Verbrechen begangen hat, den stoßen dort alle in den Tod. 7 Auf
diese Weise fand der Gesetzesbrecher Menelaus den Tod. Nicht ein-
mal Erde zum Begräbnis wurde ihm zuteil. 8 Damit geschah ihm nur
recht; denn er hatte viele Verbrechen gegen den Altar begangen, des-
sen Feuer und Asche heilig sind. Nun fand er in Asche den Tod.
9 Der König aber hatte das Herz eines Barbaren; er begann, den Ju-
den noch weit Schlimmeres in Aussicht zu stellen als das, was zur Zeit
seines Vaters geschehen war. 10 Judas hörte davon und ließ dem Volk
bekanntgeben, man solle Tag und Nacht zum Herrn beten. Wenn je
zu einer Zeit, dann müsse er ihnen jetzt helfen. Man wolle ihnen das
Gesetz, das Vaterland und den heiligen Tempel rauben. 11 Gerade
erst habe das Volk ein wenig aufatmen können; Gott möge doch
nicht zulassen, daß sie den ruchlosen Heiden in die Hände fielen.
12 Drei Tage lang lagen sie ohne Unterbrechung auf den Knien und
flehten unter Tränen und Fasten gemeinsam den barmherzigen Herrn
an. Judas sprach ihnen Mut zu; dann gab er ihnen den Befehl, sich
bereitzuhalten. 13 Auf einer geheimen Sitzung der Ältesten ließ er den
Beschluß fassen, man solle, bevor der König in Judäa eindringen und
die Stadt in seine Gewalt bringen könne, ausrücken und die Sache
mit Gottes Hilfe entscheiden. 14 Er stellte den Ausgang dem Schöpfer
der Welt anheim und feuerte seine Männer an, bis zum Tod tapfer
für Gesetze, Heiligtum, Stadt, Vaterland und Verfassung zu kämp-

13[7] EÜ hat sich einigen Hss angeschlossen, die τῆς γῆς ταφῆς setzen: nicht einmal ein Grab in der Erde wurde ihm zuteil.

ten ein. Zur Titulatur vgl. 1 Tim 6[15] Offb 19[16]. Aleppo trägt seit der Diadochenzeit auch den Namen Beröa nach der gleichnamigen Stadt in Mazedonien.

[5–6] Der Turm war etwa 23 m hoch. Der Text [5b] ist nicht ganz klar. Am ehesten wird man an einen großen, hölzernen Trichter denken, der auf den Turm aufgebaut war und durch den die Verurteilten in die Asche hinabrutschten. Das »alle« in [6] wirkt störend. Es scheint die Stetigkeit anzuzeigen, das, was man (= alle) aus Gewohnheit tut.

[9–10] Zu dem, was zur Zeit des Antiochus IV. Epiphanes geschehen war, vgl. 5[11–26] 9[4]. Da die Gefahr größer war, mußte auch das Gebet intensiver sein, siehe auch [12].

[11–14] Gesetz, Vaterland, heiliger Tempel, Stadt und Verfassung sind die Werte, für die es sich lohnt zu kämpfen. Modeïn war die Heimat der hasmonäischen Familie, vgl. 1 Makk 2[1].

[15] Zu einer ähnlichen Losung vor dem Kampf vgl. 8[23]. Durch den Überfall auf das Zelt des Königs hoffte Judas, diesen selbst gefangen-

fen. Dann schlug er bei Modeïn ein Lager auf. 15 Er gab seinen Truppen als Losung die Worte: Gottes Sieg. Mit den besten seiner jungen Krieger, die er eigens ausgewählt hatte, überfiel er nachts das Zelt des Königs, erschlug etwa zweitausend Mann und erstach den Leitelefanten des Königs mitsamt seinem Treiber. 16 Als sie schließlich das ganze Lager in Furcht und Verwirrung gebracht hatten, zogen sie sich siegreich wieder zurück. 17 Bei Tagesanbruch war alles vorbei; der Herr hatte ihnen mit seiner schützenden Macht beigestanden.

18 Nachdem der König diese Kostprobe jüdischer Tapferkeit erhalten hatte, versuchte er, das Land mit Hilfe von List zu besetzen. 19 Er rückte gegen die starke jüdische Festung Bet-Zur vor, wurde aber zurückgeschlagen; dann stieß er wieder vor und wurde wieder geschlagen. 20 Judas ließ die Besatzung mit allem versorgen, was sie brauchte. 21 Ein jüdischer Soldat namens Rhodokus aber verriet den Feinden die militärischen Geheimnisse. Er wurde verhört, festgenommen und eingekerkert. 22 Dann verhandelte der König zum zweitenmal mit der Besatzung von Bet-Zur, schloß mit ihnen einen Vertrag und zog ab. Dabei stieß er auf das Heer des Judas und erlitt eine Schlappe.

23 Da erfuhr er, daß Philippus in Antiochia abgefallen sei; er hatte ihn dort zurückgelassen, um die Regierungsgeschäfte zu führen. Der Kö-

13^{15} Hier wird von vielen Grimms Konjektur angenommen, statt συνέθηκεν »er fügte hinzu« συνεκέντησε »er stach zusammen«.

13^{16-17} Manche ziehen »bei Tagesanbruch« noch als Schluß zu ^{16}.

13^{23} Wörtlich: »daß Philippus ... die Vernunft verloren habe.«

zunehmen und dadurch das Heer in Verwirrung zu bringen. Der Angriff erreichte sein Ziel nicht. Die Tötung des Leitelefanten erinnert an 1 Makk 6^{43-46}. συνέθηκεν = »er fügte hinzu« ist Euphemismus für »er erstach«.

21 Rodokus – der Name ist wohl persisch – verriet die geheimen Wege, auf denen die Festung mit Lebensmitteln versorgt wurde. Von Verrätern innerhalb der eigenen Reihen war schon 10^{20-22} die Rede. »Er wurde eingekerkert« steht hier wahrscheinlich euphemistisch für »er wurde getötet«, vgl. 4^{34}.

22–23 Die »erste« Verhandlung mit der Besatzung von Bet-Zur hat der Verfasser stillschweigend übergangen. Ebenso schweigt er sich aus über den Ort, wo der König mit Judas zusammenstieß. War es bei Bet-Sacharja 1 Makk 6^{32-47} oder in Jerusalem bei der Belagerung des Tempels 1 Makk $6^{48.51-54}$? Von einer Niederlage des Königs wird freilich bei beiden Gelegenheiten nichts berichtet, nur 1 Makk 6^{57} heißt es, daß die Lage von Tag zu Tag schwieriger wurde. Hatte Antiochus V. tatsächlich Philippus in Antiochia zurückgelassen, um die Regierungsgeschäfte zu führen? Nach 1 Makk 6^{14-15} war Philippus von Antiochus IV. als Reichsverweser und Erzieher seines Sohnes eingesetzt worden. Gemäß 9^{29} wich er nach Ägypten aus, weil er Antiochus V. nicht traute. Die Abwesenheit des Königs und des Lysias von Antiochia hat er dazu benutzt,

nig war sehr niedergeschlagen. Er sprach freundlich mit den Juden,
gab ihnen nach, sicherte ihnen eidlich die Erfüllung aller gerechten
Ansprüche zu, versöhnte sich mit ihnen und brachte ein Opfer dar,
ehrte den Tempel und bewies dem Ort sein Wohlwollen. 24 Für den
Makkabäer gab er einen Empfang. Als Befehlshaber über das ganze
Gebiet Ptolemaïs bis zu den Gerrenern ließ er den Hegemonides zu-
rück 25 und begab sich dann nach Ptolemaïs. Die Einwohner dieser
Stadt waren nämlich über die Verträge sehr verärgert; sie hatten sich
heftig beschwert und wollten die Abmachungen rückgängig machen.
26 Lysias trat auf die Rednerbühne, gab Rechenschaft, so gut er
konnte, überredete, beschwichtigte, stimmte die Leute um und brach
dann nach Antiochia auf.
So verliefen der Anmarsch und der Abzug des Königs.

DER FELDZUG NIKANORS: 14^{1}–15^{36}

Die Intrige des Hohenpriesters Alkimus gegen Judas: 14^{1-14}
1 Makk 7^{1-26}

14 1 Drei Jahre später erfuhren die Leute des Judas, daß Demetrius,
der Sohn des Seleukus, mit starken Truppen und einer Flotte im Ha-

13^{25} Statt ὑπεράγαν »heftig« lesen andere ὑπὲρ ὧν »über die«.

die Regierungsgewalt an sich zu reißen. Der Verfasser ist aber an der geschichtlichen Genauigkeit nicht allzu stark interessiert, wie er übrigens $2^{28.30}$ bereits mitgeteilt hat. Von annehmbaren Bedingungen und dem schließen der Freundschaft handelt auch 11^{14}.

$^{24-26}$ Zu Ptolemaïs vgl. 6^{8} 1 Makk 5^{15}. Die Stadt der Gerrener ist Gerar, südöstlich von Gaza. Mit der Ernennung des Hegemonides wurde eine kleine Verwaltungseinheit geschaffen, welche die Küstenlandschaft von Haifa bis zur ägyptischen Grenze umfaßte. Hegemonides wurde damit auch verantwortlich für Ruhe und Frieden in Judäa. Er stammte aus Dyme in Achaia und bekleidete – wie inschriftlich bezeugt ist – bereits unter Antiochus IV. ein höheres Amt am königlichen Hof. In Ptolemaïs gab es schon früher eine starke antijüdische Bewegung. Daß es Lysias nicht leichtfiel, sein Friedenswerk zu rechtfertigen, bringt der Verfasser in ^{26} durch drei synonyme Verben zum Ausdruck.

14^{1-14} Nach einer kurzen Mitteilung über die veränderte politische Lage im Seleuzidenreich $^{1-2}$ wird die Hauptperson der nachfolgenden Erzählung $^{3-14}$ vorgestellt: der ehemalige Hohepriester Alkimus. Er erhebt vor König Demetrius I. in direkter Rede Anklage gegen Hasidäer und Makkabäer, die zum Krieg und Aufruhr hetzen. Seine Rede gipfelt in der Bitte: Der philanthrope König möge doch für das bedrängte Judenvolk sorgen und vor allem Judas beseitigen lassen. Der König reagiert

fen von Tripolis gelandet sei.
2 Antiochus und dessen Vormund Lysias
habe er aus dem Weg räumen lassen und das Land in seine Gewalt
gebracht.
3 Damals lebte ein Mensch namens Alkimus; er war früher einmal
Hoherpriester gewesen, hatte sich aber schon vor der Zeit der Reli-
gionsvermischung freiwillig unrein gemacht. Wie er wohl wußte,
hatte er sich dadurch in eine ausweglose Lage gebracht, so daß er nie
wieder an den heiligen Altar treten konnte.
4 Darum kam er um das
Jahr 151 zu König Demetrius und überreichte ihm einen goldenen
Kranz mit einem Palmzweig, dazu Ölzweige, wie sie am Heiligtum
gebräuchlich sind. An diesem Tag unternahm er weiter nichts.
5 Als
aber Demetrius ihn vor seinen Rat rufen ließ und ihn fragte, wie die
Stimmung unter den Juden sei und welche Pläne sie hätten, ergriff er
die Gelegenheit, um sie für sein eigenes wahnwitziges Vorhaben zu
nutzen. Er antwortete:
6 Es gibt unter den Juden Leute, die sich Hasidäer nennen; sie stehen
unter der Führung des Makkabäers Judas. Sie hetzen zu Krieg und
Aufruhr und lassen das Reich nicht zur Ruhe kommen.
7 Dadurch
wurde mir meine ehrenvolle Stellung geraubt, die mir aufgrund mei-
ner Abstammung zukommt, nämlich das Amt des Hohenpriesters.

sofort. Er ernennt Nikanor zum Befehlshaber über Judäa mit dem besonderen Auftrag, gegen Judas und seine Anhänger vorzugehen und Alkimus als Hohenpriester einzusetzen.

$^{1-2}$ Im Frühjahr 161 v. Chr. landete Demetrius mit einigen Freunden in Tripolis an der phönizischen Mittelmeerküste. Die »starken Truppen« mußte er zuerst noch aufstellen. Zu ^{2} vgl. 1 Makk 7^{2-4}.

^{3} Nach Flav. Josephus (JA 12,9,7) war Alkimus von Antiochus V. als Nachfolger des Menelaus zum Hohenpriester eingesetzt worden. Worin seine Verunreinigung bestand, wird nicht mitgeteilt. Die Tatsache, daß er die griechische Lebensweise angenommen hatte, genügt allein nicht. Möglicherweise denkt der Autor daran, daß Alkimus einen Meineid geschworen und sechzig Hasidäer hat hinrichten lassen 1 Makk 7^{12-17}. »Religionsvermischung« meint ganz allgemein die Zeit der Religionsverfolgung, in der man nicht weiß, inwieweit man dem Gebot des Königs gehorchen oder sich ihm widersetzen muß.

^{4} Der Autor ist nicht ganz sicher bei der Jahreszahl. Herbst 161 wird richtig sein. Wer vom neuen Herrscher Gunsterweise erwartet, kommt mit Geschenken. Zu Kranz und Palmzweig vgl. 1 Makk 13^{37}; die Ölzweige, wahrscheinlich auch aus Gold, waren wohl das übliche Huldigungsgeschenk des Tempels.

$^{6-7}$ Zu den Hasidäern vgl. 1 Makk 2^{42}. Daß Judas zu ihnen gehöre und sogar ihr Führer sei, steht im Gegensatz zur Auffassung des Verfassers von 1 Makk, der sehr wohl weiß, daß Judas kein Hasidäer ist. Wenn Alkimus in ^{7} von seiner gewaltsamen Entfernung aus dem hohenpriesterlichen Amte spricht, dann paßt das gut zusammen mit den in 1 Makk 7^{8-25} geschilderten Ereignissen unter Bakchides und Alkimus, die der Autor von 2 Makk übergangen hat.

Nun bin ich hierher gekommen, [8] einmal weil ich der königlichen Sache aufrichtig ergeben bin, dann aber auch aus Sorge für meine Mitbürger. Denn der Unverstand der eben genannten Leute hat unser ganzes Volk in nicht geringes Elend gestürzt. [9] Wenn du, mein König, dir einen genauen Überblick über die Lage verschafft hast, dann sorge für das Land und für unser bedrängtes Volk; du bist ja gegen jedermann freundlich und wohlgesinnt. [10] Solange aber Judas noch lebt, kann es im Reich keinen Frieden geben.

[11] Kaum hatte er das vorgebracht, da hetzten die anderen Vertrauten des Königs, die den Bestrebungen des Judas feindlich gegenüberstanden, Demetrius noch mehr auf. [12] Dieser berief sofort Nikanor, dem er das Kommando über die Elefanten gegeben hatte, und setzte ihn zum Befehlshaber über Judäa ein. Er schickte ihn weg [13] mit dem schriftlichen Auftrag, Judas zu beseitigen, seine Anhänger zu zerstreuen, Alkimus aber als Hohenpriester über den allerhöchsten Tempel einzusetzen. [14] Dem Nikanor schlossen sich in Scharen die Heiden an, die vor Judas aus Judäa geflohen waren; denn sie glaubten, das Unglück und Mißgeschick der Juden werde ihnen Glück bringen.

Die Freundschaft zwischen Nikanor und Judas: 14^{15-25} 1 Makk 7^{27-29}

[15] Als die Juden vom Anmarsch Nikanors erfuhren und hörten, daß zusammen mit ihm die Heiden anrückten, streuten sie sich Erde auf

14^{8} Wörtlich: »ist unser ganzes Volk in nicht geringer Weise ohne Erbteil.«

14^{13} Die Hss schwanken zwischen ἐντολάς »Aufträge« und ἐπιστολάς »Briefe«.

Bakchides hatte Alkimus als Hohenpriester eingesetzt, und Alkimus mußte um dieses Amt kämpfen und dabei einsehen, daß er Judas und seinen Anhängern nicht gewachsen war.

$^{12-13}$ Nikanor wird als Befehlshaber der Elefantentruppe näher charakterisiert. Durch diese Hinzufügung möchte der Autor ihn unterscheiden von dem Patroklussohn Nikanor in 8^{9} und dem aus Zypern in 12^{2}. Die Erwähnung der Elefantentruppe – auch 13^{2} und 15^{20} – läßt erkennen, daß die Seleuziden sich nicht so streng an den »Verstümmelungsbefehl« der Römer gehalten haben. Zum »allerhöchsten Tempel« vgl. $2^{19.22}$ 3^{12}.

^{14} Das Neutrum ἔθνη (»Heiden«) paßt nicht zum Maskulinum οἱ πεφυγαδευκότες (»die Geflohenen«). Es ist wahrscheinlich eine Glosse, die verdeutlichen will, daß hier nicht abtrünnige Juden (Hellenisten) gemeint sind, wie etwa 1 Makk 7^{5}, sondern heidnische Bedienstete und Geschäftsleute.

14^{15-25} Auch diesmal bereitet sich das Heer des Judas durch Buße und Gebet auf den Kampf vor, vgl. 10^{25-26} 11^{6} 13^{10-12}. Obwohl Nikanor einen Teil dieses Heeres zum Rückzug zwingen konnte, nützt er diesen militärischen Erfolg nicht aus, sondern verzichtet auf Blutvergießen und bietet Friedensverhandlungen an. Der

das Haupt und flehten Gott an, der sein Volk für ewige Zeiten geschaffen hat und sich immer vor aller Welt sichtbar seines Erbteils an-
1 Makk 7^{31f} nimmt. [16] Auf Beschluß ihres Anführers brachen sie sofort auf und trafen bei dem Dorf Dessau auf die Feinde. [17] Simeon, der Bruder des Judas, war zwar schon mit Nikanor zusammengestoßen und hatte sich langsam zurückziehen müssen, weil sein Gegner ihn völlig unvermutet überrascht hatte. [18] Aber Nikanor kam zu Ohren, wie tapfer die Männer des Judas seien und wie mutig sie für ihr Vaterland kämpften; darum wich er der Entscheidung in offener Schlacht aus. [19] Er schickte statt dessen Posidonius, Theodotus und Mattatias, um Friedensverhandlungen aufzunehmen. [20] Nach langen Überlegungen legte der Anführer den Leuten seine Ansicht dar. Es zeigte sich, daß man einer Meinung war, und so billigte man die Verträge. [21] Man verabredete einen Termin, um sich unter Ausschluß der Öffentlichkeit an einem bestimmten Ort zu treffen. Von jeder Seite fuhr ein Wagen vor, und man stellte Stühle auf. [22] Auf Anordnung des Judas

14^{17} EÜ hat sich für folgende Lesart entschieden: βραδέως δὲ διὰ τὴν αἰφνίδιον τῶν ἀντιπάλων ἀσφάλειαν – wörtlich: »er zog sich langsam zurück wegen des plötzlichen Auftretens der Feinde.« Statt ἀσφάλεια ist noch bezeugt ἀφασία »Sprachlosigkeit« und konjiziert φαντασία »Erscheinung«.

14^{18} Der Schluß lautet wörtlich: »Er scheute sich, die Entscheidung durch Blut herbeizuführen.«

14^{20} EÜ hat sich »mit einer Meinung sein« der besseren Überlieferung ὁμοψήφου γνώμης »übereinstimmender Meinung« gegenüber dem unverständlichen ὁμοιοψήφου (Hap. leg.) συγγνώμης »ähnlich gestimmter Vergebung!« angeschlossen.

Autor unterstreicht das kluge und untadelhafte Benehmen des Nikanor und läßt seinen Bericht ausklingen in einem echten Freundschaftsverhältnis zwischen Nikanor und Judas und in dem romantischen Zug, daß Judas sogar auf Anraten seines Freundes eine Familie gründet.

[15–16] Die etwas ungewöhnliche Form des Gebetes erinnert an 2 Kön 21^{7} Dtn 32^{9}. Judas wird hier und in [20] als »Anführer« bezeichnet. Ein Dorf Dessau ist nicht bekannt; vielleicht ist der Ort identisch mit Hadascha (8 km nördlich von Jerusalem), wo Nikanor seinen letzten Kampf kämpfte 1 Makk 7^{40}.

[19–20] Nach den Namen zu urteilen, war Posidonius ein Heide, Theodotus und Mattatias aber waren hellenistische Juden mit einem griechischen und hebräischen Namen. Wegen der gleichen Bedeutung dieser beiden Namen (»Gottes Gabe«) muß man nicht auf dieselbe Person schließen. Über den Inhalt der »Verträge« wird nichts gesagt, vgl. jedoch [26].

[21] Während »man« in [20] Judas und seine Leute umfaßt, meint »man« hier die Unterhändler des Nikanor und die des Judas. Die Kürzung der Jason-Vorlage wird auch hier wieder deutlich. Das Außergewöhnliche des Treffens der beiden Feldherrn wird durch die poetischen Ausdrücke für »Wagen« und »Stuhl« (δίφραξ -

hielten sich Bewaffnete in günstiger Stellung bereit, damit die Feinde nicht heimtückisch überraschend einen Anschlag verüben konnten. Doch die Unterredung verlief ohne Zwischenfälle.
[23] Nikanor hielt sich in Jerusalem auf, ohne irgendwelchen Anstoß zu erregen; er entließ die Anhänger, die ihm massenweise zugeströmt waren. [24] Auch hatte er Judas ständig um sich und war ihm herzlich zugetan. [25] Er redete ihm zu, er solle heiraten und eine Familie gründen. So heiratete Judas, und es ging ihm gut, und er freute sich seines Lebens.

Die Entzweiung zwischen Judas und Nikanor: 14^{26-36} 1 Makk 7^{30-38}

[26] Dem Alkimus blieb nicht verborgen, daß die beiden einander wohlgesinnt waren. Er verschaffte sich die abgeschlossenen Verträge, begab sich zu Demetrius und hinterbrachte ihm, Nikanor handle dem Staatswohl zuwider: Er habe Judas, den Feind seines Reiches, zum Nachfolger bestimmt. [27] Der König war sehr aufgebracht und gereizt durch die Verleumdungen dieses Schurken. Er schrieb an Nikanor, daß er die Verträge für untragbar halte, und befahl ihm, den Makkabäer auf der Stelle gefesselt nach Antiochia zu schaffen. [28] Nikanor geriet beim Empfang dieser Nachricht in große Bestürzung. Es war ihm sehr zuwider, die Vereinbarungen zu brechen; denn Judas hatte

δίφρος) unterstrichen. Auch daß Judas genau wie Nikanor auf einem δίφρος (Stuhl mit Armlehne) sitzen sollte, ist für den Autor nicht unwichtig.
[23] Zu den »Anhängern« vgl. [14]. Vielleicht war ihre Entlassung eine der Bedingungen des Friedensvertrages.
14^{26-36} Die Entzweiung zwischen Judas und Nikanor hat der Autor in eine Erzählung gekleidet. Alkimus verleumdet Nikanor beim König und fordert erneut die Beseitigung des Judas. Nikanor gerät in einen starken Gewissenskonflikt. Er weiß sich auf der einen Seite durch seinen Gehorsam dem König verpflichtet; auf der anderen Seite aber kann er nicht ungerecht Judas gegenüber sein, der in keiner Weise gegen die Verträge verstoßen hat. Dieser Zwiespalt zeigt sich auch im äußeren Verhalten des Nikanor, und Judas flieht vor ihm. Darüber ist Nikanor verärgert, und auf dem Höhepunkt der Erzählung macht er seinem Ärger in einer Lästerrede gegen den Tempel Luft [33]. Der Priesterschaft bleibt nur das Gebet als Verteidigungswaffe: Gott, der Heilige, möge doch die Heiligkeit des Tempels schützen.
[26–27] Daß Alkimus sich Abschriften der Friedensverträge besorgen konnte, setzt wohl voraus, daß er als Hoherpriester Zugang zum Archiv hatte und daß Nikanor im Vertrag mit Judas seine Wiedereinsetzung ins hohepriesterliche Amt erreicht hatte. Unklar bleibt, welche Beschuldigungen Alkimus gegen Nikanor vorbringt. Soll Nikanor den Judas zu seinem eigenen Nachfolger bestimmt haben oder zum Nachfolger des Hohenpriesters? Oder bedeutet διάδοχος hier nur »Hofbeamter«, »hoher Mitarbeiter«? Die eigentliche Verleumdung besteht wohl darin: Nikanor habe sich in bezug auf Judas

ja kein Unrecht getan. 29 Da er sich aber dem König nicht widerset-
zen konnte, wartete er auf eine günstige Gelegenheit, um seinen Auf-
trag mit Hilfe einer List ausführen zu können. 30 Doch der Makka-
bäer merkte, daß Nikanor ihm gegenüber immer abweisender wurde
und daß seine gewohnte Freundlichkeit sich abkühlte. Er wußte, daß
diese Schroffheit nichts Gutes bedeuten könne. Darum rief er eine
Anzahl von seinen Leuten zusammen und versteckte sich mit ihnen
vor Nikanor.
31 Als Nikanor dahinter kam, daß ihn der Mann geschickt überlistet
hatte, begab er sich zum allerhöchsten, heiligen Tempel, gerade als
die Priester die vorgeschriebenen Opfer darbrachten, und befahl ih-
nen, Judas auszuliefern. 32 Als diese unter Eid versicherten, sie wüß-
ten nicht, wo sich der Gesuchte zur Zeit aufhalte, 33 erhob er die
rechte Hand gegen den Tempel und schwor: Wenn ihr mir Judas
nicht gefesselt herausgebt, werde ich dieses Gotteshaus dem Erdbo-
den gleichmachen, den Brandopferaltar niederreißen und an seiner
Stelle dem Dionysos einen herrlichen Tempel errichten. 34 Nach die-
sen Worten ging er weg.
Die Priester erhoben ihre Hände zum Himmel und riefen zu dem,
der immer unser Volk beschützt. Sie beteten: 35 Herr, du bist auf
nichts angewiesen; dennoch hat es dir gefallen, einen Tempel bauen
zu lassen, in dem du unter uns wohnst. 36 Nun, heiliger Herr, von
dem alle Heiligung ausgeht, bewahre dieses Haus, das vor kurzem
erst entsühnt wurde, unbefleckt in Ewigkeit.

Rechte angemaßt, die nur dem König zustehen.

29 »List« soll hier heißen: Nikanor will nicht offen gegen Judas vorgehen, er möchte Kampf und Blutvergießen vermeiden. Auch nach 1 Makk 7^{29} sollen Nikanors Soldaten Judas heimlich verschleppen.

31 Des Judas »List« besteht darin, daß er mit einigen seiner Leute Jerusalem verließ, um sich an einem geheim zu haltenden Ort niederzulassen.

33 Nikanors Schwur gegen den Tempel muß auch auf dem Hintergrund seiner Wut gegen den ehrgeizigen und undankbaren Alkimus gesehen werden. Die Rechte ist die Schwurhand, vgl. dazu die Vergeltung in 15^{32}. σηκός (= »eingehegter Raum, Kapelle«) nennt er verächtlich den Tempel und hebt ihn damit ab von dem »herrlichen Heiligtum«, das er seinem Lieblingsgott, dem Weingott Dionysos, errichten will, vgl. auch 6^{7}.

35–36 Die Idee, daß Gott auf nichts angewiesen ist, findet sich auch in 3 Makk 2^{9} JA 8,4,3, vgl. Ps 50^{9-12}. Die Anwesenheit Gottes unter seinem Volk wird oft als »Wohnen« bezeichnet, vgl. Ex 25^{9} Jos 22^{19} 2 Sam 7^{6} 1 Chr 6^{17} Ps 26^{8} u. ö. In der rabbinischen Literatur ist *š^{e}kīnāh* (= »Wohnen«) die irdische Gegenwart Gottes überhaupt.

14^{37-46} Die Verhaftung des Judas ist Nikanor nicht gelungen. Der Autor schaltet eine Episode ein, die in recht farbiger Schilderung den Judashaß des Syrers konkreter machen und den König von der Treue seines Befehlshabers über Judäa überzeugen soll. Nikanor möchte den angesehe-

Der Tod Rasis: 14[37–46]

37 Unter den Ältesten der Stadt Jerusalem gab es einen Mann namens
Rasi. Er war seinen Mitbürgern freundlich zugetan, stand in hohem
Ansehen und hieß wegen seiner Güte Vater der Juden. Dieser Mann
wurde bei Nikanor angezeigt. 38 Er hatte sich nämlich schon vor der
Zeit der Religionsvermischung offen für das Judentum entschieden
und sich dafür bis zum äußersten mit Leib und Leben eingesetzt.
39 Nikanor beschloß, seine Abneigung gegen die Juden sichtbar zu bekunden, und schickte über fünfhundert Soldaten aus, um ihn verhaf-
ten zu lassen. 40 Er glaubte nämlich, durch seine Festnahme den Juden einen schweren Schlag zu versetzen.
41 Schon waren die Truppen dabei, den Turm zu besetzen; sie versuchten, sich den Eingang durch das Hoftor mit Gewalt zu erzwingen, und riefen nach Feuer, um die Türen in Brand zu setzen. Rasi
war von allen Seiten umzingelt. Da stürzte er sich in das Schwert; 1 Sam 31[4]
42 denn er wollte lieber in Ehren sterben als den Verruchten in die
Hände fallen und eine schimpfliche Behandlung erfahren, die seiner
edlen Herkunft unwürdig war. 43 In der Hast aber hatte er sich nicht
sofort tödlich getroffen; die Männer stürmten bereits durch die Türen herein. Da lief er mutig hinauf auf die Mauer und stürzte sich

14[39] Die Mehrzahl der Hss hat »fünftausend«.

nen Juden Rasi, der sich vor allem durch seinen Glauben und seine Hilfsbereitschaft hervorgetan hatte, verhaften lassen. Rasi aber entzieht sich dieser schimpflichen Freiheitsberaubung durch qualvollen Selbstmord. Dabei bekennt er kurz vor dem Verbluten seinen Glauben an die leibliche Auferstehung. Der Autor bewundert den Mut Rasis und ist wohl der Meinung, er habe im guten Glauben gehandelt. Selbstmord ist zwar bei den Semiten ungewöhnlich, wird aber in Ausnahmefällen als ehrenvoller Ausweg aus einem schmachvollen sicheren Tod durch Feindeshand angesehen. Vgl. Saul und sein Waffenträger 1 Sam 31[4–5], Ahitofel 2 Sam 17[23] oder die »Helden« von Massada (73 n. Chr.). Auf die Rasilegende haben sich zur Rechtfertigung des Selbstmordes u. a. die Donatisten berufen. Augustinus hat sich mit Bestimmtheit dagegen gewandt.

37–38 Der Name Rasi ist sonst nicht bekannt, möglicherweise ist er persischen Ursprungs. Rasi war Mitglied des Ältestenrates, der sich wahrscheinlich nach der Wiedereinnahme Jerusalems durch Judas gebildet hatte. »Vater« ist ein Ehrentitel, der öfter im AT einem Menschen beigegeben wird, der sich in besonderer Weise um seine Mitmenschen kümmert, z. B. »Vater der Waisen« Ps 68[6], »Vater für die Armen« Ijob 29[16]. Zur »Religionsvermischung« vgl. [3].

39 Fünfhundert Soldaten scheint übertrieben, aber auch bei *Kafar-Salama,* als man Judas arretieren wollte, sind fast fünfhundert Mann gefallen.

41 Das Haus, in dem Rasi sich befand, stand wohl auf einem Terrain außerhalb Jerusalems und war mit

entschlossen auf die Menge hinab. [44] Weil diese sofort zurückwich,
entstand ein freier Raum, und er fiel mitten auf den leeren Platz.
[45] Doch er lebte immer noch; in höchster Erregung erhob er sich,
während das Blut in Strömen aus seinen schrecklichen Wunden
schoß, durchbrach im Laufschritt die Menge und stellte sich auf einen
steil abfallenden Felsen. [46] Fast schon verblutet, riß er sich die Eingeweide aus dem Leib, packte sie mit beiden Händen und schleuderte
7[11.14.23.29.36] sie auf die Leute hinunter; dabei rief er den Herrn über Leben und
Tod an, er möge sie ihm wiedergeben. So starb er.

Nikanors Lästerungen: 15[1–5]

15[1] Nikanor erfuhr, daß Judas sich mit seinen Männern in der Gegend von Samaria aufhielt; da beschloß er, sie ohne jede Gefahr am Ruhetag anzugreifen. [2] Aber die Juden, die gezwungen waren, ihn zu begleiten, sagten: Bring sie doch nicht um, als seist du ein wildes Tier oder ein Barbar. Halte den Tag in Ehren, der von dem, der die ganze Welt überblickt, in besonderer Weise mit Heiligkeit ausgezeichnet

einer Mauer umgeben. In der hellenistischen Zeit hatten die einstöckigen Häuser oft eine Art Turm mit einem oder mehreren Zimmern, die gut zu lüften waren.

[46] »Er rief den Herrn über Leben und Geist an«, heißt es wörtlich. Vgl. damit die Aussage der makkabäischen Mutter: »Ich habe euch Atem und Leben geschenkt« 7[22].

15[1–5] Nach einem Hinweis auf den Aufenthaltsort des Judas und den Beschluß, ihn am Sabbat anzugreifen [1], folgt ein kunstvoll zusammengestelltes Streitgespräch über die Heiligung des Sabbats. Absicht des Autors ist es, den prahlerischen Gotteslästerer Nikanor zu entlarven. Die Gesprächspartner sind Reformjuden, die im Heer des Nikanor Dienst tun, und Nikanor selbst. Das Gespräch gipfelt in der Antithese: Gott, der die Sabbatruhe angeordnet hat, herrscht im Himmel. Nikanor, der den Kampf am Sabbat befiehlt, herrscht auf der Erde [4–5].

[1] Samaria ist Name der Stadt und der Landschaft nördlich von Judäa. Der Angriff am Sabbat konnte »ohne jede Gefahr« erfolgen, weil die Juden – nach Meinung Nikanors – sich nicht wehrten.

[2] Es gab im Heer des Nikanor sicher Juden, die gegen den »Revolutionär Judas« kämpfen wollten. Der Autor benutzt sie als die Gegner des Streitgesprächs mit Nikanor und entschuldigt zugleich ihr Zusammensein mit dem »Gotteslästerer«, indem er sie »gezwungen« im syrischen Heer dienen läßt. Diese Juden geben sich freilich orthodoxer als die Makkabäer, die sich früher schon zum Abwehrkampf am Sabbat entschlossen hatten 1 Makk 2[41]. Immerhin ist es möglich, daß über den Kampf am Sabbat zwei verschiedene Ansichten herrschten. Zu »Barbar« vgl. 5[22]; zu Gott, »der die ganze Welt überblickt«, vgl. 12[22]. Mit diesen Ausdrücken wird an die Soldatenehre des Nikanor appelliert und an seine Achtung vor fremder religiöser Überzeugung.

[3–4] Auch der Patroklus-Sohn Nikanor wird 8[34] »der dreimal Ver-

wurde. 3 Der dreimal Verfluchte fragte, ob es im Himmel wirklich
einen Herrscher gebe, der befohlen habe, den Sabbat zu begehen.
4 Sie bekannten: Der lebendige Herr selbst, der Herrscher im Him- Ex 20^{8-11}
mel, hat angeordnet, den Sabbat zu halten. 5 Da erwiderte er: Und Dtn 5^{12-15}
ich bin der Herrscher auf der Erde; ich befehle, die Waffen zu ergrei-
fen und zu tun, was das Staatswohl verlangt. Dennoch gelang es ihm
nicht, seinen verbrecherischen Plan auszuführen.

Die Ermutigung der Kämpfer durch Judas: 15^{6-24}

6 Nikanor, der in seinem Stolz seinen Kopf hoch trug, hatte beschlos-
sen, öffentlich ein Denkmal seines Sieges über die Männer des Judas
zu errichten. 7 Der Makkabäer aber hörte nicht auf, sein Vertrauen
und all seine Hoffnung auf die Hilfe des Herrn zu setzen. 8 Er er-
mahnte seine Männer, sich vor den anrückenden Heiden nicht zu
fürchten. Sie sollten daran denken, wie der Himmel ihnen in der Ver-
gangenheit geholfen habe; auch jetzt dürften sie vom Allherrscher

15^3 Das in viele Hss eingedrungene ὁ vor δυνάστης ist sinnwidrig.
15^4 Für »Sabbat« haben die Hss ἑβδομάδα »Woche« oder ἑβδόμην »der siebte«.
15^5 Der Artikel τά zu ὅπλα steht nur in wenigen Hss, ist aber sehr sinnvoll.

fluchte« genannt. Um Gott von den stummen Götzen zu unterscheiden, nennt das AT ihn gern den »Lebendigen« Dtn 5^{26} Jos 3^{10} Est 8^{12q} u.ö. Das Sabbatgebot ist angeordnet in Ex 20^{8-11} Dtn 5^{12-15}.

15^{6-24} In dieser »Ermutigung der Kämpfer« stellt der Verfasser dem Hochmut des ungläubigen Nikanor, der schon von der Errichtung eines Siegesdenkmals träumt, das Gottvertrauen des gläubigen Judas gegenüber. Dieser stärkt den Kampfesmut seiner Truppen durch die Verwendung religiöser Motive: 1. Er erinnert an Kämpfe der letzten Zeit, die mit Gottes Hilfe siegreich ausgingen, dabei denkt er vielleicht an 10^{28} 13^{14-17}. 2. Er erwähnt Treuebrüche der Heiden, die Gottes Strafgericht nach sich gezogen haben, möglicherweise hat er dabei den vor kurzem geschehenen Treubruch des Nikanor im Sinn, den des Lysias 1 Makk 6^{62} und den der Einwohner von Jafo 12^4. 3. Er erzählt von einer Vision, in der ihm der Hohepriester Onias III. und der Prophet Jeremia erschienen sind, die beide, obwohl tot, weiterhin für das Volk der Juden beten $^{6-16}$. Im nächsten Abschnitt betont der Autor, daß die Worte des Judas gezündet haben und daß die makkabäischen Truppen beschlossen haben, die Entscheidung möglichst bald herbeizuführen. Angesichts des heranrückenden feindlichen Heeres spricht Judas ein Gebet, ähnlich wie 1 Makk 7^{41}: Der Herr möge einen Engel senden, der Schrecken verbreitet wie damals im Heer des Sanherib 2 Kön 19^{35}, er möge seinen gewaltigen Arm ausstrecken wie ehedem beim Zug durch das Schilfmeer Ex 15^{16}.

6 τρόπαιον (»Siegesdenkmal«) = Der Sieger krönt einen Erdhügel des Schlachtfeldes mit einem Stapel er-

den Sieg erwarten. [9] Mit Worten aus dem Gesetz und aus den Pro-
pheten flößte er ihnen Mut ein, erinnerte sie auch an die Kämpfe, die
sie schon bestanden hatten, und stärkte so ihren Kampfesmut.
[10] Nachdem er ihre Begeisterung geweckt hatte, spornte er sie noch
weiter an, indem er sie daran erinnerte, wie die Heiden die Verträge
nicht gehalten und ihre Schwüre gebrochen hatten. [11] So wappnete er
jeden von ihnen, nicht mit der Sicherheit, die Schild und Lanze verlei-
hen, sondern mit dem Mut, den rechte Worte entfachen. Auch er-
zählte er ihnen einen überaus glaubwürdigen Traum, der alle sehr er-
freute. [12] Er hatte folgendes gesehen: Ihm war der frühere Hoheprie-
3[1] ster Onias erschienen, ein edler und gerechter Mann, bescheiden im
Umgang, von gütigem Wesen und besonnen im Reden, von Kindheit
an in allem aufs Gute bedacht; dieser breitete seine Hände aus und
betete für das ganze jüdische Volk. [13] In gleicher Haltung erschien
dann ein Mann mit grauem Haar, von herrlicher Gestalt; der Glanz
einer wunderbaren, überwältigenden Hoheit ging von ihm aus.
[14] Onias begann zu reden und sagte: Das ist der Freund seiner Brü-
der, der viel für das Volk und die heilige Stadt betet, Jeremia, der
Prophet Gottes. [15] Dann streckte Jeremia die rechte Hand aus und
übergab ihm ein goldenes Schwert; dabei sagte er: [16] Nimm das hei-
lige Schwert, das Gott dir schenkt. Mit ihm wirst du die Feinde schla-
gen.
[17] Die Worte des Judas gaben ihnen Zuversicht; denn sie waren sehr
schön und hatten die Kraft, zur Tapferkeit anzuspornen und die Ju-

15[11] EÜ hat die Lesart ὄνειρον ... ὑπέρ τι πάντας ηὔφρανεν. Andere lesen ὄνειρον ... ὕπαρ τι = »er erzählte einen ... Traum, eine Art Vision«.

beuteter Waffen oder richtet diese auf Stangen und Gerüsten in die Höhe und weiht sie so der Gottheit.
[9] »Gesetz und Propheten« ist hier das erste Mal als zusammenfassender Ausdruck für die Heilige Schrift gebraucht, vgl. Mt 5[17] Apg 13[15] u. ö.
[12] Der Hohepriester ist Onias III., der 170 v. Chr. durch Andronikus ermordet wurde 4[33–34]. Der Verfasser nennt ihn einen ἄνδρα καλὸν καὶ ἀγαθόν und übernimmt damit den spezifischen Ausdruck, mit dem die Griechen das Bild des vollkommenen Mannes bezeichneten. Zu den übrigen rühmenden Beiworten vgl. auch 4[2]. Die erhobenen Hände als Gebetsgestus finden sich auch bei Mose und dem Volk um Esra Ex 17[11] Neh 8[6].
[14–16] Jeremia scheint ein Lieblingsprophet des Verfassers gewesen zu sein, vgl. 2[1–8]; er ist auch beispielhaft durch sein Fürbittgebet Jer 7[16] 11[14] 14[11] 15[11] 18[20] 37[3] 42[2.12]. [15–16] sind wie ein Berufungswort mit symbolischer Handlung. Judas bekommt die göttliche Sendung, den Feind zu besiegen; das lange, gerade und zweischneidige Schwert ist darum »golden« und »heilig«. Das Bild vom Schwert ist übrigens bei Jeremia nicht ungewöhnlich, vgl. Jer 2[30] 12[12] 25[29] 31[2] 50[35–37].
[17–18] Der Entschluß, sofort anzugreifen, wird nicht nur mit der begei-

gend mit männlichem Mut zu erfüllen. Man beschloß, kein Lager zu beziehen, sondern kühn anzugreifen und mit allem Mut im Kampf Mann gegen Mann die Entscheidung herbeizuführen; denn die Stadt, die Religion und das Heiligtum seien in Gefahr. [18] Sie fürchteten weniger um Frauen und Kinder, um Brüder und Verwandte, als um die Heiligkeit des Tempels. [19] Die in der Stadt Zurückgebliebenen waren hauptsächlich in Angst wegen des Angriffs draußen auf offenem Feld. [20] Alle warteten, daß die Entscheidung falle. Schon hatten die Feinde sich vereinigt, und ihr Heer rückte geordnet vor; die Elefanten wurden aufgestellt, wo es am günstigsten war; die Reiterei verteilte sich auf die Flügel. [21] Der Makkabäer sah, wie die Massen der Feinde dastanden, die verschiedenen Waffengattungen, die zur Wildheit gereizten Tiere. Da erhob er seine Hände zum Himmel und rief zum Herrn, der Wunder vollbringt. Denn er wußte, daß es nicht auf die Waffen ankommt, sondern daß denen der Sieg zufällt, die Gott für würdig erachtet. [22] Dabei sprach er dieses Gebet: Unser Herrscher, du hast zu Hiskija, dem König von Juda, deinen Engel gesandt, und er erschlug im Heer Sanheribs hundertfünfundachtzigtausend Mann. [23] Herrscher im Himmel, sende auch jetzt einen guten Engel vor uns her, damit er Furcht und Schrecken verbreitet. [24] Vor deinem gewaltigen Arm sollen alle erschrecken, die lästernd gegen dein heiliges Volk heranziehen. So sprach er.

2 Kön 19^{35}

15^{17} Überliefert sind στρατεύεσθαι, στρατεύσασθαι »zu Felde ziehen« und στρατοπεδεύεσθαι »das Lager beziehen«. Sinnvoll ist nur das Letztere.
15^{23} Gegen die andere Lesart τὸν ἄγγελον.

sternden Ansprache des Judas begründet, sondern auch mit der äußersten Gefahr, in der das Heiligtum steht, vgl. 14^{33}. Wo der Angriff stattfinden soll, wird nicht gesagt; nach 1 Makk 7^{40} erfolgte er bei Hadascha, 8 km nördlich von Jerusalem.

[19] Mit den in der Stadt Zurückgebliebenen meint der Autor wahrscheinlich nur die Verwandten und Anhänger der Makkabäer. Es ist aber auch möglich, daß die Syrer in der Akra und die Reformjuden um Alkimus um den Ausgang des Kampfes bangten. Die Anhänger der Makkabäer mußten freilich in größerer Sorge sein, da sie um die geringere Kampfstärke der Truppen des Judas wußten und auch wußten, daß diese Truppen gewöhnlich den Kampf auf offenem Felde mieden.

[20–21] Hier werden nicht die Heere beider Seiten beschrieben, sondern nur das des Nikanor. Die Anrufung des Herrn, »der Wunder tut«, findet sich auch 3 Makk 6^{32}. Zum Gedanken, daß Gott seine Gunst denen schenkt, die seiner würdig sind, vgl. Weish 3^{5} 6^{16}.

15^{25-36} Dieser Kampfbericht liest sich fast wie eine Liturgie. Er wird durch Bittgebete eingeleitet, von Meditation begleitet und durch Psalmengesang abgeschlossen. Dabei treten auch Priester auf, und eine Festfeier soll den Tag des größten Sieges in Gottes Heilstaten für sein Volk einreihen. Freilich interessiert den Au-

Die Niederlage und der Tod Nikanors: 15[25–36]
1 Makk 7[39–49]

[25] Die Truppen Nikanors rückten mit Trompetengeschmetter und
Kampfliedern vor. [26] Die Leute des Judas dagegen griffen die Feinde
unter Beten und Flehen an. [27] Mit den Händen kämpften sie, im Her-
zen beteten sie zu Gott. Mindestens fünfunddreißigtausend Mann
streckten sie zu Boden, hocherfreut, daß Gott sich so sichtbar offen-
barte. [28] Schon war der Kampf beendet, und sie wollten voller Freude
aufbrechen, da entdeckten sie Nikanor, der in seiner Rüstung er-
schlagen dalag. [29] Es gab ein großes Geschrei und Getümmel, und sie
priesen den Herrn in der Sprache ihrer Väter. [30] Judas, der immer mit
Leib und Seele für seine Mitbürger gestritten hatte, der von Jugend
an seinen Landsleuten herzlich zugetan war, gab den Befehl, ihm den
Kopf und eine Hand mitsamt dem Arm abzuschlagen und nach Jeru-
salem zu bringen.
[31] Sobald er dort angekommen war, rief er seine Landsleute zusam-
men und befahl den Priestern, sich vor dem Altar aufzustellen; auch
schickte er Boten zu der Besatzung der Burg. [32] Dann zeigte er den
Kopf des Verbrechers Nikanor und die Hand des Lästerers, die die-
ser prahlend gegen das heilige Haus des Allherrschers ausgestreckt
hatte. [33] Die Zunge des ruchlosen Nikanor ließ er herausschneiden,

15[27] A liest ἐπιμελείᾳ »durch Fürsorge« statt ἐπιφανείᾳ »durch Erscheinung«.

15[30] εἰς τοὺς ὁμοέθνους ist sicher der Lesart εἰς ὁμοέθνους vorzuziehen, vgl. auch [31].

tor auch wieder das Gesetz der Vergeltung: Arm und Zunge, mit denen Nikanor gefrevelt hat, werden entehrt.

[26–27] Die Gegenüberstellungen »Trompetengeschmetter/Kampflieder« – »Beten/Flehen« und »mit den Händen kämpfen« – »im Herzen beten« sind gute Beispiele der Kunstprosa des Verfassers. Die hohe Zahl der Gefallenen will sagen: Das ist der größte Sieg, den Judas errungen hat, vgl. die geringeren Zahlen in 12[23.28] 10[31] u. ö.

[28–29] Nach 1 Makk 7[43–44] fiel Nikanor als erster im Kampf, seine Soldaten warfen daraufhin die Waffen weg und flohen. Die an sich unwahrscheinliche Schilderung von 2 Makk beweist, daß die beiden Schriftsteller unabhängig voneinander ihre Quellen wiedergeben. Zur »Sprache der Väter« vgl. 7[8].

[30–31] Man hat den Eindruck, der Autor möchte durch die etwas schwülstige Lobrede auf Judas dessen ausgleichende Vergeltungsmaßnahme (»Leichenschändung«!) rechtfertigen. Die Burg war ja noch in syrischer Hand, und irgendwie sollte die Besatzung Zeuge der demütigenden Handlung werden.

[32–33] Hier wird auf Nikanors Schwur Bezug genommen 14[33]. Für das Herausschneiden der Zunge vgl. 7[4.10]. Zum Ausdruck »den Vögeln zum Fraß vorwerfen« vgl. Gen 40[19] Dtn 28[26].

zerstückeln und den Vögeln zum Fraß vorwerfen; den Arm ließ er
vor dem Tempel aufhängen als Zeichen des bestraften Wahnsinns.
34 Alle priesen den Herrn im Himmel, der seine Macht so sichtbar ge-
zeigt hatte, und riefen: Gepriesen sei der, der seinen Ort vor der Ent-
weihung bewahrt hat. 35 Den Kopf Nikanors hängte Judas an die
Burg als ein für alle sichtbares und offenkundiges Zeichen der Hilfe
des Herrn. 36 In einer öffentlichen Abstimmung beschlossen alle ein-
stimmig, diesen Tag nicht ohne Feier vergehen zu lassen, sondern
ihm einen besonderen Rang zu verleihen; es ist der dreizehnte Tag
des zwölften Monats, der auf aramäisch Adar heißt, der Tag vor dem Est $9^{19.31}$
Mordechai-Tag. Est 10^{3k}

NACHWORT: 15^{37-39}

37 Das waren die Ereignisse, die mit Nikanor zusammenhingen. Seit
jener Zeit blieb die Stadt im Besitz der Hebräer. Darum höre ich hier 1 Makk 7^{27-50}
mit der Erzählung auf. 38 Ist sie gut und geschickt erzählt, habe ich
mein Ziel erreicht; ist sie aber schlecht oder mittelmäßig – ich habe
mein Bestes getan. 39 Es ist gleich ungesund, unvermischten Wein

15^{33} Der Schluß lautet wörtlich: »Den Lohn seines Unverstandes ließ er gegenüber vom Tempel aufhängen.«

35 Die Burg wurde erst 141 v. Chr. von den Syrern geräumt und von den Juden in Besitz genommen. Es ist daher wenig wahrscheinlich, daß Judas den Kopf Nikanors an der Burgmauer aufhängen konnte. Es liegt hier ein ähnlicher Anachronismus vor wie bei David, der den Kopf des Philisters Goliat nach Jerusalem brachte, das er noch gar nicht erobert hatte 1 Sam 17^{54}. Zu einer ähnlichen Behandlung des Kopfes des besiegten Feindes vgl. 1 Sam 31^{9-10} Jdt 14^{1}.

36 Der Adar entspricht dem Monat März. »Mordechai-Tag« ist ein anderer Name für das Purimfest Est 9^{31} 10^{3k}. Der jüdische Großwesir Mordechai nimmt besonders in den griechischen Zusätzen zu Est eine hervorragende Stellung ein. Während das Purimfest bis auf den heutigen Tag im Judentum gefeiert wird, verschwindet die Feier des Nikanortages mit der Zerstörung des Tempels (70 n. Chr.) 1 Makk 7^{49}.

15^{37-39} Dem Vorwort 2^{19-32} entspricht das Nachwort, in dem der Autor begründet, warum er gerade mit dem Nikanortag seine Geschichte abgeschlossen hat und in dem er über den schriftstellerischen Wert seiner Erzählung mit Hilfe des Wein-Wasser-Vergleichs reflektiert.

37 Der Verfasser betrachtet den Waffentriumph über Nikanor als würdigen Abschluß seines Werkes; der fast unmittelbar darauf folgende Tod des Judas im Kampf mit Bakchides hätte seinem Thema kaum entsprochen 1 Makk 9^{18}. »Stadt« ist nicht im vollen Sinn zu nehmen, sondern nur: die heilige Stadt Jerusalem mit dem Berg Zion als Zentrum.

39 Der Sinn des Vergleichs soll wohl sein: Weder reiner Tatsachenbericht allein, noch eine stilistisch gefeilte Darstellung für sich können voll be-

oder pures Wasser zu trinken. Wein mit Wasser vermischt hingegen schmeckt vorzüglich. Ähnlich hängt es auch vom Aufbau der Erzählung ab, ob sie den Geist des Lesers erfreut, dem dieses Buch in die Hände kommt. Damit will ich schließen.

15^{39} Hanhart hat statt ἡδύς »süß« ἤδη »schon« in den Text genommen.

friedigen. Es muß beides zusammenkommen, damit die Erzählung abgerundet ist und zu einer angenehmen Lektüre werden kann.

ZEITTAFEL*

Jahr v. Chr.	*Seleuzidische Könige u. Feldherrn*	*Hohepriester/ Makkabäer*	*Ereignisse*
	Antiochus III. (223–187)		
198			Sieg Antiochus' III. über Ptolemäus V. Epiphanes (205–180). Judäa wird ins Seleuzidenreich einbezogen.
		Hoherpriester Onias III. (192–175)	
190			Ein römisches Heer besiegt Antiochus III. bei Magnesia. Antiochus III. muß seinen 2. Sohn Antiochus den Römern als Geisel ausliefern.
187	Seleukus IV. Philopator (187–175) Heliodor, Minister		Der ältere Sohn Seleukus besteigt den Thron.
176			Heliodor will den Tempel plündern. Demetrius, ein Sohn Seleukus' IV., geht als Geisel nach Rom.
175	Antiochus IV. Epiphanes (175–164)	Hoherpriester Jason (175–172)	Antiochus kehrt aus Rom zurück und bemächtigt sich der Herrschaft.
172		Hoherpriester Menelaus (172–162)	
169			Antiochus IV. krönt sich in Memphis zum König von Ägypten. Er plündert den Jerusalemer Tempel.
168/67			Er läßt die Akra errichten. Das erste heidnische Opfer wird auf dem Altar des Tempels dargebracht.
166/65		Vater Mattatias	Mattatias kämpft gegen die Religionsverfolger und stirbt.
165	Apollonius und Seron, Feldherrn Lysias, Statthalter des Westens Ptolemäus, Gorgias und Nikanor, Feldherrn	Judas Makkabäus (165–161)	Judas kämpft gegen Apollonius und Seron (Bet-Horon). Er besiegt die seleuzidischen Feldherren bei Emmaus und das Heer des Lysias bei Bet-Zur.
164			Judas reinigt und weiht den Tempel. Antiochus IV. stirbt in Persien; sein minderjähriger Sohn Antiochus wird König.
163	Antiochus V. Eupator (164–162)		Lysias bedrängt Judas, muß aber wegen des Angriffs des Reichsverwesers Philippus Frieden schließen.

* Da der genaue Beginn der seleuzidischen Zeitrechnung unsicher ist (Frühjahr oder Herbst 312 oder Frühjahr 311 v. Chr.), finden sich in den Zeittafeln bisweilen abweichende Angaben. Diese Zeittafel hat die von der neueren Forschung dargebotenen Zahlen übernommen.

Jahr v. Chr.	*Seleuzidische Könige u. Feldherrn*	*Hohepriester/ Makkabäer*	*Ereignisse*
162	Demetrius I. Soter (162–150) Bakchides und Nikanor, Feldherrn	Hoherpriester Alkimus (162–159)	Demetrius kehrt aus Rom zurück und läßt Antiochus V. umbringen.
161			Judas siegt über Nikanor und schließt ein Bündnis mit Rom. Er fällt im Kampf gegen Bakchides.
		Jonatan (161–143/2)	
152			Alexander Balas gibt sich als Sohn Antiochus' IV. aus und ernennt Jonatan zum Hohenpriester und Fürsten.
150	Alexander V. Balas (150–145)		Alexander Balas siegt über Demetrius I. und wird König.
145			Alexander Balas stirbt auf der Flucht vor Ptolemäus VI. von Ägypten.
	Demetrius II. Nikator (145–140)		Demetrius, ein Sohn Demetrius' I., wird König. Er söhnt sich mit Jonatan aus.
	Antiochus VI. Epiphanes Dionysos (145–142) Tryphon, Feldherr		Der Knabe Antiochus, ein Sohn des Alexander V. Balas, tritt ebenfalls die Herrschaft an. Jonatan wechselt über zu Antiochus VI.
143			Tryphon nimmt Jonatan gefangen.
		Simeon (143–134)	Simeon tritt an Jonatans Stelle. Simeon schlägt Tryphon, der daraufhin Jonatan ermorden läßt.
142	Tryphon (142–139)		Tryphon läßt Antiochus VI. töten und regiert. Simeon läßt sich von Demetrius II. als seleuzidischem Oberherrn die Ämter des Hohenpriesters und Ethnarchen bestätigen.
141			Die Akra ergibt sich.
139			Die Bündnisse mit Sparta und Rom werden erneuert.
138	Antiochus VII. Sidetes (139–129)		Antiochus, ein jüngerer Bruder von Demetrius II., besiegt Tryphon, der Selbstmord begeht.
	Kendebäus, Feldherr		Simeons Söhne schlagen Heere des Kendebäus zurück.
134			Simeon wird von seinem Schwiegersohn ermordet.
		Johannes Hyrkanus I. (134–104)	Sein Sohn Johanan wird als Johannes Hyrkanus sein Nachfolger.

ABKÜRZUNGEN

Alttestamentliche Bücher

Gen	Genesis
Ex	Exodus
Lev	Levitikus
Num	Numeri
Dtn	Deuteronomium
Jos	Josua
Ri	Richter
Rut	Rut
1 Sam	1 Samuel
2 Sam	2 Samuel
1 Kön	1 Könige
2 Kön	2 Könige
1 Chr	1 Chronik
2 Chr	2 Chronik
Esra	Esra
Neh	Nehemia
Tob	Tobit
Jdt	Judit
Est	Ester
1 Makk	1 Makkabäer
2 Makk	2 Makkabäer
Ijob	Ijob
Ps	Psalmen
Spr	Sprichwörter
Koh	Kohelet
Hld	Hoheslied
Weish	Weisheit
Sir	Jesus Sirach
Jes	Jesaja
Jer	Jeremia
Klgl	Klagelieder
Bar	Baruch
Ez	Ezechiel
Dan	Daniel
Hos	Hosea
Joël	Joël
Am	Amos
Obd	Obadja
Jona	Jona
Mi	Micha
Nah	Nahum
Hab	Habakuk
Zef	Zefanja
Hag	Haggai
Sach	Sacharja
Mal	Maleachi

Neutestamentliche Bücher

Mt	Matthäus
Mk	Markus
Lk	Lukas
Joh	Johannes
Apg	Apostelgeschichte
Röm	Römerbrief
1 Kor	1. Korintherbrief
2 Kor	2. Korintherbrief
Gal	Galaterbrief
Eph	Epheserbrief
Phil	Philipperbrief
Kol	Kolosserbrief
1 Thess	1. Thessalonicherbrief
2 Thess	2. Thessalonicherbrief
1 Tim	1. Timotheusbrief
2 Tim	2. Timotheusbrief
Tit	Titusbrief
Phlm	Philemonbrief
Hebr	Hebräerbrief
Jak	Jakobusbrief
1 Petr	1. Petrusbrief
2 Petr	2. Petrusbrief
1 Joh	1. Johannesbrief
2 Joh	2. Johannesbrief
3 Joh	3. Johannesbrief
Jud	Judasbrief
Offb	Offenbarung des Johannes

Sonstige Abkürzungen

Aq	Aquila
AT	Altes Testament
atl	alttestamentlich
chr/chron	chronistisch
D	Deuteronomist
diff	im Unterschied zu
dtn	deuteronomisch
dtr	deuteronomistisch
Dtr	Deuteronomistisches Geschichtswerk
DtrH	historischer Deuteronomist
DtrN	nomistischer Deuteronomist

DtrP	prophetischer Deuteronomist	Q	Qumran-Hss
		R	Redaktor
E	Elohist	S	Syrische Übersetzung
EÜ	Einheitsübersetzung	Sm	Pt der Samaritaner
G	Septuaginta	Sym	Symmachus
H	hebräischer Text	T	Targum
HG	Heiligkeitsgesetz	Th	Theodotion
Hier	Hieronymus	V	Vers
Hs(s)	Handschrift(en)	VV	Verse
J	Jahwist	Vg	Vulgata
Je	Jehowist	NVg	Neo-Vulgata
korr	korrigiert	Übs(s)	Übersetzung(en)
La	Vetus Latina		
M	Masoretischer Text		
Mur	Murabba'at		
NT	Neues Testament		
ntl	neutestamentlich		
P	Priesterschrift		
Par	Parallele		
par	parallele Stellen		
Pg	Priesterschrift, Grundschicht		
Pt	Pentateuch		

Bei Randverweisen am Bibeltext:

||	zeigt Parallelstellen an
+	gibt die Grundstelle oder Stellen an, wo wichtige Begriffe erläutert werden.
→	verweist auf abhängige, insbesondere ntl Stellen.

Umschrift der hebräischen Lautzeichen

Aleph	'	Sade	ṣ
Bet	b	Qoph	q
Gimel	g	Resch	r
Dalet	d	Sin	ś
He	h	Schin	š
Waw	w	Taw	t
Zajin	z	Qames	ā
Chet	ḥ	Patach	a
Tet	ṭ	Sere	e, ē
Jod	j	Segol	æ
Kaph	k	Chireq	i, î
Lamed	l	Cholem	o, ō
Mem	m	Qames chatuph	ò
Nun	n	Schureq	ū
Samek	s	Qibbus	u
Ajin	'	Schᵉwa mobile	e (hochgestellt)
Pe	p bzw. f	Chateph	a, æ, o (hochgestellt)

( ) erklärender Zusatz des Übersetzers
[ ] unechter Text bzw. alte Zusätze

Handbücher, Sammelwerke, Zeitschriften

AJBI	Annual of the Japanese Biblical Institute
AnBib	Analecta biblica
AncB	Anchor bible
ANEP	Ancient Near East in pictures relating to the OT
ANET	Ancient Near Eastern texts relating to the OT
AOB	Altorientalische Bilder zum AT
AOAT	Alter Orient und AT
AOT	Altorientalische Texte zum AT
ATD	Das Alte Testament Deutsch
AThANT	Abhandlungen zur Theologie des AT und NT
ATSAT	Arbeiten zu Text und Sprache des AT
AzTh	Arbeiten zur Theologie
BA	Biblical archaeologist
BAC	Biblioteca de autores cristianos
BAT	Die Botschaft des Alten Testaments
BASOR	Bulletin of the American Schools of Oriental Research
BBB	Bonner biblische Beiträge
BBC	Broadman bible commentary London
BC	Biblischer Commentar über das AT
BEvTh	Beiträge zur evangelischen Theologie
Bib	Biblica
BibOr	Biblica et orientalia
BibTh	Biblical theology
BiJer	La Bible de Jerusalem
BiKi	Bibel und Kirche
BiNo	Biblische Novizen
BJRL	Bulletin of the John Rylands library
BK	Biblischer Kommentar
BOT	Boeken van het OT
BS	Bibliotheca sacra
BSt	Biblische Studien
BVC	Bible et vie chrétienne
BWANT	Beiträge zur Wissenschaft des AT und NT
BZ	Biblische Zeitschrift
BZAW	Beihefte zur Zeitschrift für die alttestamentliche Wissenschaft
CAT	Commentaire de l'Ancien Testament
CBQ	Catholic biblical quarterly
CNEB	Cambridge bible commentary, on the New English Bible
Conc	Concilium
COT	Commentaar op het OT
CP	Classical philology
CTA	Herdner, A.: Corpus des tablettes en cunéiformes alphabétiques découvertes à Ras Shamra – Ugarit de 1929–1939
DBS	Dictionnaire de la bible, Supplément
EB	Die Heilige Schrift in deutscher Übersetzung. »Echter Bibel«.
EBiC	Everyman's bible commentary
EdF	Erträge der Forschung
EHAT	Exegetisches Handbuch zum AT
EHS	Einleitung in die Heilige Schrift
EHS.T	Europäische Hochschulschriften. Reihe 23: Theologie
EJ	Encyclopaedia Judaica
EPC	Epworth preachers commentaries
EtB	Etudes bibliques
ET(h)R	Études théologiques et religieuses
EThSt	Erfurter theologische Studien
EvTh	Evangelische Theologie
ExBib	Exempla biblica
FRLANT	Forschungen zur Religion und Literatur des AT und NT
FzB	Forschung zur Bibel
GeiS	Geistliche Schriftlesung
GTA	Göttinger Theologische Arbeiten
HAT	Handbuch zum AT
HK	Handkommentar zum AT
HSAT	Die Hl. Schrift des AT, hrsg. v. Franz Feldmann/ Heinrich Herkenne
HUCA	Hebrew union college annual
ICC	International critical commentary of the Holy Scriptures

IEJ	Israel exploration journal
IntB	Interpreter's bible
Interp	Interpretation
IOVC	Interpreter's one volume commentary on the bible
JBL	Journal of biblical literature
JLW	Jahrbuch für Liturgiewissenschaft
JQR	Jewisch quarterly review
JSHRZ	Jüdische Schriften aus hellenistisch-römischer Zeit
JSJ	Journal for the study of Judaism
JSOT	Journal for the study of the OT
JThS	Journal of theological studies
KAI	Kaanäische und aramäische Inschriften
Kairos	Kairos
KAT	Kommentar zum AT
KatBl	Katechetische Blätter
KBL	Köhler, L. u. Baumgartner, W., Lexicon in Veteris Testamenti libros
KEH	Kurzgefaßtes exegetisches Handbuch
KHC	Kurzer Hand-Commentar zum AT
KKHS	Kleinkommentare zur Heiligen Schrift
KlBl	Klerus-Blatt
LebW	Das lebendige Wort
LebZeug	Lebendiges Zeugnis
MSSOTS	Monograph Series. Society for OT Studies Cambridge
MThZ	Münchener theologische Zeitschrift
NEB	Die Neue Echter Bibel
OBO	Orbis Biblicus et Orientalis
Or	Orientalia
OTL	Old Testament library
OTS	Oudtestamentische studien
PBiS/OT	Pamphlet Bible Series/ Old Testament
PC	Proclamation commentaries
PEQ	Palestine exploration quarterly
PreOT	Prediking van het OT
QuadSem	Quaderni di Semistica
RB	Revue biblique
RGG	Religion in Geschichte und Gegenwart
RHPhR	Revue d'histoire et de philosophie religieuses
RivBib	Rivista biblica
SacP	Sacra Pagina
Sal	Salesianum
SB (F)	Sacra bibbia. Florenz
SBB	Stuttgarter biblische Beiträge
SBL, DissSer	Society of biblical literature, Dissertation Series
SBS	Stuttgarter Bibelstudien
SJTh	Scottish journal of theology
SKKAT	Stuttgarter Kleiner Kommentar AT
SSN	Studia Semitica Neerlandica
StANT	Studien zum AT und NT
StTh	Studia theologica
Tarb	Tarbiz
TB	Theologische Bücherei
TGI	Textbuch zur Geschichte Israels
THAT	Theologisches Handwörterbuch zum AT
ThBib	Theologische Bibliothek
ThGl	Theologie und Glaube
ThLZ	Theologische Literaturzeitung
ThQ	Theologische Quartalschrift
ThR	Theologische Rundschau
ThRv	Theologische Revue
ThSt	Theologische Studien
ThV	Theologische Versuche
ThViat	Theologia viatorum
ThWAT	Theologisches Wörterbuch zum AT
ThZ	Theologische Zeitschrift
TOTC	Tyndale OT commentaries
TThSt	Trierer theologische Studien
TThZ	Trierer Theologische Zeitschrift
UF	Ugarit-Forschungen
UUA	Uppsala universitets årsskrift
VT	Vetus Testamentum
VTS	Vetus Testamentum Supplements
WB	Die Welt der Bibel
WMANT	Wissenschaftliche Monographien zum AT und NT
ZAW	Zeitschrift für die alttestamentliche Wissenschaft
ZDPV	Zeitschr. des Deutschen Palästina-Vereins
ZThK	Zeitschrift für Theologie und Kirche